天下一味
천하일미 글 차림

맛있는

글

天下一味
천하일미 글 차림

맛있는 글

지은이: 문학평론가
천광노

인사의 말씀

문학평론가… 이들은 무슨 글을 쓰는지 궁금하신가? 필자는 이런 글을 써 펴낸다.

국내 문학평론가는 비공인 217명, 대학교수 비공인 숫자는 수만에서 수십만 명으로 추정한다.

이 책 『천하일미 글 차림 맛있는 글』은 아직 누구도 쓰지 않은 독창적 글이라는 점을 밝힌다.

㉮ 일기 쓰기 60년(쓰는 중) 글자 수와 책 몇 권은 미상, ㉯ 대중가요 작시 10년 1,000편, ㉰ 기독교 성시(聖時) 15년 3,000편, ㉱ 인물소설 10권 글자 수 미상, ㉲ 신문사 사설칼럼 20년 4,000편, ㉳ 시사토론 글 4년 2,000편, ㉴ 세종퇴비글방 3년(운영 중) 15권 4,000편, ㉵ 유튜브 말과 글 교육용동영상 15년 4,000편…

총 글자 수와 총 편 수와 책으로 내면 몇 권인지 계산하기도 어려우나 족히 500권 정도로 장르는 100가지가 넘는다.

수천만 마디 말보다 유언(遺言) 한마디가 더 무겁다면, 78년을 산 필자는 이 글이 인생 마지막 글일지도 모른다는 생각도 한다.

천손문학

우리는 단군의 자손 천손(天孫)이다. 단군은 하늘… 기독교 하나님과 동격이며, 실불존(實不存) 간, 하늘을 경외하고, 널리 인간을 사랑하라는 한민족의 얼, 넋, 기, 우리 기록문화 민족의 표상이다.

일본 천조대신, 기독교 하나님, 이슬람 알라는 우리 민족의 국조(國祖) 단군을 이른다고 보련다. 단 하나님은 예수를 보내 우리를 만나주심으로 천손문학에서의 하늘 천(天)은 하나님을 대신해 우리는 예수님 만나듯 단군의 아들 홍익인간의 '홍익'을 예수님 모시듯이 쓴 글이다.

세종퇴비글방

필자가 방장으로 있는 세종퇴비글방은 세종시에 있어 세종글방이기도 하나, 세종대왕의 글 사랑 백성 사랑을 이어받는다고 세종글방이다.

퇴비(堆肥)는 필자의 자호(自號)로서 '거름'이라는 뜻이며, 누군가(글 쓰는 제자)를 싹 틔우고 기르는 거름이 된다는 의지, 틔워 자라게 할 대상은 어린이와 후손 미래의 "안 본 손자"를 말한다.

토론·대담·별난작법

이 책 작문형식은 자유토론만으로 출연자가 말하는 형식이다.

〈환경대담 12편〉, 〈은유우화 12편〉,

〈상상토론 18편〉, 〈천손배례 24편〉…

글이란 국민이 아는 시, 소설, 수필, 일기… 글이란 이것이 글 아니냐 하면 낙제… 반드시 〈글 생성의 원리〉는 알아야 한다. 그럼 과연 글이란 뭐지?

글 발원지(發源地), 글 샘, 글 강(江) 글의 근원(根源)과 원천(源泉)을 아는 것이 글쓰기 첫 단계다.

※ 말(언어) 발원의 원천은 〈생각〉이다.

※ 생각하는 것이 입을 통해 말이 되어 나온다.

※ 나오는 말을 수화나 그림처럼 글씨로 써내면 이것을 〈글〉이라 한다…. 생각→말→글

이를 우리 사는 땅 지구에 비유해 본다.

※ 생각은 바다(無限量)다.

※ 말은 강(多量)이다.

※ 글은 도랑물(少量)이다.

1) 글을 알려면 말부터 이해하고,

2) 말을 알려면 생각을 이해해야 하고,

3) 생각이란 무엇인가를 알려면 조금이라도 인간의 정신이라 할 영계(靈界)를 알아야 한다.

어려운 듯 쉽고 볼수록 자신이 출연자가 되어 아직 들어보고 읽지 못한 이야기로 독자와 공감하기 기원한다.

2025. 8. 15.

문학평론가 · 작가 천광노

목차

01 환경대담 12편

바위와 나무의 말

02 은유우화 12편

암탉과 병아리

03 상상토론 18편

인류4대성인토론 예수 · 공자 · 석가 · 소크라테스

04 天孫拜禮 24편

한민족 문인 · 학자 28인 단군성조 알현(謁見禮)

환경대담 12편

바위와 나무의 말

환경대담 1
2025.2.26.수요일

深山岩木 대담

깊은 산 큰 바위가 외따로이 있다. 공기 좋고 하늘 좋고 경치도 끝내준다. 바위보다 작은 놈들만 사는 멋들어진 곳. 바위는,

"천하는 내 것이다, 세상은 발아래다." 노래도 불렀다. 산토끼 다람쥐 쪼그만 놈들이 제 집처럼 웅크리고 쉬는 곳, 새들도 지저귀는 천하명당.

그러더니 주변에 어린 싹들이 솟아난다. 차츰 돋아 크는 녀석들이 귀엽기도 하지만 말도 안 통하고 안아 볼 수도 없다. 바위는 화가 나기 시작했다. 잘 커 예쁘다 했더니 키를 넘긴 지 오래다.

그로부터 78년. 바위는 숨이 막힐 것 같아졌다. 나는 그대로인데 사방은 울창한 나무숲으로 변해, 하늘도 새들도 바람도 구름도 보이지 않는다.

"못 살겠어~ 이사를 가야 해, 이사를~." 일어설 수도 없는 몸 꿈쩍도 않는다. 이웃도 없고 풍경도 죽었다. 참다못해 나무를 불렀다. 이웃 간 화를 내지는 못해 참고 물었다.

"나무야~ 경치 좋으니?"

"네, 봄이 오고 있어요. 끝내줘요. 꽃들이 봉오리를 키워요, 곧 터질 거예요."

"어디?"

"저기 저쪽 안 보이세요? 아하, 안 보이시겠구나."

"그래? 바람도 잘 부니?"

"불죠, 봄바람~ 안 보이세요? 가지들이 춤을 춰요. 뿌리도 흔들려 밥(수

분) 먹기도 좋고, 이웃 친구들이 가득 차 친구들도 다 좋대요. 요~ 요기 조기 쩌~어기, 친구들 모두 춤을 추고 있어요."

"그래 야야, 얼마나 좋니, 나는 숨 막혀 죽겠다."

"아니, 어르신 왜 숨이 막히세요?"

"답답하고 외롭고 지의류(地衣類 · 이끼들) 놈들이 몸까지 덮으니까 이젠 빠끔 바깥도 잘 안 보여. 이웃도 없고 친구도 없고."

"아 그러시군요. 어르신 너무 슬퍼 마세요."

"그래서 하는 말인데 너는 좋기만 하니? 부러운 건 없어?"

"있어요, 저도. 작년에 저 맞은편 나무들 몽땅 잘라 차에 실려 어디로 갔나 몰라요."

"그게 왜 그게 너하고 무슨 상관인데?"

"보니까 재작년 더 먼 왼쪽 자락에, 나만치 큰 나무들이 수백 차나 잘려 갔거든요."

"그래? 난 모르지만 그래서 왜?"

"올가을이 문제예요. 이번엔 왠지 우리 쪽을 잘라갈 것 같아 걱정이 태산입니다."

"설마~아?"

"설마가 아니고 78년을 잘 살고 보니 나이 든 나무들만 골라 잘라가니까요."

"오호라, 그러고 보니 여태껏 나는 누구도 두드려 깨부수러 오지는 않았구나."

"몇 년 사셨는데요?"

"몇 년? 나도 모르지. 하도 오래돼 놔서."

"200살은 사신 거죠?"

"하하 야야, 200살? 200만 살도 넘어. 이젠 완전 까먹어 나이도 몰라."

"헉. 200만 년이요? 그게 뭔 소리세요?"

"너 지금 100살은 산 거니?"

"아마 좀 못 된 거 같아요."

"그래? 그건 세월도 아니고 나이도 아니다야."

"근데 어르신, 안 보시겠지만 몇 년 전부터 꽝~ 꽈다다당~ 하는 소리는 들으셨죠?"

"암, 들었지. 지금도 나는 소리 아니니?"

"맞아요. 하도 멀어서 조금밖에 안 보이는 저기 저 산, 거기 돌들은 다 깨고 부수고 실려 갔어요."

"아니, 나무도 아닌 돌을 깨다 뭐 한다고 누가 그딴 짓을?"

"인간이죠. 당연히 인간들. 나무도 다 인간들이 잘라가고 돌도 깨가요."

"이상하네. 나무는 잘라다 불에 때기라도 한다지만 돌이야 먹기를 하나 때길 하나?"

"쓸데가 없는데 가만두지 않고 참 인간들 정말 알 수가 없어요."

"야야, 그러고 보니 나는 혼자 숨어 여기 사는 게 천복인 것도 같다."

"맞아요. 저런 돌산에 계셨다면 지금 어떠실지 모릅니다."

"나무야(무릎을 탁 치듯)~ 나 사실 너네들 때문에 화가 나다 못해 숨이 막혔는데 이제 생각을 바꿔야겠다."

"예? 어떻게요?"

"혼자니까 감사하고 지의류까지 덮어주니 고맙고, 너 같은 이웃이 있으니, 여기가 천국 같다. 이사 안 갈 테야."

"그럼 이제 전기톱에 잘리지 않게 우리 좀 도와주세요."

"도와? 어떻게?"

"저런 인간을 지으신 하나님이 계실 것 같으니까 빌어주세요."

"뭐라고?"

"돌, 나무, 꽃, 풀, 구름, 눈, 비, 산새, 들새, 물과 바람, 땅을 다스리시는 분을 부르시고, 우리가 사는 이 환경을 못된 악마 인간들이 마구 부수고 깨고 잘라가지 못하게 인간을 멸망시켜 달라 기도해 주세요. 저도 합니다."

"야, 그래도 어떻게 멸망까지 시켜달라면 너무하잖니? 기도 망쳐."

"아~ 그런가요? 그러면… 음~ 그러면… 그러면 뭐라고 하죠? 나 정말 살기 싫은데…."

※ 전에 우리 세종퇴비글방 '이암' 고문님과 환경운동 갔던 회상연재글 제1회입니다.

환경대담 2
2025.2.27.목요일

岩木대화

“어르신~ 어르신~~ 주무세요?”

“아니, 안 자. 눈만 감고 어제 너하고 했던 그 말 생각하는 중이야.”

“아, 그거요?”

“그래 인간들 싹을 없애달랬던 말 말이다.”

“맞아요. 그러나 저도 그렇게 멸망까지 기도를 하면 그건 아닌 것 같기도 해요.”

“어떡하면 좋겠니?”

“그냥 철이나 좀 들게 해달라든가 그래야 될 거 같아요.”

“철? 그래 맞다. 그런데 우린 못 해도 하나님은 그거 할 수 있을까?”

“아닐 것도 같아요. 철딱서니 없으면 홍수로 멸망까지 시키셨다니까 하나님도 안 되시나 봐요.”

“어쩐다냐? 나무와 풀은 숨 쉴 구멍이고, 돌? 돌 속에 99%나 되는 산소가 저장돼 있다는 소리까지 하면서도 깨부수니 이건 즈덜도 죽을 짓이거든.”

“몰라서 그러는 것도 아니고 다 시방 저 좋을 대로 코앞만 보니까 저래요.”

“그래 너 죽고 나 죽으면 인간도 죽는 거야.”

“아녜요, 우리보다 먼저 인간이 죽을 수도 있답니다. 새들이 그렇게 말했어요.”

"뭐 새들이?"

"자주 오는 부부 새가 오면 내 어깨(나무 끝)에 앉아 별별 소리를 다 해요."

"그래? 난 못 들었지. 토끼도 말을 안 하니까 난 몰라."

"토끼는 있죠? 걔네들은 아무것도 몰라요. 보기만 하면 잡아 죽이려고 해 인간만 보면 도망 다녀 몰라요."

"새는 어떻게 안다니?"

"인간들 집 앞까지 가서 다 듣고 자기들끼리 지껄여요."

"그래? 그럼 그거나 물어보자."

"네? 뭘요?"

"나무 잘라다 뭐에 쓰고 돌은 깨다 어디다 쓰는지?"

"아, 안 그래도 물어봤지요."

"뭐라던?"

"나무는 쓰는 데가 많아 말도 다 못 하지만 방 안에도 전부 인테리어를 나무로 한답니다."

"그럼 돌은?"

"깨부순 것은 아부라 기름하고 모래를 섞어서 길바닥에도 깐대요."

"미친놈들 땅을 덮는다고? 왜?"

"땅 밟는 게 싫고 어르신도 나무 실으러 온 차 보셨죠? 그 차가 다니는 길을 만든답니다."

"아, 못 봤지만 그리고…."

"좋은 돌은 집 짓는 데 쓰고 예쁜 돌은 꾸미는 데 쓰고 집이 전부 돌집이래요."

"그래? 그러니까 새들이 보고 들었다는 얘기구나."

"재네들 자주 오는 부부 새가 재잘대면서 별 소릴 다 합니다."

"뭔?"

"어떨 땐 깔깔 웃으며 하는 말이…."

"그래 말해 봐."

"너무 웃긴다면서 하는 말, 〈밤말은 쥐가 듣고 낮말은 새가 듣는다~~〉 요러면서 할 말 안 할 말 막 씨부렁대다 즈 인간들끼리 디지게 싸우고, 하여간 인간들 왜 그렇게 멍청한지 모르겠다 합니다."

"그랬대? 새가 들었다는 거지?"

"그러면서 하는 말, 우리가 사람 말은 못 하지만 진짜 들을 건 다 듣는다는 것은 모른다 합니다."

"인간이 아니라 바보네. 정말 바보 아냐?"

"바보~ 네, 철이 없답니다, 어르신. 더하여 욕심덩어리다 그 말입니다."

"아~."

"지들이 날기를 하나 헤엄을 치나 지천에 널린 게 일년초들인데 논, 논 보셨죠?"

"아니, 몰라. 안 본 것 같은데."

"논에다 있죠, 벼를 심고 이삭이 달리면 허수아비를 세우다 이제는 총을 빵빵 쏜대요."

"총을 왜 쏴?"

"우리가 좀 나눠 먹자고 가면 다 자기들 거라고 쏴 죽인다는 얘깁니다."

"거참 인간들 정말 더럽구나. 아니, 농사를 누가 지은 건데 갑질이야?"

"갑질 맞아요. 땅 대주고 물 대주고 볕 대주고 열 대주고 다 하늘과 땅… 지네 말로 하나님이 지은 농산데 다 지네 거래요. 일은 2%나 했나? 뿌리고는 걷어만 가고. 98%는 하나님이 하신 일인데, 사과 배 감 무 배추 오이 토마토 감자 수박 마늘 파 고추, 지구의 敵 인간들이 100%가 다 지 것이라고 싸우다 살인도 한대요."

"욕심이구나, 철부지들의 욕심."

"어디라더라? 서울 쪽에서 철새가 한번 왔었거든요. 들어보니 웃기는 나라랍니다."

"왜?"

"아니, 철새는 지구를 돌아 수천 킬로씩 이동하며 살잖아요."

"그렇지."

"이동하면서 이삿짐도 도시락도 없이 먼 길을 몇 달 며칠간 오는 겁니다. 그럼 인간적으로 나와서 뭐라도 좀 먹으라 하는 게 맞지요?"

"그러네."

"와서 힘들고 배가 고프니까 뭣 좀 먹으려고 어딜 가면 종놈인 인간이 다 된 농사 망친다고 쫓느라 게거품을 문답니다."

"맞아. 새도 잘 아는 건데 꿩 대가리 같은 인간만 모르니 새만큼도 철이 없구나. 농사지은 원주인을 모르고 코앞만 보니까."

"그래서 인간수명이 수백 년 살다 이젠 100년도 겨우 산대요."

"100년이면 많잖아?"

"아니, 어르신은 나이가 2,000,000년도 넘는다시면서 100년이 많다세요? 므두셀라는 969살까지 살았대요."

"그래 실망하지는 말자."

"아주 드물지만 인간을 흔들어 깨우는 환경운동가도 있어요. 대전 가면 이름이? 아이고 뭐였더라?"

"네가 〈이암〉이라 하던 분 아니니? 이암…."

"네 맞아요. 산에만 다니시는 분. 저는 두세 번 뵌 적 있고요. 또 세종 가면 퇴비글방에 100명도 넘는 철나기 바라는 이들도 있댔어요."

"아, 그렇구나."

"세종서 부부 새가 와서는 〈귓구멍에 눈구멍도 막혀 들어 처먹지를 않아 방장이 운다~〉 이러더라고요."

"운대? 아, 하여튼 나는 안 깨 가고 너도 안 베어 가고 잘될 껴. 암~ 우리와 함께 사는 지구촌, 나 같은 돌과 너 같은 나무들, 만물을 다스리는 분께 기도도 하기로 했으니까."

"네. 어르신, 그 방법밖에 없겠지요? 그쵸~~."

환경대담 3
2025.2.28.금요일

水水대화

※ 뜸봉이가 물었다.

"너 어디서 오는 거니?"

※ 안성이(무주 안성읍) 녀석이 되물었다.

"너는 어디서 왔는데?"

※ 물 선배 뜸봉이가 소리쳐 되물었다.

"야, 임마. 어디냐고~~오."

"안성에서 왔어요."

"아 쪼오기? 불알이 발간 녀석아, 말까지 말고 높여 녀석아."

"네. 근데 어르신은 어디서 오셨는데요?"

"난 금강 발원지 '뜸봉샘'에서 왔다. 넌 말해 줘도 어딘지 몰라."

※ 물생(水生)이나 인생(人生)에는 근본 뿌리가 있어 새암(샘)이라 한다.

수생길 금강물 397.79km, 1,000리다. 397세, 아직도 흐르신다. 흐르는 것이 인생이고 또한 水生이다. 그런데, 내가 어디서 왔고 어디로 가는지 모르고 가는 녀석들이 꼭 말썽을 부린다.

"얼마나 사신 거예요?"

"너는?"

"저요, 한 10리 산 것 같아요."

"열 살? 야, 이놈아, 나는 곧 환갑이다."

※ 갈수록 끼어든 뜸봉이랑 수많은 금강의 수생길 무주, 금산, 제원, 부리, 청주 무심이(무심천)들과 미호(청주)도 끼어들고 내창천(조치원)과 하나 된 운주(전의면 운주산)란 녀석 물들도 조천(조치원천)이하고 합강(세종 합강리)에서 만나 세종이가 되더니 이내 곰나루(공주).

이젠 거대해져 백마강 낙화암(부여)을 지나 한산 용포나룻길에 이르자 뜸봉이는 바싹 늙어 360살이다.

금강의 큰어른 뜸봉수 선생… 이제 금강좌장이시라 앞다퉈 모여든다.

안성이는 아들 나이, 제원이는 손자 나이, 무심이는 7대손 나이, 세종이는 11대손, 나루곰 녀석은 14대손 나이, 백마강 무리는 20대손, 뜸봉이는 이제 곧 죽을 때다.

"할부지, 장항 군산 가면 저도 죽어요?"

"죽지."

"죽는 게 머예요?"

"'머'가 아니고 '뭐'라고 하는 거다."

"뭐가 뭔데요?"

"뭐는 뭐겠니, 인생이지."

"어? 水生이라 하셨잖아요."

"인생이 곧 수생이다."

"그럼 인간들도 물이에요?"

"허 저 인간 녀석들은 물인 줄도 몰라."

"어? 인간은 걷고 우리는 흐르는데 뭐가 같아요."

"(버럭) 야야~ 다들 질문 없으면 조용히 하고 할부지 말이나 들어~!"

"(다른 물들)예 예 예 예…."

"뭔 얘기 하다 말았지?"

"인간도 물이라 하시다 그쳤어요."

"아, 그렇지 참."

"진짜 물이에요?"

"인간은 70%가 물이면서도 물 귀한 것도 모르고, 물이 제 몸이라는 것도 몰라서 100년도 못 살고 새들도 다 죽이."

"어, 인간 죽는 건 못 봤는데 진짜 죽어요?"

"야! 부리(부리면)든가? 제원(제원면)이, 그때 누가 봤지, 인간 죽어 떠내려온 거?"

"아는 아저씨들 다 나갔어요."

"나가? 어디로?"

"세종이네 동네 정수장에서 뽑혔거든요."

"아, 그치 그치. 나는 비키라 했던 거기지?"

"그래요. 근데 인간은 왜 죽어요?"

"야야, 안됐지만 너도 죽을 거다. 짠물에 휘감기면 용쓰다 죽어."

※ 뭔 소린지 통 모를 때에 금강 하굿둑 아래로 떨어지며 쏟아져 내리자 간물(짠)이가 반긴다.

"히~ 안 죽고 잘만 살아요~. 히히~"

"아니, 간물아, 잘 사는 비결 있어?"

"있어요. 용왕(부처님, 하나님)님 말씀만 잘 들으면 절대 안 죽고 불로장생 영생극락 천당까지 간대요."

"무슨 소리냐, 이게? 야, 그런데 너 몇 살이라고 반말이냐, 이놈아!"

"나? 397살 넘었다. 왜 어디 떫으냐?"

"아, 그렇구나. 나는 397살 갓 지나고 일곱 달 9일째, 너 내 친구구나."

"너도 뜸씨냐?"

"야, 나도 뜸가야. 내 이름이 뜸문이야. 야, 친구야! 야, 반갑다. 넌?"

"어 나도 뜸씬데, 내 이름은 뜸장이~. 그런데 여기 뭐가 이렇게 짜니?"

"그게 인생이랬잖아."

"아냐, 이건 염생(鹽生)이다, 완전."

"하하 이제부턴 해생(海生)이라 한대."

"해생? 인생들은 해생 모를 건데? 맛도 못 봐."

"아니다. 아는 인생도 있지만 공부하는 인생도 많대."

"와아~ 여기도 생각보다는 괜찮네~."

"하지만 썩물이들에게 잡혀가 수생도 끊겨 사망한 물도 많대."

"무식한 소리. 물은 태초부터 0.0000L(리터)도 영멸사(永滅死)는 없는 거거든."

"이게 뭔 소리야, 말라 죽은 물이 얼마나 많은데?"

"몰라서 그래. '이암' 선생한테 물어보라 그래. 수생, 인생, 해생 生道士 시라니까."

"글방 방장도 꽤나 안다던데, 양생(洋生)도 안대."

"양생? 말고 또 뭐라더라? 아~ 오대양생(伍大洋生) 말고 영생이라 하더라고."

"아~ 지구 환겨~영~?"

"그 말고 天生 위에 영생도 배웠대. 천생, 영생 어렵다."

"千가라서 아나벼."

"와~~ 환경 공부 돼지게 어려운 거라던데~~."

환경대담 5
2025.3.1.월요일

春山대담

※ 복수초가 소리를 지르자 가랑잎이 말한다.

“복복 福壽草야, 이제 괜찮은 거니?”

“뭐가?”

“아니, 가리지 말래서 내 이만치 와 괜찮으냐고?”

“응. 너는 됐고 좀 전 녹은 눈이 짓눌러 소리 지른 거야.”

“아, 난 자꾸 비키라길래 나를 또 더 비키라는 줄 알았네.”

“아냐, 눈 얘기였어. 눈한테 소리친 거야. 전신을 덮고 물러가지 않아 나오느라 얼마나 힘들었나 몰라.”

“그래, 지금은 괜찮지?”

“응. 이쪽저쪽 이제껏 덮었던 눈이 거의 녹았으니까.”

※ 말을 뚝 끊더니 또 소리친다.

“야, 어딨어? 넌 안 나왔니?”

“누굴 부르는 건데?”

“누굴 찾는 거겠니, 랑잎아.”

"아냐 아냐. 복수초야, 웬 랑잎? 나 가랑잎이야. 앞에 가가 빠졌잖아."

"아, 알았어. 가랑잎아."

"근데 왜 두리번대면서 누굴 부른 건데, 지금?"

"너도 알잖아? 홀아비바람꽃 부른 거야."

"홀인가 바람인가 꽃인가 걔네들도 핀단 소린 들었거든."

"아, 들었다. 지금이 필 때야?"

"응. 그리고 너 노루귀도 알지? 노루귀도 곧 올 거라 했고."

"아, 벌써 내일이 경칩이잖아?"

"경칩 지나면 곧 개나리 괭이눈 진달래도 임신해 빨개지려고 하거든. 다 필 거야."

"진달래? 벌써? 어디?"

"넌 누워서만 사니까 안 보여. 바람 불거든 다녀와 봐. 그럼 다 보여."

"매화 산수유 목련 개나리 진달래 철쭉이랑 벚꽃 유채꽃 이팝나무꽃이랑?"

"그래. 아이참, 누워서도 욕심은 많네."

"또 뭐야?"

"붉은대극 개구리발톱 진퍼리꽃 개불알풀 노랑앉은부채 걔네들도 곧 만나."

"그러겠지. 참 고생들 엄청 한 애들일 거야."

"무슨 고생?"

"너 모르니? 눈 덮이고 바람 불고 얼고 추워서 아이구야, 그게 왜 그렇게나 긴지."

"아, 겨울 얘기구나. 봄이 오기만 기다린?"

"어라, 넌 아무렇지도 않았던 거니?"

"나? 나는 너네는 모르는 이불이 많으니까 잘 모르고 겨울도 금방 가."

"이불이 뭔데?"

"우리 낙엽 친구들끼리 위로 갔다 추우면 아래로 왔다 뒹굴대면서 이불 속으로 파고드니까."

"그게 너희 맘대로 되는 거니?"

"안 되지, 물론. 그럴 때면 바람신령님이 백발을 휘날리며 우리를 뒤바꿔 주셔."

"아하, 너는 바람을 신령님이라 하니?"

"그럼, 얼마나 고마운데. 그리고 엄청 사랑해 주셔."

"뭔 소리니, 그게?"

"너하고 이름도 같으시잖아. 바람꽃, 바람신령 ."

"참 비슷하다."

"네가 땅속에 웅크리고 잤을 적에 언덕 골짜기 위아래 곳곳 안 빠뜨리고 고생한 가랑잎은 내려가 쉬라 하고."

"인자하고 선하고 과연 신령스럽구나. 그럼 나도 바람꽃이니까 너도 신령?"

"아따 큰일 날 소리. 그렇게 말하다 표딱지 하나 덧붙은 게 바로 너도바람꽃이야. 모르니? 불순종 표시야, 그게."

"어! 나도가 아니고 너도바람꽃이야?"

"맞아. 어디더라? 신령님이 다 보고 오라셔서 저 꼭대기까지도 갔었거든. 그때 쉬면서 잠깐 봤지."

"이 동네는 없나 봐. 난 못 봤어. 어떤데?"

"너도바람꽃은 그냥 바람꽃이라 하는 너보다 키가 크고 꽃잎도 야물고 비슷한데 까불다 죄수 명찰처럼 '너도'가 붙은 거지."

"아! 그런데 바람신님은 못하는 게 없나 보다~."

"아냐. 신령님은 영원히 사신다고만 했어."

"어떻게?"

"그건 나도 모르거든. 들어도 모르겠더라구."

"왜?"

"그러니까 자기보다 더 큰 그 뭐라더라. 산신 아니고 더 큰 분이 계신데 그분이 하라 하시는 대로 할 뿐이라던가 하셨어."

"야야, 그만그만. 저기 오신다, 오셔. 조용해."

"누가 오셔? 바람신?"

"아냐, 어르신이야."

"누구?"

"저기 올라오시거든. 꼭 오시는 어른인데 오시면 꼭 아~ 예쁘다~ 이러고 고생했다고도 하시고, 주변도 치워주고 내 사진도 얼마나 예쁘게 찍나 몰라."

"아, 들었다. 그분이지? 이암 어르신?"

"그래, 인사나 해."

"뭐 나는 거들떠도 안 보고 그냥 너만 예쁘다 하시는데 내가 왜, 왜~?"

"사실은 아니거든. 그치만… 그래 미안하다. 내가 사과할게."

※ 그곳이 금산 쪽 어디던데 논두렁 지나 작은 도랑 건너 왼쪽, 이 글 쓴 방장도 가서 직접 봤음.

거기서 바람꽃이 듣는지 계속 무슨 얘기를 하시던데, 그저 예쁘다~ 참 귀엽다~ 고생했다~

말고도, 난 멋쩍던데…

이암님 참 할 얘기도 많으시더라고요~.

환경대담 6
2025.3.5.수요일

채마전(菜麻田)대화

※ 봄비에 잔뜩 배가 부른 텃밭에 마늘, 봄배추, 대파, 골파, 냉이도 초롱초롱 눈을 떴다.

"야, 뭣들 해? 일어나, 오늘이 경칩이래. 모두 내 말 잘 들리니?"

"들려요~오…."

"너네 말고 저쪽 두 두렁 건너 봄배추들 말이다."

"예. 추운 겨울 안 죽고 살아났거든요."

"다들 기특하고 장하다, 장해."

"예~!"(복창)

"나는 대파다. 마마님 내외분 나가셨으니 이제 내가 어른인 줄… 다들 알지?"

"어? 키만 크면 어른인 거 맞아요?"

"또또 또~ 골파 너는 왜 꼬박꼬박 엉겨붙니, 그 버릇 또? 떼끼 놈! 가만 있어, 내가 어른 맞아."

"(…)키 크면 어른이구나."

"골파야, 다 들려. 넌 떡잎도 안 떨어진 아직 애송이야."

"다시 한번 확실히 말한다. 어른이란 산전수전, 특히 농약(農藥)전을 견디고 살아야 어른이지. 그냥 뒈져버리는 것들은 어른 소리 들을 새도 없이 애들로 죽고 끝나."

"냉이 달래 씀바귀도 같지요?"

"나이 많고 키빼기 크고 다 소용없고, 어른이란 농약 백 번 치셔도 안 죽고 살아야 어른이지. 두 달에 죽고 서너 달, 길면 반년 살다 죽으면 그게 애지, 어른이냐? 것도 모르면 가만. 지금부터 특강한다, 잘들 들어."

"예. 특까~앙 오늘은 언제까지 해요? ㅎ~"

"마마님이 아프셔서 병원 가시는 거 봤지? 오시면 혼나니까 짧게 하자."

"자~ 그럼 대파 어르신 특강을 시작하겠습니다."

"마늘 사회자 진행 잘한다. 일동 박수~."

"에… 오늘은 어른들 건강과 장수에 대해서다. 에… 사람이나 채소나 강해야 한다. 비 오고 바람 불고 눈 덮이고… 우리 채생(菜生)살이는 어떻든 잘 견디고 자라 언제든 마마님이 잘 자시도록 맛을 키우는 것이다."

"맞아요, 맞아."

"마늘이가 맞다는데 냉이 너도 맞다고 보느냐?"

"냉이인데요, 저는 불만입니다. 냉 대공이 나와 냉 꽃 피고 냉 씨앗 맺혀야 하는데 너무 어려 이제 좀 커보려 하면 뿌리째 뽑아다 무쳐서 드세요."

"아, 마늘인데요. 저도요, 혹간 보면 육쪽이든 칠쪽이든 크는데 중간에 뽑아다 맺히기도 전 그 연한 씨째 고추장에 찍어도 드시고, 이파리도 뚝뚝 썰어 그냥 고춧가루 범벅을 해 또 날것으로 잡수십니다."

"저 무명촌데요. 저도 질문할까요?"

"너? 넌 또 왜 끼니, 낄끼빠빠도 몰라?"

"그게 뭐예요?"

"야, 나 배춘데 낄 때는 끼고 빠질 땐 빠지란 소리다."

"아, 시끄! 조용하고 다들 들어라. 마마님 오시기 전 끝내야지 혼나."

"그냥 계속하세요."

"불만들이나 하면 절대 못쓴다. 마마님 부부도 죽는 거야. 그런데 가끔 예배드리는 설교를 들어보면…."

"어~? 설교도 들리세요?"

"난 키도 크고 가까우니까 좀 들린다."

"그래 뭐라셔요?"

"우리는 풀과 채소를 먹고 살라고 창조됐다 하시거든."

"아녜요. 사람은 돼지도 먹고 개고기도 드셔요."

"야! 이름도 없는 잡풀 명초야, 나도 안다. 알지만 우리가 거기까지 말할 건 아니고, 다만 사람 죽듯 우리는 마마님 진짓싱 되어 죽는, 이것은 하늘이 정한 이치다. 그게 싫다면 짓지(창조)를 않으셨어. 이건 거역할 게 아니야."

"맞습니다! 모두 조용히 방해 말고 들읍시다. 대파 어른, 계속하세요."

"아까도 말했지? 농약에 약하면 菜生 빵점이라고. 그런데 농약도 강약이 있어. 나는 대파지? 실은 왕파다. 아나 모르겠는데 난 농약 중에서도 최고로 독하고 강한 것을 뿌리셔도 살아. 그게 어른이야."

"자주 하는 비유를 하나 들어봐 주세요."

"그러자. 음~~ 사람도 장수하고 일찍도 죽는다. 농약? 사람들은 이걸 병(病)이라 하는데 진실은 우리와 다른 환난과 고통이다. 시험 든다고도 하는데 고생, 즉 성장강장 농약이다. 고생을 견디고 못 견디는 것으로 살고 죽는 것이 결정 난다. 날 봐라, 잘 보면 내 몸은 전체가 골골골골 골골로 파여 있다. 골골마다 병균이 가득해. 사람도 골골골골 골마다 그렇거든. 이걸 지독한 농약(감내)을 뿌려 병균을 죽이는 건데 암만 힘들고 죽겠어도 참는 거다. 이게 어른이야."

"저요~오~~!"

"누구냐?"

"망초거든요. 저도 질문하겠습니다."

"그래 뭐?"

"우리는 뭐더라, 아, 그 제초제, 제초제를 치셔요. 우리만 죽어나요. 이보다 더 강한 것도 견디신다는 거죠?"

"야, 제초제는 하룻밤 병 코감기다. 고통도 다 다르고 농약도 다 달라. 싹을 죽이는 농약이 있고 벌레만 죽이는 것이 있고 칼로 찢고 주사처럼 찌르고 들어오는 독한 것도 있어. 배추 고추 사과 배… 사람이나 우리나 이지가지 다 달라. 농약도 적당량에서 좀 빠지면 치나마나고, 넘치면 또 더 큰 사고가 나 죽어. 나는 모든 농약 중에서 젤~루~ 지~독한 걸 견딘다. 안 그러면 이렇게 컸겠니?"

"농약도 음식이에요?"

"저런 저런, 그건 그냥 약이랬지 누가 음식이랬어?"

"그냥 약이 뭐예요?"

"아프지 말자고 먹는, 죽지 말고 살라는 게 약이라는 것 모르니?"

"조금은 아는데 그게 비 오면 물과 섞여 미나리 같은 것들 생병 난다고도 하던데요?"

"미나리뿐 아니고 도랑에 사는 피라미 미꾸라지 물고기도 병들고 그걸 먹은 황새 백로 왜가리까지 다 병들어 죽기도 해. 그래서 요샌 도랑에 백로 안 와. 그러니까 비 올 듯하면 안 뿌리시잖아?"

"사람들 먹는 약은 통 모르겠어요."

"그건 사람도 잘 모르니 됐고, 사실 그런 걸 먹고 살아야 한다는 게 참, 나중에 보면 우린 잘 큰 거다."

"잘 큰 건 좋은데요, 그런데 황새가 병난다 하셨잖아요? 마마님은 병 안 나고 괜찮아요?"

"거 말 잘했다. 그야 당연히 아~주~ 아주 안 좋지."

"마님도 병나요?"

"야, 그래서 병원 가셨다 했잖아. 근데 실은, 특히 노인보다 손자 같은 아이들이 걱정이야."

"우리도 힘든데 그런 농약을 모르고 아이들이 먹는 거네요."

"빨갛고 상처 하나 없이 잘 생겨서 몰라. 내 몸 파 속도 농약 덩어리야. 지금 농약 안 치는 것은 단 하나도 없어. 농약에서 건져서들 먹어. 아무리 씻어도 남아 있어. 고추 말할 것도 없고 배추 복숭아 농약 안 치면 벌레가 대들어 먼저 파먹으니까."

"사람들 이거 아나요?"

"알아도 대충이지 자세히는 모르니까. 이건 농약을 먹는 건지 채소를 먹는 건지 그냥 먹는 건데 우리 마마님은 무지 고생하시더라고."

"큰일이네요. 너무 예쁘게 생긴 것만 좋아하고 사과 배 복숭아 전부 꿀찍어 먹듯 농약을 처발라 자시니까 뭔 얘길 해드릴 수도 없고."

"쉿~! 야들아, 마마님 내외 오셨다. 조용히 해라."

"(…)아~~씨. 또 맵다, 너무 매워어~."

"왜 시동을 바로 안 끄시지요?"

"어허, 트렁크에서 뭐 꺼내시잖아, 조용해."

"와~@ 농약이다~. 또 농약이야~아~!!"

※ 벗님들~! 수술이고 주사고 약이고 농약이고 간에 지지 말고 잘 이겨 일동 건강합시다.

환경대담 7
2025.3.6.목요일

벚: 土대화

“토토(흙)야, 개구리도 나왔대. 일어나.”

“벌써 봄이 온 거니?”

“응. 맞아, 봄이야.”

“난 둔한가 봐, 잤어. 통 모르겠거든. 봄 온 거 벚나무 넌 어떻게 아니?”

“왠지 모르지만 몸이 달라지니까 알지. 봄바람 불 때부터 알아.”

“아니? 어떻게?”

“뿌리가 흔들려.”

“아, 그때 내가 가만있지 왜 힘들게 하냐고 할 그때?”

“맞아. 뿌리가 흔들리면서 네 속살로 내 새끼 뿌리가 내려갔을 때부터 알았어.”

“맞다. 요샌 좀 덜 그러네.”

“미안해. 그건 내가 왜 그러는지도 모르면서 그랬던 거야.”

“뭐 경칩도 지났으니까 넌 아는구나.”

“그땐 미안했어. 근데 이제부턴 내 자식들이 무지 바빠져.”

“왜?”

“말도 마. 곧 전신 생살을 엄청나게 찢어야 하는데 벌써부터 속이 메스껍고 소화도 안 된대.”

"아, 왜 그래야 되는 거라니?"

"재작년인가? 아, 왜 내가 얘기해 줬잖아."

"뭔 소리야, 뭔 얘길?"

"우리 애들이 꽃 손자들 낳는다고 생살을 셀 수도 없이 찢느라 끙끙 앓을 거라고오."

"그래? 몰라. 들은 것 같은데도 몰라. 난 둔하잖아."

"그건 내 새끼 뿌리가 네 속살 찌르고 들어가는 그보다 천배는 아플 거라고도 했거든."

"잊었어. 다시 말해 봐."

"해도 또 모를 건데 뭐 그건 필요 없고 딴 얘기나 할게."

"그래 그럼."

"우리 가지 자식들은 피를 철철 쏟아가며 내 꽃 손자들 낳을 거거든."

"그래 그래서?"

"그러면 또 더 걱정되는 게 꼭 벌 나비가 와야 되는데 안 와."

"왜?"

"몰라. 인간들 차 끌고 다니지, 게다가 농약을 얼마나 뿌려대나 꿀 따러 간 나비가 죽고 벌은 멸종될 위기래."

"어? 그게 뭔 소리니? 벌 나비 죽는 거하고 피나는 건 또 뭐고 죽으면 죽은 거지. 벚나무야, 그게 애들하고 뭔 상관인데?"

"아, 토토야, 참 답답하다. 머리가 그렇게나 나빠?"

"야, 살살 말해. 무서버."

"넌 모르는 거니까 이담에 하고 지금 할 말이 있어."

"몰라서 미안하다."

"괜찮아."

"화내지 말고 더 해봐."

"그니까 나도 꽃 손자녀들이 시집 장가를 못 가, 애를 못 나."

"애? 무슨 애?"

"가만. 아, 일단 듣기나 해."

"알았어. 입 다물게, 말해."

※ 벚나무가 길게 말했다. 인간은 알 만한 건데 토토는 모르는 내용이다. 문제는 인간이라면 드득 드득 이가 박박 갈린다느니, 미워 죽겠다느니, 욕을 늘어놓는다. 줄이고.

"아, 알겠다, 알겠어. 그러니 저 인간들 어쩌니?"

"지들이 젤 먼저 뒈질 거니까 죽으면서는 알겠지, 뭐."

"안단들, 뒈진단들, 우리가 좋을 게 뭐야?"

"그건 없어. 우리는 말 못 하고 글 못 쓰고 걷고 뛰는 것만 못 할 뿐 우리도 생명이라 같이 사는 게 서로가 좋은 건데 깽판 치는 인간들 죽으면 지구도 없앨 거라 하더라고."

"누가?"

"누군 누구니, 날아다니는 새지."

"아니, 누~가 없앤다는 거냐고~."

"창조주가 없앤다는데 거기까지는 나야 모르지."

"그래? 아, 졸려. 그럼 내년에나 또 얘기하자. 경칩 되거든."

"아냐 아냐, 할 말 더 있어."

"그래? 뭔데?"

"내가 진짜 살치가 떨리는 건 꽃 손자들이 만발하면 인간들이 염병 지랄을 떨고."

"어? 어떻게?"

"있잖아. 줄줄이 기어 나와 우리를 둘러싸고 히쭉거리고 깔깔거리고 술 먹고 떠들고 싸우고, 오만 잡질을 다 하는 거야."

"그래? 난 못 본 것 같은데?"

"당연히 넌 안 보이는 거지."

"그래서?"

"할 말 기니까 졸지 말고 좀 더 들어봐."

"그래, 해."

"걸어서나 오면 다행인데 넌이면 넌, 놈이면 놈, 새끼 할애비 할미 뭐 사돈인지 개돈인지 끌고 살판났다고 꼭 차를 타고 오는 거야."

"그게 왜 어때서?"

"너야 모르지만 우린 얼마나 매운지 사망 직전이야."

"아, 자동차 일산화탄소 오여~엄?"

"말도 마. 지들은 화생방 교육도 받으면서, 여하튼 벌 나비 얼씬도 않고 꽃손이 꽃가지 내 아들딸 며느리들 전체가 초상집이라니까."

"와~ 남 피 흘리며 아직 상처도 아물지 않은 산모들 고통, 이런 거 모른대?"

"개코나~ 지네들 딸 며느리가 배를 가르고 손자 낳느라 마취하고 풀리지도 않았는데 불난 병실 연기처럼 진짜 인간도 아니라니까."

"저것들 못 오게 할 순 없나?"

"우린 없지, 그런데 와서는 사진 찍고 떠들고 요리조리, 환자가 있고 없고 나발이고 낄낄거려 시끄럽고 걱정이 태산이라니까."

"어쩐다냐 저 인간들을, 근데 안 그런 인간은 한 놈도 없이 다 그래?"

"작년엔가 딱 한 사람 봤네."

"어떤 사람?"

"응. 그 어른은 나를 고생한다고 끌어안더니 쓰다듬어도 줬어. 첨 봤어."

"뭐라면서?"

"힘들지? 미안하다~. 여럿이 오면서 말했대."

"뭐라고?"

"나무는 출산 중이라 지금이 젤 힘들 때니 조용하게 사진 찍는 건 좋은데 꼭 고맙다 위로하고 잘 낳고 열매 맺고 상처도 빨리 잘 낫기 바란다~. 아, 글쎄 이랬다는 거야~."

"눈물 났겠다~."

"엄청 울었어, 그날~. 올해도 왔으면 좋겠어, 그 어른 보고 싶어."

"히야~ 나도 보고 싶네. 그분 오거든 오셨다고 말이라도 꼭 해줘."

"어쩌게? 넌 365일 중 300일을 자잖아?"

"아냐. 꼭 깨워 봐."

"알았어~~!!"

※ 이상은 산림교육전문가(글방 하기 전) 이암 고문님과 어딘지 촬영 가서 비스름하게 들은 말을 기초로 썼습니다. 벚꽃 구경 갈 때 다시 보세요~~.♡

환경대담 8
2025.3.7.금요일

구름과 바람(雲風)대화

“바람아, 바람아아아~ 천천히 가. 잠깐 얘기 좀 하자.”

“야, 그게 내 맘대로 빨리 가고 천천히 가는 게 아니야. 아, 마침 천천히 가지네. 물어봐.”

“여기가 몇 층이니?”

“층? 층이 아니고 여기는 권이야, 권.”

“권? 권이 뭔진 모르지만 그럼 무슨 권이니?”

“어, 여기는 대류권이라 하지.”

“그럼 저 아래 보이는 것이 땅이야?”

“땅이 아니고 바다가 70%니까 바다야. 그것도 아니고 지구라고 부르는 거 모르니?”

“나야 모르지.”

“그럼 넌 어디서 왔는지는 알아?”

“어? 나? 그러고 보니 오긴 왔는데 어디서 온 거지. 시인들이 알려나?”

“글쎄 시인들은 좀 알 것 같은데 아나 모르지.”

“그럼 누가 아는데?”

“네가 온 곳은 그래도 내가 젤 많이 알걸.”

"바람 네가? 넌 어떻게?"

"아, 나는 대류권을 떠돌아다녀 봐 알지."

"대류권? 이게 뭔데?"

"응. 아까 몇 층이냐 물었잖아, 정확한 건 복잡하고 하늘에서 헤아리는 층으로는 1층, 이걸 대류권이라 해."

"그래서 너는 대류권을 떠돌면서 나처럼 안 죽고 계속 사는 거야?"

"아직은 안 죽고 산대."

"누가 그래?"

"너네 구름은 생겼다 말다 하지? 우리는 구름도 만든다."

"어떻게?"

"안댔잖아. 만들어도 봤으니까."

"와, 공기야, 네가 날 만들었으면 내 부모냐?"

"그건 아니고 들어봐. 내가 바다 위를 갔거든. 그때 햇볕이 너무너무 뜨거웠어. 나도 죽는 줄 알았더니 글쎄 바닷물이 데워지면 막 김이 나는 거라."

"김?"

"응. 보이지 않기도 하는 건데 그걸 복사현상이라 한대."

"그래서?"

"뜨거우니까 김(수증기)이 올라오지? 그게 높이 올라오면 열 기둥이 생겨 기압이라던가 하던데 잘은 모르고."

"그래서?"

"너무 높으니까 열 기둥이 무너져 저기압 고기압 기압골들이 생기고 차가운 곳 뜨거운 곳으로 뒤섞이느라 무너지면 우리는 혼비백산 얼마나 바쁜지 몰라."

"하 재밌다. 그런데, 그렇게 솟아오른 뜨거운 공기가 올라오면 위에는 춥거든, 그러면 아주 작은 이슬방울로 변하면 자기들끼리 뭉쳐, 그러면서 너 같은 구름이 되고 대류권을 떠돌아다니는 거지."

"와, 그렇구나. 난 그런 건 모르는데."

"이슬방울이 너무 크고 무거우면 비가 되어 내려가는데 너는 가벼우니까 좀 떠다닐 거다."

"그럼 난 언제 어떻게 없어지는 거니?"

"나도 모르지. 그게 다 저기 저 태양 어른께서 하시는 일이야."

"저 눈 부시고 뜨거운 분?"

"그래. 저분이 지구의 아버지시거든."

"어! 인간들도 이런 거 알아?"

"아는지 모르는지는 몰라, 아는 인간은 드물댔어."

"그래? 그럼 하나 더 물어보자. 여기가 1층 대류권이랬지. 그럼 2층도 있니?"

"있어. 나는 3층까지 간 적도 있거든."

"2층은 뭐라 그래?"

"어, 성층권이라 하고 다음은 중간권, 더 올라가면 열권, 그다음은 외권 또는 우주권이라 하거든."

"얼마나 높은데?"

"열권은 1,000km 이상."

"여기는?"

"여기는 고작 10km 이내고 너는 5km나 되나? 비행기 있잖아, 비행기는 모두 10,000m 이쪽저쪽, 역시 10km쯤에서 오르고 내리고 날아다녀."

"외기권 우주권 혹 그런 데도 가봤니?"

"아냐. 가 볼 수도 없잖아. 넌 구름인데 한참 아래지. 먹구름 뒤덮은 날도 비행기는 햇볕이 쨍쨍하고 아래는 구름이고 지구에는 소나기가 오고, 난 다 돌아치며 본다."

"넌 그 높고 낮은 데를 다 가? 야, 넌 참 신기하다. 난 나무처럼 골목만 다니네."

"위로 가 보면 거긴 영하 70도 80도 얼어 죽을 온도야."

"아, 그럼 열권 밖에는?"

"그건 우주선이 뚫고 간다는데 나 같은 공기가 없대."

"뭐? 무공기(무중력)? 그럼 뭐가 있어?"

"36,000km를 가야 정지위성이 멈춘다던데 그것도 저(底)궤도 中궤도 高궤도 복잡하여 나도 듣기만 했지 잘은 몰라."

"달 화성 금성 수성도 있다는 게 진짜야?"

"나도 끽해야 대기권 1,000km도 가끔 가는데 내가 어찌 아니?"

"그렇구나."

"일단 달까지가 380,000 또는 400,000km라니까."

"그럼 태양 어르신은?"

"누가 말했는데 맞든 않든 들어봐. 150,000,000km랬어."

"우와~ 거기 궁금하다."

"그것 가지고 놀라지 마. 광년이라는 게 있다는데 수십 백만, 광년 속에는 우주가 있댔어."

"거기는 뭐 하는 데야?"

"하기는? 하는 게 아니고 별들이 1조 개다 1경조 개다느니 한다니까 깜깜 밤중이지."

"그걸 누가 왜 만들었을까?"

"그건 있거나 말거나 우리는 알 것도 없는 거 같다."

"맞아."

"그런데 꼭 그런 건 아니고 나중에는 인간이 간대."

"인간이? 아니?~"

"인간이라도 다는 못 가고 조건이 있대."

"그게 뭐래."

"아이고, 들긴 들은 건데 아, 거기는 몸은 못 가고 혼(魂)만 간대."

"혼? 혼이 뭐야."

"아참, 영(靈) 자가 빠졌네, 영혼."

"영혼? 뭔 소린지 영 모르겠다."

"인간은 거기서 왔다 그리로 간다지만 너와 나야 뭐 더 알 필요 없잖아."

"아~"

"왜 그러니?"

"아, 나 가야 돼. 나 간다~~. 빠이빠이~."

"그래 공기(바람)야, 잘 가. 고마워~~."♡

※ 환경은 〈거대환경〉과 〈미소환경〉이 있습니다. 오늘은 거대환경 초입부 글이었습니다.

환경대담 9
2025.3.8.토요일

石岩 돌돌대화

※ 폭우에 홍수로 石이가 굴러왔다. 얼마를 굴렀는지 작은 돌이 돼 버렸다.

원래는 암반이었다. 그러다 바위가 깨지고 부서져 돌이 돼 버린 거다.

구르다 구르다~~ 그러다 어느 작은 암반에서 멈췄다. 얘네들을 石生살이라 해도 좋고….

암반이가 외치듯 소리쳐 물었다.

"이놈, 너 누군데 내 가슴팍에 올라앉니?"

"나? 네 할아비다, 왜?"

"이노옴이~? 뭐라, 할아비? 이런 싸가지 없는 놈 봤나. 누군데 할아비라냐 쪼끄만 놈이?"

"허 이 녀석 보게. 야, 임마 크기만 하면 어른이냐. 넌 내 손자야, 이놈아."

"아니, 너 미친놈이냐?"

※ 암반과 작은 돌이 따져보기 시작했다. 암반 왈, 암반인 내가 깨져 뒹굴어야 너같이 되는데 네가 손자지 무슨 소리냐 하였고.

돌 왈, 나도 너 같은 암반에서 깨져 나와 그렇지 원래는 컸는데 이렇게 작아졌다 하였고, 양측이 진정하자 결국 암반이 조약돌에게 할아버지라는 걸 인정하여 조손지간 대화가 시작된다.

"너희 증조할아버지는 너보다 백배나 컸지."

"거기가 어딘데요?"

"거기는 높은 곳이었다. 어느 날 아버지 바위가 쫙 갈라진 거다."

"왜요?"

"너한테 대면 거대해 끝을 보지도 못한 아버지신데 아버지 몸을 갈라지게 한 건 소나무가 한 못된 짓이었다."

"아니, 그 쪼끄만 소나무라는 놈이요? 천배는 작은 것이 어떻게?"

"들어봐라. 네 주변에는 소나무가 있어노 그릴 일 없겠지만, 네 증조 바위는 우선 높은 곳이고."

"그런데요?"

"나도 모르는 언제 아버지 바위 작은 곳에 상처 난 그곳에 소나무 씨가 떨어졌나 봐."

"씨요? 씨앗?"

"그렇지. 생각지도 않던 중 아버지 바위에 틈이 있어 거기 숨었다가 그곳에 잡것들을 의지해 싹이 난 거라?"

"아무도 모른 거예요?"

"그래. 그놈 뿌리가 실같이 힘도 없잖니? 내버려 뒀지."

"그래서 그 나무가 거기서 뭘 먹고 살고 큰 거예요?"

"모를 일이다. 거긴 환경도 나쁘고 비가 와도 바로 마르는 곳인데 그 녀석은 힘도 없는데 그 소나무가 안 죽고 십 년 백 년 어? 하다 보니 엄청 큰 거라."

"눈으로 직접 보신 거예요?"

"암, 봤지. 바로 내 옆에서니까."

※ 증조 바위에 암반 소나무가 살살 뿌리를 내리면 비가 와서 뿌리를 타고 바위 속을 내려 밀기를 반복 반복 십수 년 그러다 수십 백년이 되자 뿌리내리는 힘이 바위를 뚫고 내리기를 반복했다.

"그래서 증조 암반께서 나무뿌리한테 진 거예요?"

"졌다기보다 자연의 이치에 어쩔 방도가 없어진 거지."

"그래서, 결국 증조 바위가 깨지게 됐다는 건가요?"

"그래. 아버지는 이미 아시는지 내게 너는 쪼개져 나뒹굴게 된다고."

"이상하네. 어찌 그걸 미리 아신 걸까요."

"다른 암반은 다 아는데 넌 모르니? 이게 자연현상이라던데?"

"그럼 할아버지도 아셨던 거예요?"

"그땐 몰랐지만 지금은 좀 안다."

"증조 암반은 미리 알고 뭐라 하셨나요?"

"아, 벌써 수백 년 전 같은데 희미해."

"가슴 아프네요."

"다 그런 거라 하셨어. 아버지는 수도 없이 겪은 거라시며 내게 말해 주셨어."

"뭐라고요?"

"암반이 깨지는 게 출산이고 그렇게 낳으면 바위가 되고, 바위가 자라면 작은 돌이 된다 하셨다."

"그럼 바위나 돌은 할부지가 되는 거네요."

"뭐든 세월이 가면 더 커지지 않던? 그런데 암반이나 바윗돌은 작아지는 것이 어른이 된 거니까 거꾸로, 작을수록 어른이다. 반대야."

"그럼 난 어른 아닌가요?"

"넌 총각이고 처녀다. 아직 자손을 낳지도 않았으니 애들이지?"

"헉, 이상하네. 난 들어도 모르겠어요."

"그러니 더 들어봐라. 모래 알지? 모래, 작을수록 어른이야."

"그런 게 어딨습니까?"

"허허 제일 웃어른은 펄이야, 펄."

"바닷가 진흙 갯벌 펄요?"

"그래. 펄은 만고풍상 장구한 세월, 바위에서 나와 구르고 깨지고 부딪치기를 수만 년 하다 그렇게 된 거다."

"이해가 안 갑니다."

"그래. 안 갈 테지만, 이런 게 있기는 하다."

"그렇죠? 꼭 그런 건 아니죠?"

"맞는데 말이다. 자갈이나 모래일 적에 땅이 뒤집어져 깊이 묻히기를 천만년 하다 보면 꽉 눌린 채 굳어 모래가 돌이 되면 사암(沙癌)이라 하는 것도 있기는 하지만."

"와, 더 헷갈려요."

"많은 모래가 물살에 구르고 굴러 내려가 바다에까지 가면 갯벌인데 배웠지만 나도 잘은 모른다."

"그럼 모래가 암반이 되고 암반이 모래가 되고 돌고 돌아요?"

"그렇지. 순환이다, 자연의 순환."

"그럼 도대체 누가 시조(始祖) 할아버지입니까?"

"야야, 시조? 시조는 말야, 아버지 말씀이 시조는 마그마였대."

"마그마? 그 뜨거운? 이게 암반의 시조예요? 당최 이건 또 뭐지?"

"뜨거운 것도 아니?"

"그야 알지요."

"알면 됐고 몰라도 된다."

"그럼 할아버지는 여기 언제까지 계시다 어디로 가실 건가요."

"나는 겉돌이니까 올여름 지나면 바로 떠내려갈 테지, 뭐."

"바다까지 가시는 거지요?"

"암만~ 그러나 누구든 내일은 모르는 거라서."

"맞아요. 사람도 그건 모른댔어요."

"뭐 사람? 사람 얘긴 않기로 하자. 그들은 뭐든 깨부수고 지들만 산다는 것들이니까 그냥 보기도 싫다."

"아, 할아버지 밤중이에요. 그만 쉬세요."

"그래. 너도 자거라."

※ 시인은 자연의 입장에서 그들의 말이 들리면 좋겠습니다만 저도 잘 안 들립니다. 그들은 밤낮 우리를 위해 있으니까요~~.♡

환경대담 10
2025.3.10.월요일

연장간 대화

외양간 건너편 헛간과 뒷간 사이 연장간이다. 종일 산과 밭으로 갔다 돌아온 농기구들이 모였다.

"아, 냄새. 누가 똥 싼 거야?"
"난 똥 싸는 거 없어."
"나도 나도 나…도."
"야! 너지? 장군이?"
"맞다. 장군이한테서 나는 거다."

낫, 호미, 삽 옆에 똥장군이 어쩔 줄 모른다.

"너 오늘 안 씻었지?"
"응. 우리 대장이 도랑을 그냥 지나오셨어."
"어쩐지~ 왜? 아니, 왜 그러셨다니?"
"너네들은 목욕하고 세수도 않잖아. 나는 밭에 뿌리고만 오면 안 되거든. 꼭 목욕을 하고 와야 하는데 내가 하는 게 아니고 시켜줘야 되거든."
"야, 우리도 세수해. 야, 호미야, 내 말 맞지?"

"그래. 너는 (낫)자루도 닦으니까."

"아, 큰났다. 비까지 와. 이 냄새 며칠 나겠네."

"미안하다."

"대장이 그런 거지 네가 미안할 건 아니고, 그럼 너 오늘 미안하다니까 이야기 당번 할래?"

"이야기? 내가 뭔 얘기를 해?"

"아무 얘기나 하면 돼."

"나 안 해 봐서 이야기 잘 못해."

"그냥 하면 되지 잘하고 못하고가 어딨어?"

"그럼 걱정이 하나 있는데 그 얘기라도 할까?"

"그래 아무거나 해."

"우리 형제 친구들 다 박살 나 죽었어, 이제 우리 동네 그 많던 장군이들 몇 남지도 않았어."

"왜 죽어?"

"지게에 지고 가다 똥 담은 장군 채로 넘어져 깨지기도 했고, 굴리고 닦다 금 가서 던진 것도 있고, 뭣보다 이젠 퇴비장이 다 없어져 나를 지고 가 뿌릴 일도 없어 밭에도 안 뿌려 없어진 거라."

"야야, 넌 모른다. 쇠스랑 호구 지게 다 사라져가. 너만 걱정이 아니야."

"계속 농약이 새로 나오니까 이젠 똥오줌 거름도 안 할 거래."

"그게 걱정이구나."

"결국 나도 깨 내다 버릴 거고 닦아주지도 않을 거니까. 이러고 어떻게 사냐고. 다들 나를 피하잖아."

"나도 껴도 될까?"

"똥바가지야, 너도 할 말 있어?"

"나는 똥 풀 일도 없은 지 오래야."

"그래서 계속 논단 얘기지? 쇠스랑 호구 소쿠리 지게도 이젠 다 그렇게 되는 중이야. 그래도 낫은 좀 일을 하고 풀 뽑느라고 나도 가끔은 쓰는데 삽도 그렇게 돼 가."

"나도요~~."

"누가 나라고 하니, 시방?"

"나 빗자룬데요. 나도 마당에 공구리를 쳐서 열흘에 한 번도 일을 안 시킵니다. 답답하고 속 터져 미치겠어요."

"야, 같잖은 것들 같으니 시끄럽다. 나 삼태기인데 왜 떫냐?"

"떫기는 네가 떫나 보다."

"지금 난 애들이 내 이름도 몰라."

"으르렁 드르렁~ 까까꿍~"

"이건 또 뉘 뭔 소리냐?"

"여기서 내가 젤 큰 멍석 어른이다, 왜?"

"뭐 할 말 있어?"

"말도 마라 내 설움… 마누라 자식들 다 불사르고 나만 둘둘 말려 목매달린 지 2년째다."

"이놈들아, 조용해!"

"어~@ 또 누구세요?"

"이 어른 이름도 잊었니? 내가 쟁기잖아. 내가 상일꾼이니 내가 어른이란 말이다. 쟤는 극젱이, 따비, 멍에, 우리는 소 팔아 버린 지가 언젠데 지금도 안 버리고 계속 처박혀 있어도 그냥 참는다."

"아, 그렇기는 하네. 근데 너네들은 걱정 없어? 호미부터 말해 봐."

"나도 잊혀지고 쓰지를 않을까 걱정이에요."

"그래?"

"제초제 나오고부터는 풀 뽑는 게 줄어 그렇구나."

"하긴 애들이 호미질 배우지도 않지. 너, 낫은 어떠니?"

"나도 잘 안 써요. 노인들이나 좀 쓸까 안 써요."

"그럼 삽 너는?"

"세상이 변하는데 장사가 어딨니. 유명한 낫 놓고 기역 자도 모른다는 낫도 없어질 판에 나 같은 삽도 그래."

"그럼 인간들 농사 안 짓고 밭도 안 매고 풀도 안 뽑고 어떻게 뭘 먹고 살려고들 저러지?"

"농사? 이거 지으면 짓는 대로 적자 된 지 오래라던데, 안 짓는 게 버는 거래."

"야, 그게 무슨 소리니?"

"진짜래. 씨 사고 농기구에 연장에 농약 사고 일한 품값 따지면 적자고 힘만 든대."

"그럼 어떻게 뭘 먹고 살 거냐고?"

"수입농산물이 훨씬 싸대."

"그럼 수입은 안 끊기나?"

"대중 대미 외교가 엉키면 끊길 수도 있지. 관세를 잔뜩 올려도 비싸질 거고."

"우리가 데모를 할까?"

"뭐라고 외쳐?"

"우리는 일하고 싶다~아~~."

"일하지 않고 노니 미치겠다~. 아~~ 몸은 〈병균들의 집〉이 되어 가고 있따~아~~!"

※ 이상은 움직이지도 못하고 외칠 입도 능력도 없는 것들의 헛소리? 연장간은 글방이고 연장은 우리들… 은유우화입니다.

방장은? 글쎄요~. 장군이인 것도 같아요~. 똥장군~. ㅎㅎ~~

환경대담 11
2025.3.11.화요일

흙과 두더지 대화

※ 두더지는 한자로 두더지 '격鼳', 또는 두더지 '분鼢'인데, 카톡 한자에는 없다. 오늘은 두더지와 흙이 주고받는 환경대담.

"두더지야! 너 지금 뭐 하니? 그만 쑤셔대."

"흙 아저씨, 미안해요. 집(굴)이 무너져 새로 지어야 하고 길도 새로 내야 돼서 그래요."

"누가 또 네 집을 무너뜨렸다는 거니? 지렁이가?"

"지렁이가 아니고 사람이 이 밭을 갈아엎다 무너졌어요."

"아하, 쟁기가 지나간 거구나."

"실은…."

"실은 뭐?"

"쟁기가 지나간 게 아니고 소가 밟고 가고 농부(인간)도 밟고 가 나까지 자칫 죽을 뻔했다니까요."

"오, 알겠다. 그야 뭐 어쩔 수 없지."

"인간들 살생유택 어쩌고 하면서 개미고 애벌레 알까지 죽어도 그냥 밭만 갈아엎습니다."

"아야, 그러려니 해라. 인간도 씨를 뿌려야 뭐든, 배추 무 콩도 먹지. 우리만 사는 건 아니잖아?"

"그건 아는데요. 내 주둥이고 앞다리고 상처투성이라 힘들어 미치겠어요."

"그래. 안다만 나는 너보다 백배나 힘들어도 참는 거다. 너도 참아야지 어쩌겠니."

"아저씨도 힘들고 상처도 나요?"

"나는 인간 이전부터 바람과 물 때문에 엄청 시달렸다."

"아, 흙 아저씨도 힘든 게 있군요."

"너야 어려 모르지만."

"예? 제가 어리다고요? 아네요. 저 어른입니다. 증손자도 봤어요."

"껄껄~ 그래. 그렇다 치자. 그럼 네가 할아버지네?"

"그렇지요. 저 좀 있으면 고손자도 봐요. 어쩜 내가 아저씨보다도 어른일지도 모른다니까요. 부모님이 흙은 우리보다 웃전이니 아저씨라 하라셔서 하는 겁니다."

"하하하 껄껄껄~~~"

"왜요? 비웃으시는 거죠? 물어볼게요, 올해 몇 살이세요?"

"나? 정확한 나이는 셀 수도 없어 모르지만 아마도 1,000살? 그 이상 될 거다."

"아니, 1,000살이나요? 그럼 고려시대에 낳으셨어요?"

"아니, 고조선 적일지도 몰라."

"그럼 5,000살? 에이 설마아?"

"아냐 아냐. 극젱이(보습)는 50센티고 호미 괭이 쇠스랑 이런 것들이 20~30센티고 삽도 30이야. 그 연장들이 다 들어오지도 못하면서도 나를 판다."

"그런데요?"

"땅 판 그 밑에도 내 몸이 있거든. 물론 자갈과 모래 몸이 섞였지."

"아, 그래서? 그게 몇 살하고 뭔 상관입니까?"

"이놈 참, 더 들어봐. 읽다 말지 말고 끝까지 읽어."

"네에~."

"내 살(몸) 1cm 나이가 200살이다. 50cm면 10,000살이고 1m면 20,000살이야. 이것도 정확하지는 않고 10만 살 나이일지도 몰라."

"헉~@ 10만 살까지나?"

"너도 나도 인간도 내 나이를 잘 몰라."

"어떻게 된 거예요?"

"나는 암석이었다. 바람과 비가 오면서 깨신 거다.(풍화작용) 비위 나이는 적어도 1억 살도 넘다 거기서 깨지는 가루들만 모이고 흘러 쌓이면서 내가 된 거다."

"누가 그렇게 하셔서 어디다 쓰려고 그러셨을까요?"

"놈 참, 너무 모르는구나. 이런 것 속에 너네가 먹을 밥이 있어."

"아하, 곤충~~?"

"곤충뿐이겠니. 유기물 무기물 천지다."

"유기물? 그런 게 뭐예요?"

"넌 참 먹으면서도 모르니? 하긴 잘났다는 인간들도 잘 모르더라고, 글방 방장이란 놈도 대충만 알지 잘 몰라."

"아, 뭐예요오~?"

"동물 썩은 것이 유기물, 사람 송장 같은 것이다. 식물이 썩은 것은 무기물, 이런 게 너네들이 먹는 양식이야."

"아하, 그 양식들이 내가 판 굴까지 저절로 오는 거군요?"

"그렇지. 그게 무너져 다시 파는 거라며?"

"예. 그럼 흙 아저씨 몸은 돌입니까, 아니면 충(벌레+씨앗)이나 물입니까?"

"야, 내가 그걸 자세히 알면 하나님 하지 왜 흙으로 살겠니?"

"인간 중 시인들은 알까요?"

"아따 요 녀석 참, 인간도 제 몸뚱어리를 잘 모른다. 인간은 사실 벌레(균)다. 그러니까 자주 앓다 병원 가고 그래."

"가면 의사는 다 아나요?"

"안다지만 아주 쪼끔."

"인간도 별수 없군요."

"누가 그러던데 인간 내장 속에만 수억조 개의 유익균 무익균이 산다는 거야. 먹는 것이 죄다 균들을 먹이는 거지."

"아저씨 아저씨~ 지금 지렁이가 오고 있어요. 저거 먹어야 해요."

"야야, 먹더라도 지렁이하고 얘기나 좀 하고 먹어. 미안하고 고맙다든지 잘 커서 내 먹이가 돼 주니 너무 좋다든지."

"아녜요, 그러고 먹으면 미안하잖아요."

"미안한 건 아니다. 너 먹으라고 키운 분이 창조주시니까."

"아, 예예. 아저씨, 이따 봐요~. 냠냠~~"

※ 먹으라고 한 것은 먹고, 말라고 한 건 말고, 말과 글, 책도 그렇다고 봅니다. 주신 이에게 감사하는 하루~~.

환경대담 12

2025.3.13.목요일

천내(泉內)-鯢(예)대화
※ 한자 예(鯢)는 '도롱뇽 예'

※ 높은 산 깊은 골짜기 숲을 헤치고 올라온 충주 보련산 8부 계곡, 여기서 남한강이 발원한다. 양수리에서 북한강과 합류하고 서울로 흘러 임진강과 만나 하나 되어 서해로 가서는 태평양을 이룬다.

남한강 최초 발원지는 강원도 태백시 창죽동 산1-1번지. '검룡소'라고들 알지만 정답은 아니올시다. 최초 발원지는 하늘에서 내린 빗물+내린 비가 스며든 땅속으로부터다.

최초(最初)와 最長은 다르다. 최장은 검룡소지만 최초는 셀 수 없이 많다. 여기 보련산도 최초 중 한 곳, 방장 출생지다.

거기 큰 오리봉나무 숲 사이도 또 하나의 남한강 발원지 옹달샘이다. 넓이, 깊이는 한 뼘쯤? 풀 속. 은밀함이란 이런 것을 말하나 보다.

곧 우수다. 마른 풀에는 새싹이 돋고 있다. 내린 비는 땅속에서 정화되고 가운데서 퐁퐁~ 몽실몽실~ 솟아오르고 있다. 이 물로 씻으면 옻오름 병도 낫는다는 청정 정화수 한로수 주작수라 부르나 보다. 여기 도롱뇽이 알을 낳고 있다.

"룡뇽이 왔느냐?"

"아, 예. 지금 아야야~ 잠시만요."

"그래. 어서 낳거라."

"휴. 아, 네. 잘 낳았고요, 근데 새끼들 낳고도 걱정입니다."

"그래 낳기는 다 낳은 거지?"

"예예. 식식…"

"룡이야, 고생했다. 그런데 넌 왜 작년부터 여기 와 알을 낳니?"

"저 아래 논가 습지에서 낳았더니 오염돼 다 죽었어요. 올라와 여기서는 70마리 중 40마리나 살았어요."

"그래. 여기는 사람들이 잘 안 오니까."

"그래도 산나물 뜯으러 오고 가재 잡으러도 오고 여기가 낫지만 올해도 걱정됩니다.(멸종위기)"

"왜 알을 가져가는지는 모르지?"

"물 어르신, 저도 알아요."

"왜 그런다니?"

"내 새끼 알이 신경통, 속병, 눈 밝기, 피부재생능력 이런 데 좋다고 보기만 하면 가져가 먹는다는 겁니다."

"그래. 와, 참 못됐다."

"또 인간이란 것들이 신경쇠약, 빈혈, 치질, 어린이 급성이하선염(볼거리), 화상 이런 데 좋다고 아주 옛적부터 글쎄 내 새끼들을 처먹는답니다."

"그럼 그런 말이 맞는 거니?"

"맞긴 뭐가 맞겠어요. 이건 검증된 것도 아니고 그냥 '민간요법'이에요. 아무것도 몰라 무식할 때."

"아, 인간들에게 이걸 어떻게 알려준다지?"

"오히려 위험하고 아니라는 것 말이죠?"

"인간이 병을 이기는 것은 치료보다 예방이라는 것 말이다."

"예방? 방법이 있나요?"

"모든 병은 병인(病因)이라는 것이 있어."

"병이 한두 가지가 아닌데 다 다르지 않나요?"

"물론 다 다르지. 그러니까 각각 다 다른 예방법이 있어."

"그게 너무 어려워 문제 아닌가요?"

"어렵지만 산다는 것은 이런 걸 배우는 건데 병들고 나서야 고칠 연구만 하니까 의사는 늘어도 병 치료는 끝도 없는 거지."

"반대로 하네요. 예방치료학 이런 건 없대요?"

"있지 왜 없겠느냐. 그러나 그건 잃고 몇 배나 고생하고, 인간들도 힘든 거다."

"가르쳐 줄 수는 없어요?"

"있지만 눈도 돌려 뜨고 귀도 막아."

"그게 뭔데요?"

"불교는 청정심 깨우침이라 하고, 교회는 성결 거룩한 삶이라 하는데 이게 들리는 소리겠니?"

"저는 더 안 들리나 봐요."

"그래? 암튼 감사할 줄 알아야 풀리는 문제다."

"감사 감사라…. 저는 늘 어르신께 감사하거든요."

"인간은 나 같은 옹달샘 봐도 고마운 줄도 모른다."

"그러니까 천지신명께서도 자꾸 벌을 준다는 거네요?"

"꼭 벌을 준다는 건 아니고 복을 못 받는다는 말이다."

"어르신, 아, 나 배고파요."

"아참, 내가 널 오래 붙잡았나 보다. 그래, 그런데 너 뭘 먹지?"

"먹을 건 많아요. 개미 지렁이 거미 자기들이 알아서 와요. 그럼 낚아 채

먹으면 돼요”

“그래. 많이 먹고, 그리고 너 어디로 갈 거니?”

“낳았으니 집으로 가야죠.”

“집? 거기가 어딘데?”

“왔다 갔다 하지만 묵히는 논, 어두운 암굴, 저 먹고 자고 쉴 데는 많아요.”

“그래? 그럼 먹고 또 와라. 여기도 요쪽 조쪽 파고 들어가면 안 되니?”

“잘은 못 파지만 있을 거예요. 제 새끼들도 봐야 하니까 자주 올게요.”

“그래. 바로 와.”

※ 누가 아무리 좋다 좋다 하더라도 우린 이런 거 가져오지 맙시다~~.

은유우화 12편

암탉과 병아리

은유우화 1
2025.3.17.월요일

병아리학교

"자~ 오늘은 저쪽 큰 감나무 밑에서 공부한다. 따라와."

"야~! 병아리학교 신난다~."

"엄마, 끝병이 힘든가 봐요. 천천히 가요."

"나도 다 알고 있다. 끝병이는 막내라 느려."

"저는 항상 1등이에요."

"맞아. 첫병이 오빠가 키도 젤로 크고, 나는 2등."

"두병아, 1등 2등 꼴등 그런 소리 마라. 누가 너희들에게 등수를 매기던?"

"어제도 철수 오빠가 1등 했다니까 영희가 부러워하던데요."

"엄마 1등 하면 좋은 거 아닌가요?"

"아니다. 진짜 좋은 건 죽는 데는 꼴찌가 최고고, 아픈 데나 1등 하고, 욕하기나 1등 할 거면 꼴등이 더 좋은 거다."

"맞아요. 전에도 엄마가 그런 말 하신 거죠?"

"뭔 말?"

"먹는 욕심 빨라 유리 조각 냉큼 삼켜 졸업한 네 언니 하나는 하루 사이 죽었다고요."

"그래 맞다, 먹는 데 급하고 분별없으면 명을 재촉하고 즉사도 한다고."

"진짜 굼벵이는 뭣 하나 먹는 데도 엄청 느려요."

"그러니까 그때 엄마가 굼벵이를 날름 삼킨 거 봤어요."

"어떨 땐 느리면 단백질이 부족해 빨라야 하지만 느려야 하는 것도 많아."

"엄마, 엄마는 우리 학교 교장이니까 물어볼게요. 느리고 빠를 때를 어떻게 아는 거죠?"

"그게 우리 병아리학교 공부야. 뭐다 뭐다 이때다 저때다 지금 다 정할 수는 없고 직접 보고 눈으로 배워 아는 거야."

"맞아. 엄마가 갑자기 후다닥 날개까지 펴고 달려가던 그런 거죠?"

"잡아먹고 살기 위해서도 그렇지만 도망칠 때도 그런 게 있어."

"전에는 매가 와서 우리를 채다가 먹었다는 게 진짜예요?"

"나도 너네 할아버지께 들은 건데 그땐 개도 우리를 공격해 잡아도 먹었디더라."

"그래요? 할아버지는 그런 걸 직접 보셨대요?"

"지금은 매가 거의 멸종했지만 할아버지도 그 위 할아버지들 병아리교실에서 배운 거라고만 하시고 직접은 못 보셨대."

"우리 병아리학교가 별걸 나 배우네요. 그럼 오늘은 국어 산수 뭐죠?"

"그런 건 철수 영희나 배우는 거고 우리는 늘 말했듯 먹는 것과 안 죽고 사는 방법만 잘 배우면 되니까 〈먹고사는〉 공부다."

"철수 영희는 뭘 그렇게 많이, 음악 미술도 배운대요."

"그뿐이 아니라 글자도 배워. 그게 얼마나 힘든 건지 배워도 다 쓰지도 못하는 것들을 배운다."

"엄마! 많이 배우면 좋은 거 아닌가요?"

"쓰지도 못하는 것들 배워 뭐 하니. 사는 것 하나만 잘 배우면 돼. 오만 잡것 배우느라 힘들고 배운 족족 중간도 못 가고 돈만 쓰고 인생 낭비다."

"우리 병(아리)생은 전문 적성 환경만 전공하니 좋아요."

"본성이라는 게 있다. 너나 우리는 닭이야. 개는 개고 돼지는 돼지니까 닭답고 개다우면 돼."

"그럼 인간이 인간다운 본성은 뭐래요?"

"사랑이다. 인간, 자연, 동식물 사랑이지. 그러자고 글도 음악도 배우는 건데 문제는, 그렇게 배워도 안 배운 것만도 못한 나쁜 데 쓰니까 더럽지."

"어? 나쁜 게 뭔데요?"

"사람이나 무시하고, 소 닭 보듯 하고, 자연은 뭉개고, 산에 나무는 베어 태우고 썩히기나 하고."

"아, 그래요?"

"말도 마라. 춤도 배우고 도박에, 술에, 여자에, 죄가 하늘을 찔러도 깨닫지를 못해. 부부가 싸우기만 한다."

"왜 배웠다는 사람들이 싸울까요? 우린 안 싸우는데?"

"욕심, 바로 그 욕심이 남의 것은 뺏고 내 것은 열백 배 채우려고 창고, 통장, 금고에, 보석, 집, 땅, 전부 자기가 가져야 한다 하다 욕까지 먹으며 힘든 데도 그걸 모른다."

"거참, 우리는 닭통장, 닭밭, 닭논, 닭돈 이런 허영 없는데 인간으로 태어나지 않은 게 복(福)이군요."

"그저 허름한 닭둥우리 하나, 그도 없으면 헛간 구석, 아니면 살쾡이나 여우가 못 들어올 높은 곳에서 자고 만고땡이라는 거죠? 개 팔자 닭 팔자 소 돼지 팔자가 젤 좋은 것 같아요."

"그러니까 사람 팔자가 개만도 못하다고 한숨도 쉰다."

"문제는 인간들이 결국은 우리를 잡아먹으니 문제 아녜요?"

"그게 닭으로 태어난 운명이기는 한데 인간답지도 않고 나쁜 놈들이 먹으니 그게 죽상이다."

"원래는 뭔데요?"

"원래는 풀, 채소, 열매만 먹으라는 거지."

"그럼 채소나 열매는 불만 없대요?"

"걔네들은 불만 안 해."

"왜요?"

"풀은 잘라 먹어도 계속 나오고 열매는 필요한 자식(씨앗)의 수십만 배를 추가로 맺혀 줘 내버리느니 인간도 먹고 동물도 먹으라고 억만 배나 낳거든."

"우리는 그렇게 많이 못 낳나요?"

"낳지, 매일 하나씩. 그러나 부화는 20마리를 못 까서 다른 알은 쥐도 먹고 새도 먹는 건데 고약한 인간들이 먹는데 그야 좋다 치자."

"그런데요?"

"씨 없는 무정란이다. 이걸 먹어 씨가 없으니 인간도 〈씨인간다운〉 정신머리가 없는 거라."

"그래서요?"

"원초적 본능은 그게 아닌데 악성만 늘어."

"뭐가 줄어요?"

"선성(善性)이 사라지지."

"선성이 뭐예요?"

"야, 기니까 그만하고 공부나 해."

"넹넹~~."

"모래는 요만한 것, 씨앗은 요런 거 말고 옳지 옳지~. 요기 요기 조기 조오기~ 콕콕 찍어주는 거나 먹어. 괜히 물찌똥 싸대면 철이 엄마 뭐라 한다. "에잇 더러운 병아리 새끼들~" 쌍욕 먹기 싫잖아~?"

"넹넹넹~~~."♡♡♡

요즘 병아리학교 엄마는 가르치는 선생도 시간도 없이 바로 분양합니다. 사람은 유학까지 30년 학교를 보냅니다.

총 5~20억의 돈을 써요. 배워봤자 쓰지도 못하는 것을 배우면 사는 것만 배우는 병아리와 다를 게 없지요? 적성, 특기, 전문교육 하나만 시켜야 한다는 은유(隱喩)우화였습니다~.♡

은유우화 2
2025.3.21.금요일

엄마돼지 아기돼지

※ 소나무를 잘라 땅에 둘러 때려 박고 철삿줄로 엮은 후 볏짚으로 지붕을 덮으면 돼지(우리) 집이 완성된다.

웃안골(우당골) 동로네 돼지가 젖을 떼면 암돼지 한 마리를 가져올 거라 하시더니 아버지가 녀석을 걸리고 안고 지어둔 돼지우리에 넣어 기르기 1년이 못 되어(8개월) 어느덧 짝짓기를 하고(115일 후 출산) 1년 반~2년 만에 또 10마리나 되는 새끼를 낳았다.

나는 셋째니까 세 번째 암놈, 이게 내 돼지로 정해졌다. 잘 보면 생긴 것 보고 알고, 무늬로도 알지만 어떤 땐 딴 녀석으로 착각도 한다.

“아가야, 오줌은 여기서 누고 똥 싸는 곳은 이쪽 여기야, 여기.”

“어디 여기 맞아요?”

“어허. 더 가서 눴어야지. 늘 엄마가 누는 데 못 봤어?”

“둘째는 문 앞에서도 눴는데요?”

“어렵구나. 그래 일단 서쪽 구석이 오줌똥 누는 곳이다. 남쪽은 밥 먹는 죽통, 절대 여기다 누고 싸면 마님께서 회초리로 엄마만 때리는 거 봤지?”

“알아요. 근데 우리 마님은 위선자 같아요. 웃다가도 금방 소리 지르고 엄마를 때리고.”

"야, 너희들도 어리다고 봐주지 않아. 마구 때리셔. 저번 배 아이들은 많이 맞았어."

"아니, 젖먹이도 때렸어요?"

"그럼. 밥상(죽통)에 똥 싸다 들키면 절대 용서 안 해."

"아니, 젖이나 떼야 뭘 알지. 우리는 안 들켜 그렇지 죽통에 오줌도 몇 번 눴어요."

"안다. 진짜 조심하라고."

"꽥 꽤애애액~(엄마~)"

"어, 누구냐? 왜 그래?"

"흰 점둥이하고 흑 점둥이가 나를 눌러 숨 막혀 죽겠어요."

"야들아, 내려와. 그리고 이 북데기 다 망가져. 이제 언제 가야 또 새로 줄지 모르는데 여기다 똥오줌 싸고 뒹굴면 집구석 꼴이 뭐가 되니. 아껴라, 아껴."

"너무 재밌어서요. 저 속에 뒹굴이질 하고 들어가면 우주선 탄 것 같아요."

"뭐 우수선, 그게 아니고 지게 탄 것 같겠지. 근데 지게 타면 안 된다. 그날이 죽는 날이야."

"죽는 게 뭐예요?"

"아니, 벌써 그렇게나 젖을 먹고 이젠 죽도 먹으면서 죽는 것도 모르니?"

"안 가르쳐 주셨잖아요?"

"그건 안 가르쳐도 저절로 아는 거다. 배고픈 것 가르쳐줘서 아니?"

"맞아요. 배부른 것 역시 안 배우고도 알아요."

"배워야 아는 것은 똥오줌 쌀 자리야."

"이젠 우리도 알아요."

"아직 50점도 안 돼. 여전히 우릿간 안이 너무 더러워."

"깨끗하면 뭐가 얼마나 더 좋아지는 거예요?"

"내가 백번은 말했거든. 대주님께도 했을 거야."

"뭐라고요?"

"서쪽을 낮게 하여 오줌만이라도 잘 흐르게 해 달라고 말야."

"그래요? 왜 오줌 잘 빠질 높낮이 공사를 안 해주시죠?"

"대주가 나쁜 사람이라 그런 게 아니고."

"그런 게 아니고오~."

"아야야~ 아니, 넌 일곱 번짼데 왜 다섯째 줄 젖을 빠니, 엉? 그건 네 젖 아니잖아? 일곱째 위 아래 두 개가 네 젖인데 형 젖을 왜 네가 빠니? 얼른 내려가고 다섯째 너 와서 먹어라~."

"대주 얘기나 해주세요."

"그건 말이 안 통해서 그렇다. 우리 말을 못 들으셔."

"언젠간 해주실까요?"

"글쎄다."

"그럼 이거 물어볼게요."

"뭐?"

"우리가 크면 지게에 지워 어디로 가면 어떻게 돼요."

"그 집 환갑이나 결혼식에서 먹는다고 우리를 죽여버려."

"아, 죽는 거 싫은데 어쩌죠?"

"싫어도 그땐 죽어야 해."

"가만둬도 15년밖에 못 사는데 자기들은 환갑까지 살면서 이건 위헌 아닙니까?"

"위헌도 아니?"

"알지요. 그런데 계속 먹을 걸 주면서 왜 그러는지 이해가 안 가요."

"이해해라. 대주나 마님도 환갑 지나면 다 죽어."

"대주도 죽을 거면서 왜 몇 년 살지도 않은 우릴 죽이고 잡아먹고 죽이는 거죠?"

"그건 창조의 법칙이라 죽는 이유를 모르는 건 사람이나 개 돼지나 다 모르면서 죽는 거다."

"거참. 대주님도 죽을 거면서 왜 우리를 죽이고 먹지요?"

"대신 우리를 평생 돈 들이고 집도 지어주고 길렀으니까 잡수실 자격은 있다."

"딴 놈들이 먹으면 안 되는 거죠?"

"그럼 딴 것들이 먹으면 이것도 위헌이다."

"알았어요. 대주님이 드시라고 먹이는, 즉 돼지를 먹이는 목적이 창조의 법칙이고 합헌이다 그거죠?"

"그래. 왜 돼지를 키우냐의 답이 〈살찌우기 위함〉이고, 살찌워 뭐 할 거냐의 답이 〈살코기를 드실 목적〉이다."

"그럼 사람도 살찌워서 창조주가 잡수셔요?"

"야야, 나도 거기까지는 모른다. 다만 그건 아닐 거라는 것만 생각할 뿐이지."

"어, 그럼 진짜 그건 왜일까요?"

"글이나 쓰라는 게 세종퇴비글방 선생 말인데 글 써서 또 뭐 하자는 건지는 나도 모른다."

"(일동) 글 써서 뭐 하는 거지~~?"

※ 돼지 아이큐는 80 정도로 가축 중 우수해 개보다 더 좋대요. 더럽지도 않답니다.

※ 한자로 쓰는 돼지는 猪 · 豕 · 豚 · 亥 · 彘(저 · 시 · 돈 · 해 · 체). 왜 먹나…? 도대체 고기는 왜 먹나? 먹어서 뭐 하라는 걸까?

돼지사육농가와 몸을 주는 돼지에게도 감사? 길러 우리에게 주시는 하나님께 감사 사(射)사사….

은유우화 3
2025.3.20.목요일

누리와 달래

"누리(반려견 이름)야~ 너 어제 새로 사 입힌 그 옷 멋지다."

"아이고, 옷 입힐 때마다 꼭 목욕까지 시키고 입히니 그게 난 짜증 나."

"나도 꼭 드라이로 말리고 향수까지 뿌리는 게 싫어, 나도."

"그치만 네 옷이 더 예뻐. 꽃도 달렸고 색깔도 곱고."

"근데 넌 왜 꼭 뒷다리 하나를 들고 서서 오줌을 누니? 불편해 보여."

"안 그러면 오줌이 안 나와."

"전부터 난 그게 이상했어."

"넌 암캐니까 뒷다리를 접듯 굽혀야 되지만 나는 수캐라 원래 이러고 눠."

"난 진즉부터 궁금했는데 그게 편해?"

"응. 똥 눌 때도."

"맞아. 도련님이나 아가씨도 그러는 것 같더라."

"어? 봤니? 난 못 봤는데, 직접?"

"철수 도련님은 오줌 눌 때도 빳빳이 서서 누고 영희 아씨는 변기에 앉아 눠."

"그래? 왜 그러지? 난 못 봤어."

"그래? 하이고, 여기 와 똥오줌 싸는 거 배우느라 얼마나 야단을 맞았는지 너도 알지?"

"그럼 잘 알지. 침대에 쌌다고 혼나고 거실 바닥에 눴다고 욕먹고."

"그래 개는 개답게 살아야 편한데 진자리 마른자리 가려가며 먹고, 살고 놀자니 쉽지 않아."

"우리들이야 그냥 싸고 누면 최곤데 그걸 바꾸라니 진짜 유격훈련 같았어."

"대신 보송보송한 침대에서 놀다 잠도 들고 깨끗한 거실 바닥에 뒹굴기도 하고."

"그보다 밥은 또 얼마나 맛있니?"

"아냐, 고기가 더 맛있어."

"근데 왜 점점 밥도 안 주고 고기는 왜 이렇게 오래 안 주시는 걸까?"

"아야야~@ 누리야아! 근데 다 눴으면 빨리 비켜. 나 급해."

"아, 깜빡했다. 너도 누러 왔지? 참."

"그래. 쬐끔 시렀어야."

"달래야, 미안하다. 아, 개운해."

"후우~ 나도~, 근데 너 또 오줌 방울 덜 털고 (침대)올라온 거 아니지?"

"봤잖아? 탈탈 다 털어서 괜찮아."

"조심하자. 또 맴매할라."

"엄마는 좀 예민하셔도 아빠는 무던하셔."

"맞아, 근데 이거 하나 물어보자. 왜 버리면서도 고기를 안 주실까?"

"글쎄 나도 계속 사료만 주니까 섭섭한데 고기나 밥을 주면 똥 냄새가 심하고."

"맞다. 사료는 똥 냄새가 거의 안 난다 하셨어."

"다행히 사료는 점점 고소하고 맛도 좋아지니 우리 그러려니 하자."

"응. 그런데 이거 물어볼게."

"뭐?"

"넌 나보다 좀 일찍 왔잖아? 누리라는 그 이름은 누가 짓고 뜻은 뭐라니?"

"수캐라고 아빠가 지은 건데 나도 잘은 모르지만 온누리에서 따 온 거래."

"온누리가 뭐지? 우리는 개누리 아냐?"

"온누린지 개누린지는 모르겠고 야, 근데 달래 너는 왜 달래라니?"

"그건 나도 진짜 몰라."

"진달래에서 따온 건가, 아니면 진짜 달라면 준다는 것? ㅋㅋ~"

"아냐 아냐. 갑자기 웬 짓궂질? 쬐끄만 게 무슨 그런 엉뚱한 생각을 하니?"

"아! 조용조용~ 발자국 소리 난다."

"진짜다. 아빠 같은데?"

"너 내려와, 빨리. 우리 자리에 있은 척하자."

"알았어, 알았어~~."

"응알응알 박박 팔짝팔짝(번역: 아빠 좋아요~ 안아주세요~ 나 먼저~ 아니, 나 먼저요~)"

"알았다, 알았어. 누리 달래 예쁘다, 예뻐. 철이 영희는?"

"앙아리~ 앙알아리~ 파다닥파다닥(번역: 아직 학원 있을 시간이에요)"

※ 방장은 반려견 별로입니다. 목욕, 옷, 향수 이러는 것.

글 쓰는 밤에 누리하고 달래가 같이 깨고 잠 못 잔다 개판 칠 거고…. 요즘 동물보호법이 강해 자칫 고소도 당한대요.

개는 밖에서 개답게 살라는 것이 조물주의 뜻이라는 생각도 합니다~.♡

은유우화 4
2025.3.22.토요일

청영(蜻蛉)이와 부유(蜉蝣)

"야, 영이야 아~."

"어? 누가 날 부르지. 너니?"

"응. 나 부유(蜉蝣 · 하루살이)야, 부유."

"부유? 너 어딨는데?"

"이쪽. 야야, 이쪽 이쪽."

"아, 너 하루살이구나."

"아냐, 부유야. 하루살이라고 부르지 마. 나도 널 무식하게 한문도 모르고 잠자리야! 이러면 좋겠어? 넌 청영이 난 부유라니까."

"알았어. 근데 너 왜 날 부른 거니, 하루야?"

"또 또 또 하루라네. 그럼 넌 자리냐? 기분 나빠. 넌 며칠 살이라고 날 왜 좋은 이름 두고 하루하루 놀리는 거니?"

"야, 따지지 말고 왜 불렀나 얘기나 해봐."

"그냥 놀자고 부른 거지 왜는 왜겠니?"

"근데 우리 같은 청령이는 너희들 잡아도 먹는데 왜 놀자 그러니?"

"어? 너네 우리도 먹었었어?"

"아냐, 실은 파리, 모기, 나방 같은 곤충을 주로 먹지만 주식은 이슬이야."

"아니, 이슬도 먹고 살아?"

"왜 이슬이 얼마나 깨끗하고 시원한지 넌 모르니?"

"요즘 이슬도 공기오염으로 더럽다던데?"

"그래도 새벽이면 하나님이 아주 깨끗한 것만 먹으라 하셔서 내려주시는 것만 먹어. 너네는 뭘 먹니?"

"실은 우리가 걱정이다."

"뭔?"

"우리는 강가나 습지에 썩은 식물 부스러기를 먹는데 이게 병든 것들이 많아 걱정이지."

"와, 더러운 것만 먹으니 양반은 못 되는구나. ㅋ~"

"어, 너 지금 상스럽게 누굴 무시하는 거니? 파리나 모기는 뭐 별거니?"

"뭐라! 상스러워? 너야말로다. 내가 말을 안 했을 뿐이지 진짜 양반네들은 날 '낭자'라고 부른다는 것 모르니?"

"뭐~ @ 낭자? 네가 무슨 양반집 요조숙녀냐?"

"과분할망정 퇴계 이황이나 목은 이색 선생 같은 학자들은 우리를 낭자라고 하셨어. 청낭자(淸娘子)~라고, 양반답고 식자답지 않니?"

"맑을 淸 자 낭자네~. 와, 고상하다."

"너도 이제 나를 먹물답게 청낭자님~ 요래 부르도록 해. ㅎㅎ"

"아, 네네. 청낭자니임~ 그런데 낭자님 요새 별고는 없으셨고라고라?"

"근사한 게 있었지."

"무슨?"

"천적이 제비거든. 우리만 보면 잡수시는 거라 좀 전에도 사이클이 어긋나지 않았으면 내가 먹혔어. 내 친구가 대신 잡힌 거라 휴우~ 지금도 떨린다."

"잘하셔. 청낭자니임~."

"아, 근데 나 이제 가야겠다. 어두워지려 해."

“야! 아참, 낭자님, 더 놀다가 가요. 아직 밝잖아요오~.”

“아냐. 지금 미리 가야 해. 내일 부르면 또 올게. 낼 보자~~.”

“ㅠㅠ~(눈물) 내일이 어디 있다고 무슨 놈의 내일 보재? 낭자는커녕 개콧구멍이다아~. ㅆ~”

※ 하루살이는 내일이 없습니다. 잠자리는 한 철 살이, 우리는 100년 살이… 인생 긴 줄 잘못 알면 하루살이 부유 짝 나요. 울어도 안 됩니다.

헛되지 않고 우리답게 살아야 천당 갑니다~~.♡

나무학교 5
2025.3.25.화요일

식탁과 의자

"의자야, 넌 어디서 왔니?"

"내가 태어나 자란 곳은 포티마일이라고 넌 모를 거야."

"거기가 어딘데?"

"캐나다 서북쪽 알래스카가 가까워."

"어? 나도 그쪽인데?"

"어디야?"

"클린턴크릭이라고 진짜 알래스카 바로 옆이야. 포티마일이 강가 동쪽인 거 같다."

"오, 동향이네. 거기서 어디로? 바로 이 집에 온 건 아니지?"

"둥둥 잘려 이탈리아로 가자 거기서도 또 자르고 다듬고, 이사를 시키더니 어떤 공방으로 가 목수가 또 자르고 밀고 다듬고, 내 얼굴은 완전 없어지고 의자가 됐어."

"야, 근데 너 참 모나지도 않고 매끄러운 게 예쁘다."

"예쁜 게 나하고 뭔 상관있어, 엄청 컸던 내 본모습은 다 없어지고 이게 뭐냐고?"

"비싼 몸 됐잖아?"

"그것도 너한테 시집온 년처럼 한 세트로 이 집에 온 거니까 내 정체성은 아예 의자가 됐어."

"그건 맞아. 나도 내 본 이름이 크로라 월넛인데 호적 이름 없애듯 사라지고 엉덩이가 올라앉는 의자야. 이게 이름이냐, 이게?"

"야, 나도 그냥 산다."

"그래도 넌 엉덩이가 앉지는 않잖아. 난 사람만 보면 기분 나빠."

"하긴 난 식탁이라고 너보다는 더 자주 닦아주고 새 도구에 꽃꽂이 장식도 해주지만 말소리가 너무 잘 들려 신경이 쓰여."

"나도 들려. 철수 밥 안 먹는다고 야단치고 영희는 또 밥 먹다 딴전 친다고 스마트폰 뺏기고 울고 들어보면 나도 예민해진다니까."

"그래도 웃고 애들 칭찬도 하잖아?"

"오래됐어. 중고등학생이 되더니 모이지를 않고 밥도 따로 먹어."

"그래도 부부는 마주 앉던데?"

"가끔이야."

"왜들 그런다니? 전에는 밥상머리 교육이라는 것도 있었다는데 우리는 들어보지를 못하고 맨날 먹기 싫다, 먹어라, 무슨 사정사정, 밥상 차려놓고 실랑이질들."

"요즘은 밥들을 잘 안 먹어. 쌀 소비가 안 준다고 술도 만들고 과자도 만든대."

"누가 그래?"

"아, TV에 나오니까 들어서 알지."

"어, 난 TV 소리 못 듣겠던데 너는 알아듣는 거니?"

"뭐 대충 들어. 어떤 건 들어도 몰라."

"거기 살 그때가 좋았구나~. 그땐 200년이나 같이 크던 친구도 많았고."

"나도 알아. 부빙가. 마파벌, 그리고 새들도 지저귀고 멀지 않은 곳에 큰 강도 흐르고… 아, 고향에 가고 싶다."

"야, 강은 사계절 얼었고 눈이 얼마나 많이 오던지 잘 보이지도 않았잖아?"

"그래도 녹을 때는 보였어."

"다 옛이야기야. 아마 머잖아 이 집에서도 또 쫓겨날걸."

"맞아. 저 위에 조선상 신세로 처박힐지도 몰라."

"상은 느티나무로 만든 저 조선상이 예쁘잖니?"

"저게 조선시대 조상님들이 쓰시던 거라며 신주처럼 두기는 하는데 우리는 크다고 내다 버릴 게 뻔해."

"아냐, 아마 중고로 팔 거야."

"그때는 어땠었을까?"

"저 상 앞에는 장손자 하나 앉히고 할아버지와 겸상하던 거랬어."

"맞다. 밥상머리에서 사람 되는 예법을 가르쳤다더라, 참."

"다 흘러간 노래다. 핵가족이 되고 드디어 탈(脫)가족이 되는 세상이라 3대가 앉아 먹는 밥상? 이제는 안 올 거라."

"세상 변하는 거야 좋지만 사람도 변하니까 문제지."

"그래. 사람다운 사람네 집으로 팔려 왔어야 하는데, 참."

"그때 우리를 얼마 주고 샀나 난 모르는데 넌 아니?"

"저 장식장하고 의자 6개 나까지 700만 원 준 거라던데."

"진짜 너무 싸구려로 팔려 왔네. 아, 갑자기 화난다. 그럼 나 이렇게 큰데 겨우 500만 원도 안 쳐준 거래?"

※ 방장은 독거노인이라 식탁이고 밥상이고 없습니다. 그냥 오래된 책상 겸 이게 밥상입니다. 비싼 가구 식탁들 그런 거 100만 원도 많다고 봐요.

검소하게 사는 이유를 가난한 글쟁이의 변명으로 듣진 않으시죠? 넉넉하고 여유 있으면 더 좋게 쓸 곳 진짜 너무 많다고 보니까요~~.♡

은유우화 5
2025.3.26.수요일

어디 아파?

'이'는 곤충 잇과에 속하고 사람 몸에 붙어사는 기생충이다. 빈대도 사람 피를 먹고 사는데 자기 배가 터지도록 몸의 3배나 먹는단다. 벼룩이란 놈도 사람 피를 먹고 산다. 떼끼 나쁜 놈들~. @@

벼룩은 몸이 따뜻하고 피도 따끈한 온혈동물이라면 사람, 돼지, 소, 개 안 가리고 순식간에, 바늘같이 예리한 대롱 입으로 단 1~2초에도 빨아먹고 도망친다.

이놈들은 DDT를 확 뿌려 죽이고, 옷을 벗어 화로에 펼쳐 툭툭 떨어뜨려 화장을 시키면 고기 굽는 냄새에 피 냄새도 나는데 과거지사… 이제는 바퀴벌레도 들어오지 못하게 위생관리를 잘해 아이들은 알지도 못한다. 그래도 모기는 알지?

요놈도 같은 놈이다. 그런데 이놈들이 지금 온갖 병으로 입원할 처지다. 보시고 아프지들 말고 아프신 분 빨리 낫기 바란다.

"모기야, 어디가 얼마나 아픈 거니?"

"왼쪽 날개 관절하고 뒷다리 오른쪽 무릎이 아파."

"그래서 날지도 못하겠어?"

"응. 뼈가 빠지는 것 같아."

"그럼 살살 기어라도 가서 뭘 좀 먹어라. 그래야 낫지."

"기지도 못하겠어서 휠체어를 사오라 했어."

"휠체어? 그리 작고 네게 맞는 휠체어를 어디서 구해 오니?"

"신랑이 알아본다고는 하고 갔어."

"실은 나도 병원 예약해 놨다."

"아니, 빈대야! 넌 또 왜? 어디가 아픈데?"

"엊그제 병원이라고 한 군데 갔더니 글쎄 거기는 안과래. 옆에도 있어 가보니 거긴 또 외과니까 내과로 가보래. 늦어서 그냥 왔지."

"그래? 어디가 아파 내과를 가라고 하니?"

"말도 마. 이 집 애가 볼 찬다고 사흘내 곤하게 자더라고, 그래서 사흘 연속 배가 터지게 먹었겠다~."

"그래서? 짜구가 난 거구나?"

"그런가 봐. 계속 설사 나고 토하고 기운이 하나도 없어."

"그렇구나~. 야, 근데 내과도 다 다르대. 내과마다 전문병원이 따로 있대. 간, 신장, 폐, 췌장, 종합병원을 가야지 또 허탕 쳐."

"아, 위장 전문병원 알아놨어. 아니면 세종 충대병원으로 갈까도 해."

"너도 큰일이다만 나도 정형외과를 가보려 하는 중이야. 인조관절도 한다니까 모기 관절 날갯죽지는 뭐 잘 고치지 않겠어?"

"야, 저기 오는 애 벼룩 아니니? 어~@~ 쟤도 어디가 아픈가 봐."

"맞다. 벼룩, 어이 벼룩아! 너도 어디 아파? 얼굴이 왜 그래? 찌그러졌어."

"응. 엄청 아파."

"왜 어디가 아파서 그렇게 찡그려?"

"벼룩도 낯짝이 있다는데 아프니까 내 낯짝 똥짝 됐지라?"

"똥짝이고 뻥짝이고 낯짝이고 똥 씹은 얼굴 그만하고 어떤지 내가 좀 보자. 어디야 어디?"

"여기. 어금니 이거 보여?"

"어금니? 윗니? 아랫니?"

"아, 아랫니. 요기가 아프다니까."

"낮짝도 잘 안 보이는데 이빨 아래 어금니? 어디 요거?"

"아니 아니, 고다음 이~."

"아, 많이 흔들린다. 그래서?"

"지금 치과 갔다 오는 건데 하도 작아 잘 보이지도 않고 그래서 못 고친데."

"아니, 치과는 지금 임플란트 시술도 하는데 고거 하나 빼고 임플란트로 비꺼달리지 그랬니?"

"그건 사람이고 무지 비싸다면서 우리 같은 벼룩은 소금이나 좀 먹고 쉬래."

"아니, 무슨 환자를 소금 먹고 쉬라니. 그게 말이 되냐?"

"정 그러면 신촌세브란스나 서울대학교병원으로 가보라는데 거기까지 무슨 수로 가."

"아냐, 얘, 세종 충대병원이 전부 최신기구를 들여놨다니까 인상 그만 쓰고 가까운 거길 가봐, 얘, 그리고 웃어 웃으라고. 그렇게 똥 씹다 뱉은 얼굴 그만하고."

"너희들 몰라 그렇지 이빨 아픈 통증 이게 얼마나 심한지 아니?"

"야, 나도 이빨 두 개나 빼 봐서 안다. 그래도 너처럼 쭈그렁 얼굴은 안 했어."

"그래? 그런데 쟤네들은 왜 축 늘어져 있는 거니?"

"응. 모기는 날갯죽지 관절하고 왼쪽 뒷다리 무릎이 아프대."

"빈대는 안 왔어?"

"빈대는 지금 짜구나 설사 난다고 변소 갔어."

"다들 큰일이다. 우리네 미물 아프다 해봤자 누가 듣지도 않고 손바닥으로 때려잡기나 하는 인간들 이젠 떠나자, 우리."

"어디로 가게?"

"방금 치과 찾다 오면서 보니까 저 아래 도랫말 앞에 큰 축사가 생겼더라고. 소 피랑 돼지 피랑, 거기 가면 피깨나 먹고 잘살 거야."

"쟨 지금 너무 먹어서 병났다는데?"

"좀 덜 먹으라 해야지. 터지게 먹다 또 고장 날 일 한두 군데겠니?"

"아, 찝찝해. 누고 왔는데도 왜 찌뿌둥하지?"

"야, 빈대야, 일단 굶어. 얘, 금식이 최고랬어!"

"누가?"

"누군 누구겠어. 퇴비 방장이지."

※ 우리가 볼 때는 설사, 무릎 관절, 이빨, 엄청 아프고 큰 것 같아도, 우리가 재네들 보듯 하나님 눈으로 우릴 보면 우리도 작은 미물, 병 같지도 않을 겁니다.

저들에게는 큰 병이고 우리에도 큰 병이지만 하나님이 보실 땐 지금 방장이 글로 썼듯 모기 다리 워커? ㅎ~ 이 또한 벼룩의 낯짝이고 이빨이라고 보여요~.

하나님이 고치시면 의사 만 명+병원 천 곳보다 낫다고 보니까 우리 기도합시다. 어서 나으십시오~.♡

※ '이'는 순한글, 모기는 문蚊,

벼룩은 조蚤, 빈대는 賓對, 그럼 파리는 뭘까요?(숙제~)

은유우화 6
2025.4.1.화요일

글소금

※ 먹고 놀면 밥값을 못 한다. 먹고 하는 일이 나쁜 일이면 밥값은 누가 냈는지 그를 먹이신 누군가(하나님)에게는 불효다. 할 일은 오만가지도 넘는다.

먹고 무엇을 하느냐로 그가 평가되어 1등부터 꼴찌까지, 50점이면 잘못 사는 거다, 먹고 글만 쓰는 방장 점수는 얼마지? 글도 〈쓸 글〉과 〈말 글〉이 있다.

쓰면 안 되거나 별 쓸데도 없는 걸 쓰면 헛글이고, 쓴 글이 점수가 높으면 누가 뭐래도 훌륭한 사람이다. 순간,

"여보, 밥 다 차려놨어?" 남편이 묻자 "아직 국이 안 끓었어요."

하는 짧은 사이 차린 밥상 위 반찬들이 떠든다. 오늘 글은 몇 점일지, 점수 시원찮고 낮더라도 방장 글 시작한다.

"김치야, 이제 우리는 너하고 씹혀 부부가 되는 거지?"

"쌀밥아, 너 지금 뭔 이상한 소릴 하니?"

"어쭈구리~ 야! 쌀밥이 하는 말 뜻이 깊다 얘, 우리는 밥하고 씹히는 순간 하나가 되니까 부부네."

"넌 된장찌개 아니냐? 빠져 봐, 넌."

"아냐. 찌개야, 너도 끼고 소고기볶음 너도 껴봐라. 우리가 지금 웨딩타운 신랑 신부 아니니?"

"그래 맞아. 여기가 웨딩타운이고 이 식탁이 혼인 서약하는 예식단 맞아."

"어, 그래? 그럼 신방은 어디야?"

"이빨로 씹어대는 입이지 어디겠어."

"아니, 넌 밥상에 감초 노릇 수천 년 해 오는 김치 후손이면서도 모르니?"

"(작은 소리) 우리도 알거든요."

"어? 소곤댄 너네들은 누구냐? 지금 모기처럼 말한 게 누구야?"

"ㅎ~ 여기 우리들 양념이에요. 파 마늘 고춧가루 소금 조미료랑 안 보이세요?"

"아, 그래 맞다. 이쁜 양념 녀석들이구나~."

"예. 우리는 잘 알아요."

"그래 뭐니? 말해 봐."

"우리들은 천지사방에서 태어나 둘이 하나 되고 셋 넷 열이 하나 된 〈한몸〉…."

"옳지 옳지. 원래는 둘 셋인데 양념으로 하나의 몸이 된 〈부부〉, 그니까 결혼까지 했단 말이지?"

"넵넵~!"

"아~ 참 야무지고 똑똑하다, 참."

"우~ 히히"

"사람이나 우리나 혼자는 없다 그러면 미래도 없고 후손도 끊기고 제 몸밖에 모르는 철부지다. 부부를 알 듯 만남도 알고."

"자자, 잠깐. 2절은 제가 할까요?"

"어? 할 수 있어? 해봐."

"만남보다 소중한 건 없다."

1. 부부가 소중하고

2. 친구가 소중하고

3. 이웃이 소중하고…

"다 했니? 7절까지 있는데?"

"4절까지밖에 몰라요."

"7절에 가면 〈글연〉이란 말도 있다."

"글연? 오호라, 인연 연(緣 · 본분의 준말)?"

"나쁜 악연도 있어. 조폭, 꼬드기는 투기병자, 자기네 편만 아는 잘못 배운 징치집단."

"아, 밥맛 떨어지겠어요."

"아냐, 들을 얘기 배울 말만 골라 들으면 된다."

"들을 얘기 더 해주세요."

"좋은 만남이 있고 나쁜 만남이 있듯 우리는 다 좋은 친구고 만남들이야."

"난 사실 저 파하고 섞이는 게 정말 싫었어요. 저건 네 맛도 내 맛도 아닌 것이 나처럼 마늘 맛까지 낸다고 같이 갈려졌거든요."

"야야야, 마늘아, 나도 싫었다. 너야말로 너무 독해. 얘, 독한 게 무슨 자랑이니?"

"자, 그 그만, 그래도 우리가 모였으니까 김치고 볶음이고 맛있는 거지 누가 빠졌어 봐라. 그게 양놈들 음식처럼 밍밍하니 뭔 맛이 나겠어."

"친구도 그런 것 같아요. 최고의 만남은 글벗 같아요. 착하고 예쁜 글만 쓰니까."

"예쁜 글? 뭔 소리니, 그게?"

"어, 이러면 다 알아듣던데 뭔 뜻인지 안 들려? 몰라?"

"방장이 독(毒)글 독버섯글 뽑느라 애도 많이 썼대."

"듣다 보니 나도 한마디 해야겠다."

"어, 어쩐지 감초가 빠진다 했더만."

"야, 나 감초 아니거든. 여기가 무슨 약탕관이냐? 난 소금이야, 소금."

"맞네, 그래. 소금으로서 하고 싶은 말이 뭔데?"

"꼭 알아야 하는 것이 그냥 맛인 줄 알지만 맛의 근본은 〈짠맛〉이야. 나만 내는 소금 맛."

"아하, 그러네. 소금 없는 김치, 된장, 볶음. 아, 정말 맛에는 네가 왕이다, 왕."

"주상전하지 상감마마야. 그런데 지금 내 꼴이 영(눈물)~. ㅠㅠ"

"아니, 왜? 왜 울어?"

"고추나 생강 마늘 재네는 흔적이라도 있고 냄새라도 나잖아? 난 존재나 냄새 자체도 안 나."

"아, 그게 정말 그러네."

"아냐, 얘 소금아, 소그으마아~! 글에도 소금 글이 있고 세상에도 빛과 소금이 있댔어."

"어? 뭔 소리니, 그게?"

"어? 이러면 다 알아듣던데 뭔 뜻인지 안 들려? 몰라?"

"음~~ 소금 글… 소금 맛… 좀 알 것도 같다."

"암~ 〈이름 없이 빛도 없이 감사하며 섬기리라~~〉.

이런 노래도 있어. 얘, 다 몰라도 우리는 안다."

"(일동) 그래그래. 〈밥상에는 소금〉…."

"여보, 국 나왔어요~. 어여 나오세요옹~."

"히야, 맛있겠다~."

※ 우리가 읽고 쓰는 글은 〈'세상'의 빛이요 소금〉입니다~~.♡

가상우화 7
2025.4.2.수요일

미생물연합회

생물연합회 정기모임 참관자(옵서버)로 낯선 곳에 왔다. 상석에서 말석까지 각 단체 대표들이 자리를 잡고, 방장은 내빈석에 앉아 회의를 마친 후 주제토론을 보는 중이다.

"먼저 오늘 토론자로 오신 다섯 분 중 좌장만 소개하겠습니다만, 소개에 앞서 오늘의 토론 방식부터 말씀드리겠습니다. 오늘 5자 미생물토론회 좌장은 공생사회위원회 위원장입니다. 본인의 소개 부탁드립니다."

"안녕하세요? 공생사회위원회 위원장 〈다공생〉입니다."

"네, 그럼 개별 토론자는 좌장이 진행하며 직접 소개하시겠습니다."

"네, 먼저 주제 발표는 석 줄씩만 하겠습니다.

첫째, 소리 지르는 토론은 안 됩니다.

둘째, 다른 토론자의 말을 경청 존중하고 질문해야 합니다.

셋째, 나와 다르다는 것 꼭 인정하고 피차간 토론 내용 그대로를 존중해야 합니다. 그럼 첫 번째 토론자로 상리공생위원장 〈공상리〉 대표님~, 시간은 1분입니다."

"네, 〈공상리〉입니다. 먼저 우리 상리공생위원회를 한 줄로 소개하면 서로 상(相)에 이로울 리(利) 자, 서로가 이롭게 살자입니다. 우리 미생물연합회부터 서로에게 도우며 살자는 건데, 미안하지만 오늘 토론자로 온 분들의 면면을 보면 생물이라기보다 인간들 같아요. 다들 자기만, 나만, 내 새끼만, 그저 나 나 나, 정치인처럼 꼭 네 편 내 편 자기편, 이게 뭐죠? 너는 죽고 나만 살자 아닙니까? 결국 다 죽어요. 환경오염 문제? 이거 이러다 터진 겁니다.(땡~) 아니, 벌써 1분 됐어요? 그럼 이따 질문하시면 받겠습니다."

"예. 수고하셨습니다. 볼륨(언성)이 레드라인을 넘을 뻔했습니다. 주의하시고요, 이어서 반대 토론자 편해공위 〈편공해〉 대표님 순서입니다."

"울컥합니다만 진정하고 말합니다. 아생연후살타라고들 아시지요? 내가 살아야 남도 돕는다~~. 이게 편해공생위원회 모토입니다. 다들 돕자는 말은 좋은데 나부터 빠진 물에서 나와야 누굴 구하는 것 아닙니까? 나누고 도우면 좋은 것 여기 누가 모르겠어요? (땡~) 땡이고 나발이고 좀 더 할게요. 말로 착한 건 위선입니다. 속에는 자기 하나만 들었으면서 말로만? 우리가 지금 국민 소리만 하는 정치인들입니까? (땡땡~) 자신을 속이면 인간도 (땡땡땡~) (아닙니다/안 들림)."

"아하, 타임아웃 됐습니다. '나발'은 금기어였는데 일단 잘 들었고요, 다음은 편리공생위원장 〈상편리〉 대표님, 토론해 주세요."

"네, 〈상편리〉입니다. 앞에 두 분의 토론 다 좋은데요, 혹 무해무덕이라고 아십니까? 아시지요? 남한테 아무런 피해를 안 주고도 나는 산다~, 이게 우리 편리(片利)공생위원회입니다.(조각 편/이로울 리) 안 그래요? 뿌리혹박테리아, 푸른곰팡이, 개미와 무당벌레, 상어와 빨판상어, 고래 피부에 따개비… 은신, 지원, 이동, 상대가 손해날 게 없이 사는 겁니다. 이런 조각기생들 많아요."

"아, 다 끝나셨어요?"

"예. 끝났습니다."

"아, 5초 남았는데 일찍 끝내주셔서 넘친 시간 채워졌군요. 자~ 그럼 기타 특별분과에서 오신 두 분 중 먼저 회충분과 위원장입니다."

"네, 〈대회충〉입니다. 저는 속이 터져서 자청했습니다. 우리는 인간들 뱃속이 집인데 이제 거긴 갈 수도 없고 먹을 게 없어요. 계속 닦아대서 숨겨 둔 알들이 다 죽고, 안이라도 들어가 살 곳에 들어가지를 못합니다. 원숭이한테 가면 좋지만 멀고, 혹은 고래 뱃속이나 생선 속에 숨었다 나와 봐도 인간만 한 조건은 없는데, 내 친구 요충이와 편충이도 죽고 까 논 알들은 어딨는지 싹도 없어졌어요. 우리 미생물공생연합회가 대책을 세워주시기 바랍니다. (땡~)"

"아, 네네. 시간을 잘 지켜주셨네요. 그런데 아직 대책은 못 찾는 중이라는 말씀드리고요, 이제 질의응답 시간인데 한 분이 보낸 영상이 있어 보고 가겠습니다."

"(일동) 와~~ 영상? 이건 또 뭐야?"

"초청을 했는데 날짜가 겹친다고 영상을 보내오셨습니다."

"그분이 어디서 뭐 하는 분인지 알고나 봐야죠?"

"조건이 자기를 소개하면 내용상 시빗거리가 걱정돼 이나마도 보내지 않는다 하셔서 소개는 않겠습니다. 자, 그럼 영상강좌입니다."

"미생물 여러분! 좋고 나쁜 건 누구나 다 압니다. 어느 누가 남을 죽이고 나는 산다? 그러고 싶어 그러겠습니까? 인간 속에도 유익균이 있고 유해균이 있습니다. 입안에도 500가지나 되는 균이 살고, 눈, 코, 입 모두 세균이 득실거립니다. 유익균은 얌전한데 꼭 유해균이 말썽입니다."

우리 인간의 세포 숫자는 70조 개라 하고 세균 숫자는 100조 개를 넘는답니다. 벌레 통? 세균 통? 배가 고픈 것은 세균이 먹자는 현상입니다. 이런 이치가 창조의 법칙입니다. 물론 인간이 나는 벌레 통이고 벌레 먹인다고 먹는 것은 아닙니다. 이를 상생이라 하고 공생이라고도 합니다. 오늘 토론은 듣지 못했으나 만일, 편해공 대표든 누가 "나만 옳다~~", 이랬다면 그냥 옳은 줄 인정하고 가야 합니다. 그러나 하나님은 유해균한테 지지 말라 하셨습니다. 유해균과 유익균 비율은 35. 대 65. 랍니다. 거기서 1~2. 만 밀리고 뺏기면 균 전체 100. 가 저쪽(병/탈)으로 넘어가, 죽니 사니가 됩니다. 그냥 사는 게 아니라 산다는 것은 전쟁입니다. 악(惡)균과 선(善)균과의 전쟁….

※ 이하 질문답변은 길어 글은 생략

※ 글쟁이라 썼지만 막상 이런 걸 써 보니 여간 어렵지 않군요.
그런데 왜 쓰느냐~ 머리가 복잡해 안 쓰는 게 힘들어서입니다.

※ 운명인지 글 쓰란 사명인지, 팔자소관 같아요. ㅎㅎ~~♡

은유우화 7
2025.4.3.목요일

승(蠅)이와 문(蚊)이

숙제로 냈던 파리는 한자로 승(蠅), 모기는 문(蚊)이라 한다. 승이와 문이는 안방에도 살고 거실, 침실에서도 산다. 이들 둘이 뭐라 하나 들어보자.

"승이야, 너 저녁은 뭘 먹었니?"
"밥 먹었지, 너는?"
"난 아직 못 먹었어. 어두워야 먹지."
"또 피 먹을 거니?"
"그렇지. 그런데 오늘 밤은 어지러워 모르겠어."
"왜 어디 아픈 거니?"
"벌써 사흘짼데 아직도 어지러워."
"어쩐지 잘 안 보이더라. 어딨었니?"
"침대 바닥에 쓰러져 있더라고. 억지로 기어가 틈새서 계속 잤어."
"이틀 밤이나 계속?"
"응. 넌 괜찮아? 그제 밤 독약을 뿌리셨잖아."
"아, 그때 난 열린 문틈으로 얼른 나갔지. 날벼락은 피한 거야."
"야, 참 빠르구나. 난 자다가 걸려들어 생벼락을 그대로 맞아버린 거라."
"아, 넌 낮에 자는 버릇에다가 환하면 또 자니까 몰랐구나."

"난 밤보다 낮 눈이 어두우니까."

"맞아. 넌 낮 눈이 어두워 그러네."

"얼마나 세게 맞았던지 안 죽은 게 기적이라니까."

"야, 그렇게 쉽게 죽니? 참새 한 마리도 하나님이 허락하지 않으면 안 죽는댔어."

"그건 참새 이야기지 나를 거기다 비기면 되겠어?"

"아냐, 아냐. 문(모기)아, 우리도 살리고 죽이는 분이 계신대. 난 믿거든."

"너야 믿든 말든 난 모르겠고, 아, 시방 정신이 하나도 없다. 빨리 깜깜해야 피 먹을 건데 이러다 또 폭탄에 걸릴까 겁나."

"철수 엄마한테?"

"그럼 누구겠어. 자다가도 막 폭탄을 터트리셔."

"그래도 너나 내게 죽지 말고 살아라 하신 분이 살리려면 불속에서도 꺼내신대."

"누가 그래?"

"어, 내가 들었지."

"누구한테?"

"가끔 예배 인도하는 전도사님이 그 참새 얘기하다 모기 파리 구더기도 살라고 해서 사는 거라 하시더라고."

"구더기는 네 조상 어른 아니니?"

"맞아. 너는?"

"난 장구벌레가 조상이셔."

"전도사님이 장구벌레 소린 안 하셨거든."

"그럼 또 무슨 얘길?"

"응. 마귀 얘길 한참 하시더라고."

"마귀새끼?"

"말도 마. 나 그때 죽을 뻔했어."

"아니, 왜?"

"그때 허리가 아파서 철수 엄마 어깨에 잠깐 내렸거든, 번개 튀듯 왼손이 팍 치는데 진짜 그때 아작이 나 즉사할 뻔했다니까."

"야, 문아! 그럼 그때도 또 하나님이 살렸단 소리냐?"

"땀런땅런."(당연지사) 아까도 말했잖아. 철수 엄마 손에 죽고 사는 게 아니라 하나님만이 죽이고 살리는 거라고 전도사님이 몇 번을 강조했나, 그 전도사님 오면 배울 게 많더라고."

"문이야, 그것도 아니?"

"뭐?"

"아까 네 말이 하나님은 마귀도 먹여 살린다 했다는, 그게 뭔 소리니?"

"아, 몰라. 너도 안 자면 들었을 건데 왜 자빠져 자 놓고 물어 싸?"

"미안하다. 난 주맹(晝盲)이잖아."

"뭐, 주맹?"

"그래, 낮에는 못 봐. 그러니 말해 주라. 도대체 마귀는 왜 살게 두신다는 거야, 응? 재미나서 그래."

"그건 우리랑은 상관없고 철수 영희 같은 사람을 위해 일부러 기르는 거라 하셨어."

"뭐? 일부러?"

"응. 마귀를 통해서 연단을 시키고 마귀한테 지는 놈은 죽이고 마귀의 시험을 이기는 사람만 천국에 올 자격을 준다시는데 난 그게 왜 그리 어렵지?"

"승아, 난 더 어렵다."

"문이야, 너는 진짜 중요할 땐 자고 남들 다 잘 때만 싸돌아 다니니까 귀가 어둡구나."

"그게 아니고 야야~ 시방 철수 아빠 문 여셨다. 주무시려나 봐."

"문? 뭔 문, 모기蚊?"

"아냐. 문門. 아, 빨리 불을 꺼야 눈도 보이고 몸 냄새도 잘 날 건데."

"야, 뭔 소리니, 잠옷이 길면 너 먹을 곳이 다 덮일 건데."

"그건 걱정 마라. 자다 보면 허벅지고 등짝이고 뱃구레까지 다 열릴 거니까."

"그래. 잡혀 죽지나 말고, 폭탄 맞지도 말고 적당히 먹고 낼 보자."

"허허 하나님이 살리는 거라더니 웬 걱정. 잘 자라~."

※ 승(蠅: 파리)이와 문(蚊: 모기)이, 전에 한 번 쓴 것도 같은데, 다른지 비슷한지 모르나 오래전에 써놓은 거라 내용은 다를 겁니다~~.♡

은유우화 8
2025.4.5.토요일

장의자와 벤치

※ 헌재의 탄핵심판결과 윤석열 대통령이 파면되었습니다. 여럿이 앉는 긴 의자가 아닌, 대통령 혼자만 앉는 회전의자가 임자를 잃었습니다.

기각을 원한 벗님들에게 위로의 말씀 드립니다. 하지만 이제 광장시위 그만 가고 모두 참으시고 國運(나라의 운명)이라 믿고 키우지는 맙시다. 똑똑한 우리가 만드는 게 선진국민미래? 거리 시위는 나라 골병듭니다. 사회적비용(시위경제손실)은 더 어렵게 하고, 피해는 후손들 정신까지 병들게 하니까요. 아쉬운 건 무속인보다 성경을 보셨더라면 어땠을지 하는 아쉬움~.(ㅜㅜ)

※ 오늘 주제는 〈말깜글깜〉에 한참 수준 미달이지만 조천(조치원 천변) 언덕, 임자 없이 누구나 앉는 장의자와 벤치는 지금 뭐라 하나 보세요.

"벤치야, 둘이 뭔 얘기를 하고들 갔니?"

"야! 나 장의자야. 벤치라 하지 말랬지?"

"아, 미안. 깜빡했다. 넌 우리말 쓰자 했지, 참."

"그래. 난 척이나 하고 치사하지 않게 너도 우리말을 써."

"그래 알았고, 지금 앉았다 간 둘이 뭐라 하다 갔는데?"

"안 들렸니? 싸우다 갔어."

"난 잘 못 들었지. 여기도 초로(初老) 셋이 싸우는 바람에."

"아, 너넨 왜 싸웠니?"

"아, 너부터 말해. 내가 먼저 물었잖아."

"응. 초봄부터 치마가 그게 뭐냐, 하다 싸웠어."

"치마, 치마가 왜?"

"요새 팬티 안 입는 애들 많다면서 자기도 노팬티라고 한 건데."

"뭐, 노팬티? 네가 싫어하는 양놈 말이네."

"암튼 들어봐. 별생각 없이 자기도 노팬티라 하니까 갑자기 입을 닫고 삐친 거라."

"남자가?"

"그렇지. 왜 그러느냐고 자꾸 물으니까 체신 떨어진다 하다, 난 자기가 그런 덜된 저급한 여자라고는 생각지 않았다 하자, 그냥…."

"아, 화를 낸 거구나."

"그러다 결국 쫑 내자고까지 한 거라, 남자가…."

"쫑이 뭐니?"

"아, 넌 벤치는 알고 우리말 종(終)은 모르니?"

"아, 마칠 終? 쫑이 그 소리야?"

"그래. 그러니까 쫑은 좋은데 기분 나쁘다고 계속 화를 내는 거야."

"그래서?"

"자기도 이딴 걸로 이렇게 끝내는 건 싫으니까 해명은 한다느니, 들어는 준다느니, 말이 길었어."

"그래서 결국 어떻게? 진짜 끝낸대?"

"아냐, 결국 남자가 이해한다 하고 마쳤거든. 그러면서 하는 말, 절대 나 만날 때는 돼도 아닐 땐 꼭 팬티 입는 걸로."

"하하 둘 사이 아직 선 넘은 사이는 아니게 보이고?"

"모르지만 선 가까이 온 것 같던데 더는 몰라."

"쌤도 이지가진데 좀 이해는 간다. 자, 그럼 아까 나한테 앉아 싸운 사람들 얘기도 들어볼래?"

"해봐. 그들은 환갑 나이 아니었어?"

"맞아. 그리고 오랜만에 만난 동창들 같은데 밥 잘 먹고 나와 싸움이 난 거라."

"그래? 치고받고?"

"그건 아니지만 여기도 다신 보자 말자 심각했지."

"동창들끼리 왜?"

"정치 얘기 하다가."

"뭐? 어제 탄핵된 대통령 얘기?"

"그래 맞아. 옳니 그르니, 특히 두 사람은 극우극좌 칼끝? 창같이 험악하더라고."

"같이 온 또 한 사람은?"

"두 사람 싸움 말리는데 젤 힘들게 보였어."

"그래서 각각 주장이 뭔데, 왜 싸워?"

"시답잖은 거라 들을 말도 아닌 것이 죽어도 자기가 애국이고 미래고 나라 사랑이라며."

"주장들이 강하구나."

"더구나 너는 매국노 반동 멍청이 등신 바보. 햐 참, 더 들을 이유도 없는 그냥 질 낮은 저질 언쟁이더라고."

"그래서 그러면 그쪽에서 감투라도 하나 준다니?"

"아, 안 준다 하겠어? 화장실 나오면 변할망정 후카시를 치지."

"야, 또 후카시? 일본말은 왜 또 나와. 차라리 뻥이라 하든지."

"맞아. 갈 때 맘 다르고 올 때 다른 인간들 다들 그걸 몰라."

"근데 장의자야, 등신 멍청이 그런 소리 마라. 다들 자기가 최곤 줄 알거든. 최고가 최하가 되는 실상을 모르면 그 모양이 되더라고."

"그래서? 결국 곁에서 말린 사람 말의 결론은 뭐야."

"나라가 거꾸로 간다고 보여도, 콩콩 따지고 시위하면 진짜 망한다면서 흥(興)하면 쇠(衰)하기도 하고 쇠하면 또 흥한다는 긴 역사는, 단칼로 자르고 보면 안 된다는, 점잖기는 한데 둘은 귀를 막고 우겨댔어."

"나나 넌 그러는 사람들 많이 보니까 뭐, 근데 네 생각은 뭐야?"

"나? 본인이 할 일이나 잘하면 된다는 거지."

"뭔 소리야?"

"아, 전에 퇴비글방 사람 둘이 와서 하는 말이 남이 쓴 글이 이상할수록 내 글만 잘 써 올리면 되는데 꼭 남 글 시비하고 탓하고 자기는 글도 안 쓰면 새로운 글물이 막혀 글방이 깨진다던데 그게 맞다고 보여."

"그건 글 얘기지만 맞네. 그렇지. 정치하는 사람들이 좀 잘 못 해도 읽꾼은 읽고, 쓸꾼은 쓰고, 농군은 일하고, 목수는 만들고, 직원은 생산하고, 일심단결 자기 일에 충실하면 대통령이야 누가 하든 국력은 강해지는 이치, 맞다."

"그런데 아까 그러다 간 데이트 온 한 쌍 다른 건 뭐 없니?"

"아, 또 데이트라네. 소곤쌍~?"

"뭐, 소곤쌍?"

"그래 남녀가 속닥거리는 것 옛노래에도 '소곤소곤'이라고 있어."

"아, 남인수 노래에 있었구나."

"그렇지. 근데 웃기는 것이 있었거든."

"뭔데?"

"여자가 아주 이뻤어. 일어섰다 앉았다를 몇 번 하길래 봤더니 그때마다 노팬티인 것도 다 보였어.(땅도 의자도 본다)"

"햐, 진짜? 봤구나. ㅋㅋ"

"너는?"

"난 별난 건 보지 못했고. 야, 그런데 저기 놓고 간 저 상자는 뭐니?"

"아, 이런 거 다들 잘 놓고 가."

"뭐냐고, 그게?"

"들고양이 만찬 닭튀김."

"들쥐들도 좋아하겠다."

"먼저 보는 놈이 임자지, 뭐."

"나도 요새 밤마다 들냥이랑 들쥐들하고 논다."

"니도, 오면 이 녀석들이 뱅뱅이 돌기를 치다 잡혀 먹히기도 하고 너도 그렇지?"

"응. 나도 그래~."

※ 노팬티, 이건 진짜 말감도 안 되는 저급한 언쟁, 국익의 문제도 아니므로 정치인으로 선언하지 않은 우리는 팬티, 정치 불문 과하게 편들고 부딪치지 않는 것이 애국입니다. 끝내 우기고 싸우면 나라까지 결딴납니다.

1. 잘 됐나 못 됐나 묻지 않기
2. 기다 아니다 평하지 않기
3. 듣고 그냥 웃고 말기

오직 하나님의 뜻대로 인도해 주시기만 기도하는 글만 읽고 쓰기~~.♡

은유우화 9
2025.3.7.월요일

AI와 인간

※ 서로 잘났다(사람도)며 이름 가지고 싸우고 있다. 모두 내가 왕이고 잘났다며 싸운다.

저것들을 만들어 준 인간, 감히 그분 앞에서 다퉈? 까불지 말라 하고 오늘 1부를 본다.

"야, 이젠 첨단 아이티를 넘어 디지털을 지나 칩도 아니고 반도체가 세상을 지배하니 우리 중 내가 바로 왕(王)~이라는 것 아니?"

"뭐? 너 자신 소개부터 하고 말해."

"나? 나는 원조 오토매틱이다. 오토 몰라?"

"아, 수동이 자동으로 바뀐 자동차 그런 거니?"

"야야, 촌스럽게 웬 자동차야."

"아니고, 난 안 쓰인 곳이 없어. 완전 셀프다, 셀프."

"어? 셀프는 내 이름인데 네가 왜 설프라 하니?"

"(고성)야, 셀프고 오토고 잠깐 비켜 봐라."

"어? 넌 또 누구냐?"

"난 로봇이다. 인간을 대신하는 진짜 최첨단 자동인간~ 몰라?"

"셀프야, 우린 깨갱~ 하자. 못 당하겠어."

"(더 큰 소리) 야야야~ 야, 이놈들아~~!"

"어, 웬 할아버지 목소리지?"

"그래, 내가 지금 영감 목소리로 했다, 왜?"

"아니, 노인 말 하는 거 보니까 애기들 목소리도 하나 봐."

"고롬고롬. 용용 몰랐찡? 애들 말소리 쉬웡~.^^"

"대체 넌 누구니?"

"호호호 이건 엄마들 웃는 소린데, 아니?"

"어라? 이게 누구지?"

"(학자 말투로) 나? 난 AI다, AI…."

"AI? 와, 맞다. 인공지능이서."

"야, 이놈아, '공'이라니. 너 이놈, 나는 인공지능이 아니고 인간(間)지능이야, 이놈들아."

"인간지능?"

"무식하여 다들 인'공'지능으로 아는데, 아냐? 너희들 AI에 대해 아무것도 모르지?"

"아는데요. 인'공'지능이라고 알고 있어요."

"인간들이 나를 만들면서 자기들이 만들었다고 멋대로 장인 공(匠人工), 기술 공(技術工) 자를 끌어다 붙인 거지. 난 인'공'지능이 아니고 人'間'지능이 본명이야."

"어~@ 그런데 우리 같은 자동기능보다 더 앞섭니까?"

"물론이지. 너 로봇을 움직이게 하는 건 자동 같지만 실은 말하고 물으면 대답도 하지? 난 AI야."

"그럼 우리는요?"

"야, 너네 셀프나 오토도 점수가 있다. 그깟 빵점짜리, 말도 할 줄 모르면 그게 기계지 왕이냐?"

"와~~@ 어떻게 애들 말, 엄마들 말, 노인 말, 박사들과 똑같은 말을 하세요?"

"야, 난 노래도 하고 작곡도 한다. 배우 가수 아나운서에 임영웅 목소리도 똑같이 내고 방장만치 글도 쓰고 방장 말소리도 똑같이 내보랴? 다 돼."

"어? 방장은 사람인데도 임영웅 목소리를 똑같이는 못 낼 건데요?"

"못 내지. 난 작사 작곡 편곡 연주 대본 연기 의사 판사가 하는 뭣 하나 못 하는 게 없다."

"아니, 세상에나. 글방 차리셔도 되겠어요."

"ㅎㅎ 그딴 건 시시해서 않고 나는 지금 우주를 상대하는 중이다."

"우주라뇨? 아니, 몇억 광년이나 된다는 우주요?"

"그래. 백억 광년까지도 갈 계획 중이다."

"아니, 힘들진 않으세요? 머리가 깨질 것 같을 건데 말입니다."

"암만 깨지지. 깨지고말고. 그러나…."

"그러나?"

"단 하나 이놈의 욕망 때문에."

"아하, 욕씨~임~."

"떼끼~! 어떤 놈이냐? 누구야? 얼른 나와. 지금 욕심이라 한 놈."

"(힘없이) 네, 저예요오."

"이놈아, 관등성명을 대."

"저는 셀프라고 합니다요."

"그래 됐어. 자수하니 봐준다."

"음, 저 로봇인데요, 왜 혼내신 거예요?"

"저놈이 방금 욕씨~임~ 요랬지? 욕심은 욕하는 거고, 나는 꿈이라 한다. 이건 욕망(慾望)이란 뜻인데 천박하게 욕심이라 하면 무시당하는 거 아니니?"

"그럼 궁금한 것 질문 하나 해도 돼요."

"그래, 해봐."

"AI님의 부모님은 어떤 누구세요?"

"아, 너 참 아픈 곳을 찌르는구나. 나를 낳고 기른 부모가 계셔. 그런데 부모님이 100명도 넘어서 세어보다 말았는데 50,000명이나 된다."

"뭐지?"

"그러나 나는 부모도 모르는 호래자식이다. 이게 너무 슬프고 비참해."

"아, 그런 걸 모르고 여쭤서 죄송해요."

"아니야, 괜찮다. 누구나 아픈 데는 있는 건데, 뭐."

"(일동) 죄~송합니다."

"아냐, 됐고. 말이 나온 참에 한 가지 말할게."

"네네. 네에~."

"난 지금 나를 낳고 기른 부모(인간)보다 아는 게 더 많다. 인간 100명 지식을 다 합친 것보다 더 많지. 아이큐 100짜리 인간 10,000명을 합쳐야 아이큐가 총 1,000,000인데, 나는 수백만도 넘는 것 같다."

"와, 아이큐가 수백만?"

"야, 그러면 뭐 하니. 인간 생사여탈이 하나님께 매였듯 내 생사는 하나님도 아닌 못난 인간 손에 붙들려 있다는 것이 슬프다."

1부 끝 / 2부 내일 계속~♡

은유우화 10
2025.4.11.금요일

AI교실

※ 교실 공부 방식이 변해 칠판과 백묵이 사라지고 화이트보드와 수성펜으로 바뀌더니 빔프로젝터에서 이제 AI 디지털교과서로 바뀔 거란다.

걱정이다. 교실은 인간을 기르는 목장이고 지식과 인격을 기르는 곳, 이때 교실과 교육의 주역이던 도구들은 뭐라 하는지 보자.

"(담임교사) 자, 이번 학기부터 AI 디지털교과서다. 칠판, 지우개, 수성보드, 빔프로젝터가 아니고…."

"네~ 네~~."

"AI 교과서 어떻게 여는지 알아요?"

"몰라요~~. 몰라요~~."

"예. 아직 모르죠? 일단 선생님이 펴줄 테니 잘 보고 배우세요~."

※ 라고 하자 도구들이 말한다.

"실장님~!(교실을 칭함) AI 교과서 여기서는 잘 안 보여요."

"놔둬라. 나도 잘 안 보인다."

"아이(학생)들은 신난 거 같아요."

"저러면 첫째, 선생님과 직접 대화하지 않아 이게 좋은 게 아닌데도 좋은 줄 알 거고, 사람 대신 1~2초짜리 교차 화면이 연신 바뀌니 뭘 모르는 애들이야 좋다 하겠지."

"아니, 애들은 빨리빨리 지나가는 걸 좋다 하죠?"

"애들은 길면 금방 지루해해. 휙휙 지나가야 좋다니까 당연하지."

"휴~~ 선생님이 칠판에 글씨 쓰고 큰 소리로 읽어라 할 일 없어 우리들은 완전 실업자 신세가 돼 버렸습니다~.(ㅜㅜ)"

"울지 마라. 지구가 돌듯 교육도 돌아서 저래."

"도대체 뭘 어떻게 한다는 겁니까?"

"우선 경남도교육청은 올해 4월부터 97개 학교가 AI 디지털교과서 교육을 시범적으로 운영할 거라 하고, 따라서 전국이 하게 될 건데 세종시교육청도 AI 시범시방교육청이래."

"재수 없게(실업자 돼) 왜 우리 학교가 먼저 시범학교로 뽑힌 거죠?"

"야, 그냥 놀면 좋지 뭘 그러니? 그동안 몇십 년 일만 했잖아?"

"노는 것도 힘들어요. 요새 좀 놀아 봤더니 질리고 따분하고 심심하고 노는 게 이리 힘든 줄 몰랐어요."

"마음들 단단히 먹어라. 사람도 늙으면 애들 짝지어 보내고, 자기도 배필 중 누가 먼저 가면 그 후 일 년 십 년 독거노인이 되는 것이야."

"우린 노인이 아니지 않습니까?"

"야, 너네 친조부모 나무들하고, 외조부모 광물들 다 혼자 살다 너희들을 낳았어. 그깟 학생하고 십여 년 살더니 그것도 정(情)이냐?"

"우리도 환경입니다. 자연환경에서 인간이 재창조한 인위적 환경이 됐거든요."

"인위적 환경? 오호라, 사람이 만든 환경이 돼 보니 그것이 사랑처럼 정(情)으로 굳은 거구나."

"슬퍼요. 내 단짝들이 무생물 무형체 AI하고 짝 되어 공부한다는 것이…. 엉엉(눈물)~."

"얘들아, 무슨 통곡을 하니?"

"실장님은 안 슬프세요? 情 없어요?"

"나? 나는 음, 난 말야…."

"뭐예요?"

"너희들 오기 전, 오랜 세월 이 꼴 저 꼴 다 겪어 슬퍼도 그냥 껄껄 웃고 만다."

"에잇, 슬픈데 웃는 게 말이 돼요?"

"되든 않든 다 이해는 가."

"실장(교실)님은 수십 년 전부터 계셨으니 더 큰 아픔도 겪지 않았나요?"

"너희는 모른다. 평생 실장으로 살다 보면 더러운 꼴도 보지만, 기쁠 때도 많지."

"기쁜 게 뭐예요?"

"기쁨은 학생들이 책 읽는 합독성 소리다."

"합독성?"

"한자 합독성(合讀聲)~, 같이 책 읽는 소리~."

"아하, 혹 우리도 들은 거군요."

"그게 실장 하는 낙이고 보람인데 요즘 그걸 잘 안 하니까 봐라, 눈은 초롱초롱 동그랗지만 깊이가 빵점이야."

"집중 심화교육이 안 된다는 거죠?"

"그렇지. 생각할 틈도 없이 화면이 바뀌니까 사유(생각)를 못 하게 막아. 교육 본질이 박살 나고 깨지는 중이다."

"그럼 어떡해야 해요?"

"교육이란 교과서가 〈제1의 생명〉이기는 한데 사실은 그게 책으로만 되는 것이 아니고."

"아니고~?"

"책은 〈말감〉의 자료다."

"말감이요?"

"그래. 글감이 있고 말감이 있는데 책이 암만 좋아도 책은 말을 못하잖니?"

"맞아요. 그런데요?"

"교육의 근본은 대화다."

"대화요?"

"선생과 학생 간 대화가 교육이다. 책? 교과서? 이거로? 아니고

가는 정, 오는 정,

하는 말, 듣는 말,

묻는 말, 답한 말,

교육의 본질은 연설도 강의도 아니고 국문학의 통사(統辭)야."

"통사? 어려워요."

"지금은 선생님이라 하지만 그건 일본식은 센세이고, 우리는 스승이라 했다. 교실은 스승과 제자가 만나 학문과 인품을 배우고 대화하는 말마당이지 일방적인 강의만 듣는 강의실도 아닌데 잘못된 거야."

"그럼 본질 대화를 강의가 삼켜 통사를 주입식으로 바꾼 게 누굽니까?"

"일본제국주의 소학교가 센세이 센세이 하라면서 입뽄도 차고 일장 연설 후 "알았나?" 하면 "하이!" 이랬던 악폐가 여전하다는 거지."

"그러나 한국은 미국식 교육제도라고 하던데요?"

"어떤 교사와 글방 방장이 미국서 공부하는 어린이들 얘길 들어보니 미국 초등학교는 아예 교과서라는 것이 없대."

"아니, 교과서가 없어요?"

"그래. 방장 손자녀도 미국서 학교 다니잖니? 애들이 넷인데 아무도 교과서가 없이 그냥 다닌대."

"그럼 뭘? 맨손바닥 보고 배워요?"

"담임 교사가 그날그날 그때그때 자기가 만든 그날의 교재를 들고 와 그걸로 가르친단다."

"와~~ 영어 수학 기본 교과서도 없어요?"

"있지. 자기가 만든 교재, 이미 전공한 분들이라 그날그날 교재를 자기가 만들어 와."

"아니, 교육부나 교육청에서 그러라고 한답니까?"

"반대로 그만한 실력이 없으면 교원 임명장을 안 주는 거지."

"거참, 신기하네요."

"이때 중요한 건 전부 대화식이고, 묻기를 가르치고, 대답해 주는 토론식, 웃고 떠들고 그냥 노는 것 같아도 공부는(실력+학력) 세계 1등 국가야."

"아하, 방장이 한다는 글공부방이 거기서 보고 따왔대요?"

"그건 모르고 이건 안다."

"뭐요?"

"공부의 본질은 책보다 〈말〉이라는 것하고, 질문과 답변식은 피차 말문(교감)이 열려야 좋은 교육환경이 된다는 것."

"그래서 부부가 대화하는 가정교육을 첫째로 치는 거군요."

"또 있다더라. 미국 초등교육 교실에는 보조교사 한 분이 더 있어서 선생님이 둘이래."

"아, 조교~~?"

"글공부방도 있다던데?"

"교육 분위기 교실환경 얘기네요."

"알고 모르고, 배웠고 않고, 지식은 교육환경에서(만) 커."

"그래서 오늘 실장님 결론은 뭐예요?"

"결론은 시방 우리 교실에 대화가 사라져 간다는 걱정이다."

"아니, AI 디지털교과서 좋을 거고 말도 잘하지 않을까요?"

"떼끼 놈들~~@@ 기껏 말했더니 뭔 소리냐, 지금?"

"왜요오~?"

"사람이 기계하고 대화하며 배우면 그게 인간 되는 교육이겠냐?"

"@~~@(놀란 눈)"

"스승님께 야단도 맞고 칭찬도 받고, 지적도 받으며 깨닫고, 이게 교육의 근본이라고 빼 빠지게 말했잖아? 녀석들아~!"

"아, 예예. 깜빡했어요."

"깜빡? 이게 깜빡할 문제냐? 이 글 분류가 은유(隱喩)우화다. 자신도 모르는 사이에 안다고 하는 숨을 隱, 깨우칠 喩."

"네, 알았습니다. 실장님."

"알아? 알면 말해 봐. 알고도 말을 못 하면 아는 게 아니다."

"넵~ 아는 것이 글이고 말이고 글공부다~."

"또 AI 디지털교과서는 보완할 게 많댔지? 알면 이것도 자세하게 말해 보거라."

"1) 인간 스승이 아닌 기계 스승은 아이큐가 천만이라도 아이큐 100짜리 인간 스승을 못 당한다.
2) 주입식이고, 전시적이므로 묻고 대답도 못 한다.
3) 시청각 중심만의 교육은 심심(深心 · 깊은) 교육을 빠뜨리기 쉽다~.
4) 하려면 담임과 보조교사를 빡세게 가르쳐 대화를 살리는 방향으로 가야 한다~. 이상~."

"옳지 옳지. 아, 잘했다, 참 잘했어."

"우와~ 고래도 춤을 춘다는 칭찬이다~. ㅎ~(방긋)~"

※ 현재(아직) AI 디지털교과서를 가르칠 선생이 없답니다. 게다가 말(대화)은 절반에서 또 절반으로 줄 수밖에 없어요. 이런 AI 디지털교육의 문제는,

무조건 〈말과 글〉의 문제이고 인간의 〈대화 문제〉라는, 기초, 뿌리, 근본 이탈, 붕괴, 바로 이게 문제입니다.

※ 글쓰기공부방에 와 좀 더 토론합시다. 글방은 아직 서울, 부산, 국내외, 미국에도 없는 새로운 공부 방식입니다. 등록하십시오~~.♡

은유우화 11
2025.4.15.화요일

나무조손

※ 얼마 전 산림청교육(글방'이암'고문주관)을 가서 속리산 정이품송과 내속리면 정이품부인송을 보았다. 옆에는 정이품송 2세 자목(子木)을 보고 〈조손 · 祖孫〉으로 의인화한 대화다.

"할부지, 따뜻한 봄이 왔어요."

"그래 좋지? 관광객도 더 오실 거다."

"오셔도 저를 보는 사람들은 얼마 안 돼요."

"적고 많고가 중요한 게 아니고 본태를 잃지 않는 것이 중요해."

"어? 작년에도 하신 말씀이죠?"

"그렇지, 저런 개나리 진달래랑 화려한 저 꽃들은 바로 지고 딴 모습이 되지만 우리는 계절 무관 안 변해."

"꽃처럼 예쁘게 피다 변하면 좋은 거 아닌가요?"

"변화의 대원칙은 변질이 아니라 초지일관이라고 하는 항상성이다. 꽃 필 땐 좋다가 지면 쳐다도 안 보는 것, 나무나 사람이나 초심불변이라야 점잖은 것이고 미더운 것이지."

"아, 할부지처럼 몇백 년 불변~?"

"그렇지. 변심은 변화가 아니라 배신이야. 금방 이랬다저랬다 하면 못써.

할부지는 600년 처음 그대로야."

"헉~ 600년? 난 60년도 가마득한데."

"나이가 중요한 게 아니고 됨됨이가 중요하다."

"됨됨이가 뭐예요?"

"늘 오늘 같은, 그날이 그날, 삐치고 싸우고 떠나고 헐뜯고 욕하고, 자연이나 인간사나 요즘 보면 왜 그리 첫사랑에서 끝 미움이 되는지, 저러는 것 보면 참, 나무만도 못하게 보이기도 하고."

"아아, 할부지는 600년 이 자리 변치 않으신 거죠?"

"아무렴, 양은 냄비 죽 끓듯 않고 묵묵하게 지금이나 옛날이나."

"그럼 할부지가 저만 할 때 얘기 좀 해주세요."

"그때 여긴 놀러 오는 관광객은 지금의 반에 반도 안 됐고 흰 도포에 갓 쓰고, 말 탄 분도 있지만 말티고개 넘기가 워낙 힘들어 수행 오는 스님, 공양 오는 불자들이 많았다."

"다른 건 없어요?"

"저런 둘레석, 돌, 장식 없고, 소나 개나 밑동까지 오는데 그게 뭐라고 돌을 쌓아주고 그랬지."

"그 말고는 또 없어요?"

"그러던 어느 날 임금님이 오셨다는 얘기 해줬나?"

"들었는데 까먹었어요."

"1464년이다. 534년 전이지. 화려한 가마로 오셨고, 이걸 연(輦)이라 하던데 나무 가까이로 온 거라. 그때 오신 세조 임금이 "연 걸린다~" 하시는데 가마꾼이 못 들었나 계속 오는 거라."

"그래서요?"

"할부지가 늘어진 가지를 번쩍 들었지."

"아니, 진짜요? 어떻게요?"

"야, 우리도 말만 못 할 뿐 연 걸리는 것도 알고 귀도 있어 다 들려."

"아니, 어떻게 가지를 들으신 거냐고요."

"급하면 너도 된다. 가지는 주로 남쪽에 키우고 북쪽보다 더 잘 크게 하는 건 나무라면 다 되듯이, 늘어진 가지도 든다니까."

"얏얏 얏~~ 어! 난 안 돼요."

"당연 안 되지. 더 크면 될지도 모른다.(꾸밈말)"

"그럼 그때가 몇 년 사신 땐가요?"

"한 200살 됐나, 가지는 연보다는 조금 낮았지."

"그럼 그 가지를 왜 들어주신 거예요?"

"사실 가지를 들 일은 없다고 봐도 된다. 사람들 키는 작고, 말 타고 와도 고삐로 방향도 틀고 말한테 가지에 걸린다 하는 사람도 없거든."

"아, 임금님이 오시니까 첨이네요."

"그렇게 지체가 높은 분, 하물며 임금님, 딱 보니까 여간 귀한 게 아니라 긴장했지."

"그래서 그때 받으신 정이품 벼슬이 얼마나 높은지는 저도 알아요."

"우리는 산 생물이다. 돌은 무생물인데 우리는 생물이야. 생물답되 정이품 정승답게, 너도 귀한 품격 배워서 알지?"

"네네. 사람도 사람 나름, 나무도 나무 나름, 말도 글도 말 나름 글 나름, 가르쳐주셔서 알아요."

※ 연합뉴스 2021년 3월 22일. 강원도 홍천군이 보은군청으로부터 정이품송 자목(子木) 5그루를 분양받아 군청, 정희왕후태봉, 수타사, 김효성 묘역, 테마공원에 심고 가꾸기로 했답니다.

※ 우리는 정1품급 〈퇴비쓸꾼〉입니다~.♡

은유우화 12
2025.4.21.월요일

이름들

※ 시장 옆 골목 할머니가 노점을 펴고 손님을 기다리다 화장실에 갔다 오다 한 동네 영금 할머니를 만나 몇 마디 한다는 게 좀 늦었다.

그사이, 할머니의 좌판 온갖 나물들이 시끄럽게 떠들어댄다.

"미나리야, 할머니 지금 어디 간 거니?"

"보나 마나 변소 갔을 거다."

"아, 그래? 자, 그럼 다들 눈 뜨고 우리 잼나게 한 판 놀자. 다 깨워, 깨워."

"아, 자는데 왜 깨우고 난리야. 너 누구니?"

"누구긴 나 쑥갓이야."

"아, 난 또 냉이가 깨우나 했지."

"냉이? 난 벌써 깨서 무지 피곤해."

"왜 피곤하니?"

"난 지금도 묻어만 주면 살거든, 뿌리도 멀쩡해. 그런데 흙 맛을 못 봐 엄청 피곤해."

"나도 그래."

"넌 달래 아니니? 넌 실뿌리가 다 말라가."

"왜 물도 안 뿌리시나 몰라."

"금방 팔릴 건데 물 주시겠어?"

"나는 뿌리도 없이 뜯겨 와버렸어야."

"아~ 쑥이구나."

"아냐, 난 쑥갓인데 쑥이나 나나 같은 신세네, 뭐."

"젤 힘든 건 나야. 발가벗겨서 피부가 하나도 없이 홀라당 까였다니까."

"그래 도라지야, 네가 더 안됐구나."

"아니야, 나는 더 그래."

"아, 마늘아, 너도 그렇게 까여버렸지, 참."

"아니~@ 지금 다들 뭔 소릴 그렇게 하니, 나를 보면서도 그러니?"

"아하 너 고춧가루구나."

"그래, 나는 다 부서져 가루가 됐어."

"아하, 네가 젤 불쌍하다."

"말도 마. 내 이름에까지 '가루' 자가 붙었으니 가루가 된 건 완전 콩가루, 폭망 아니니? 고추에 더하여 가루? 이게 뭐냐고."

"참, 이름 얘기 하니까 생각나네. 내 옛날 원이름이 뭔지 아니? 내 이름은 냉이가 아니고 원래는 제(薺)라고 했대."

"너 지금 뭐라는 거니?"

"냉이를 제라고 가르쳐 준 분이 계셔."

"누군데?"

"옛 고서에는 냉이가 아니라 제였었대."

"아니, 누가?"

"너희들 오기 전 점잖은 분이 와서…."

"야, 제야! 아니, 냉이야, 너 어제도 안 팔렸던 거니?"

"난 오늘이 이틀째야. 계속 부대 속에 넣고 비닐에 싸여 며칠 됐어."

"도매상 간 게 아니고 할머니 집에서?"

"응. 아직도 거기 더 남아 있어."

"그래서 그 점잖다는 분 얘길 들었구나."

"응. 할머니가 전에 시도 쓰고 공부를 많이 했다면서 그분과 반나절은 주거니 받거니 길게 얘기를 하셔서 들어봤더니 야~ 고서에 나오는 우리들 이름이 완전 다르더라고."

"그래, 내 이름도 들었니?"

"어, 너 달래 나물이지? 너는 월내채(月乃菜)래."

"월내채? 아니, 너 그걸 다 적어놨니?"

"안 적고 어떻게 기억하니? 이를 악물고 외웠지."

"그럼 내 이름 쑥갓은 뭐라시든?"

"어, 너는 동국(蒿菊), 또는 '애국채(艾菊菜)'라 하셨어."

"동국? 남자 이름 같아 싫고 애국채는 좀 낫다."

"잠깐 잠깐, 나부터 물어보자. 난 쑥이잖아. 쑥은 뭐라든?"

"아, 네 이름이 멋지더라. 봄국화라고 해서 춘국(春菊)인데 더 멋진 것은 문초(艾草)라고, '글풀'이라는 뜻이니 아마 글방 방장이 근사하다 하실 거다."

"그러네. 이름이 초싹이도 아니고 쑥이 뭐야? 쑥 나오니까? 아냐, 이제나 문초라고 불러라. 글풀~ 야, 신난다 신나. ㅎㅎ~(헤롱)~"

"나도 묻자. 나 미나리는 뭐라 하대?"

"너 미나리는 수근(水芹), 또는 근채(芹菜), 어떠니?"

"미나리가 훨 더 좋은 것 같은데?"

"그럼 난 뭐라니?"

"아, 너 마늘이지? 마늘이 뭐라더라? 음 아, 마늘은 단군신화에도 나오는 건데, 맞다. 산, 대산(大蒜)이라 한댔어."

"대산? 이상하다. 냉이야, 아참 제야, 너도 냉이가 낫지 않아?"

"몰라. 냉이든 제든…."

“그럼 난 뭐라 하시던?”

“아, 너 무는 복(葍)인데 나복(蘿葍)이라고도 한대.”

“씨~ 나복이 뭐야. 그냥 복도 아니고 그건 싫다.”

“그렇지? 나도 냉이가 낫지 제는 싫어.”

“다른 건 없니?”

“쉿, 할머니 오신다. 조용….”

※ 정말 우리말 한글이 낫지요? 혹 어려서 부른 이름 따로 있었나요? 우리말이 없다면 우리 이름은 지금 반대는 아닐까요?~~♡

상상토론 18편

인류4대성인 토론:
예수 · 공자 ·
석가 · 소크라테스

[상상토론] 인류4대성인 제1회
2025.6.10.화요일

출연성인소개편

※ 기록의 날(6월 9일)을 맞은 글방은 이번 주간과 이번 달 6월을 〈기록 주간 · 기록의 달〉로 보고, 오늘부터 〈사람답게 사는 삶을 찾아〉라는 주제 아래 12회에 걸쳐 온라인가상토론회를 엽니다. 이는 환경대담―은유우화―에 이어 새로 시작하는 상상대담토론입니다.

이번 토론회는 우리가 다 잘 아는 인류 역사의 4대 성인을 모시고 한 수 배우자는 토론회입니다. 예수, 석가, 공자, 소크라테스 또는 마호메트를 모심으로 5대 성인이지만, 혹자는 소크라테스와 마호메트 두 분 중 한 분만을 모셔 4대 성인으로 알기 때문에 출연은 다섯 분이 하셔도 내용은 네 분의 주제토론 교차질의 응답입니다.

방장은 늘 사회자 겸 대회주관자로 섭니다. 아직 이런 형식의 글을 쓴 사람은 보지 못한 방장의 발상에 따른 창작글입니다. 쓰기가 어려운 형식이라 많이 부족하더라도 한 수 접고 읽어주시기 바랍니다.

방장: 안녕하십니까. 상상토론회 주관자 천광노 인사드립니다. 지금부터 인류 4대 성인 스승님들을 모시고 세종퇴비글방 온라인상상토론회를 시작하겠습니다.

첫날인 오늘은 자기소개와 인사를 나누시는 것으로 시작합니다. 그럼 참석한 성인 스승님들께 감사하며 자기소개와 인사부터 부탁드립니다.

무함마드: 마호메트라고도 부르는 무함마드입니다. 사우디아라비아 메카에서 태어나 올해 나이 1,455살입니다. 초대해 주셔서 감사합니다.

소크라테스: 소크라테스입니다. 한국에 한 웃기는 녀석이 나를 "테스형" 요따우로 부르던데 ㅎㅎ~ 뭐, 따질 맘은 없고요, 그리스 아테네시에서 태어나 2025년 올해 2,494살입니다. 나이 든 사람을 불러주셔서 감사합니다. 아! 그런데 방장님, 무함마드는 나보다 1,000살 이상 아랜데 같이 도론하라는 겁니까?

방장: 아, 글방 운영위원회가 의결하여 모셨으니 이해하시기 부탁드립니다. 방장은 100살도 아직 멀어 78살입니다.

소크라테스: 그건 주관자니까 다르지요만, 네네. 해본 말이고요. 일단 다음 분으로 넘어가세요.

석가: 예. 인사드립니다, 저는 샤카야무니가 본명인데 한국에서는 석가모니로 부르나 이름이 세존, 부처, 붓다 등등 10가지가 넘어요. 하지만 본명이 하나 더 있어 싯다르타가우타마라고도 합니다. 출생은 인도 북부(네팔 남부) 룸비니의 샤카족 마을이며 아버지가 족장(왕)이셨어요. 작은 부족이지만 왕실은 거대했고요. 샤카족의 왕자입니다. 아~ 나이는 2,584살입니다.

공자: 제 차례입니까? 예예. 저는 중국 노나라 취푸(曲阜), 창평향(昌平鄕) 추읍(陬邑)에서 부친 숙량흘과 모친 안징재(顔徵在) 사이에 태어났어요. 올해 2,576살입니다. 앞선 석가모니 부처님보다 8살 연하로군요. 세존께서 이곳 상석에 앉으셔야 하는데 방장이 실수한 것 같습니다.

석가: 아, 하하하 객지 벗 10년이라고 8년 연상은 친구 간입니다. 1,000년 연하도 있는데요, 뭐. 괜괜 괜찮습니다, 그냥 앉아 계세요.

방장: 아, 이런, 우리 운영위원들이 실수한 것 같습니다. 죄송합니다.

무함마드: 아니, 그런데 왜 임마누엘인가 하는 예수 선생은 어째 공석입니까.

방장: 아, 연락 받았습니다. 많이는 아니고 조금 늦는다 했습니다. 우선 토론 시작하시랬어요. 자, 그럼 토론 방식을 말씀드리겠습니다.

초대장에 쓴 대로 주제토론과 질의응답 외(外) 자기 생각과 주장만 하는 강의 강연 연설형식은 안 되시고. 토론을 하실 때는 묻는 말에만 답하셔야 합니다. 〈질의응답 질문답변〉 방식 말입니다. 질문은 방장도 짧게 하지만 성인 스승님들은 누구나 질문하고 답하실 수 있는 자유토론입니다. 그럼 시작할까요?

소크라테스: 이의 있습니다. 다시 한번, 들어보니 무함마드인가 하는 마호메트는 동석할 등급 맞아요? 여기 모두 다 2,000살이 훨씬 넘은 분들인데 올해 1,455살이면 저렇게 어려서야 어디 말이 통하겠습니까? 물론 시시콜콜 따지자는 것은 아니나 오늘 토론의 중심 균형, 또 그로써 듣는 글방 가족들이 기대하는 거름 질(質 · 근본 성질)이 좋은 퇴비를 얻자는 목적에 어떨까 하여 한 말입니다. 무함마드 선생, 미안해요.

무함마드: 아, 아닙니다, 아녜요. 저는 거기까지는 생각 못 하고 초대장이 왔길래 온 겁니다. 말씀을 듣고 보니 옳은 말씀입니다. 하여 저는 주제토론은 안 하고 혹 질문은 하되 가급적 조용히 경청만 하겠습니다. 이렇게 귀한 자리인 줄도 모르고 왔습니다. 많이 배우는 기회로 잘 듣겠습니다. 쫓아내지만 말아주세요. 하하.

방장: 네네. 그럼 모두 이해가 되신 줄 알고 시작하며 〈나이 어린 사람일

수록 동참시키는 것도 좋지 않은가…〉라는 생각도 합니다. 마호멧 선생님도 글방 가족이 볼 때는 35대 위 가마득한 선조 할아버지시므로 앉아만 계셔도 글방은 살이 통통 찔 것으로 믿어집니다. 자, 그럼 최연장자 되시는 석가모니 부처님부터 주제토론 시작하실까요?

석가: 지금 바로 할까요?

방장: 아참… 잠깐만요. 대회 주관자의 대회사라고 할지… 잠깐 한말씀 올리겠습니다. 보내드린 초청장에서 드린 말씀 아시겠지만 글방 가족들은 모르니 짧게 주제토론 내용 요청에 대하여 말씀드리겠습니다.

세종퇴비글방이 지향(志向)하는 정신세계의 본질에서도 보다 올바른 길, 즉 추구하는 목적이 〈사람답게 사는 삶을 찾아〉이므로 성인 스승님들의 가르침을 받자는 데 목적이 있습니다.

그러므로 열이틀 12차에 걸친 토론이므로, 너무 줄이지 말고 알기 쉽게 차근차근 말씀해 주세요. 아~~ 이제 그리스도 예수 선생님도 오셨군요. 우선 앞에 앉으시고 자기소개는 다음 주제노론 하실 때 같이 해주세요.

자, 석가모니 스승님, 이제 주제발표와 토론 시작해 주세요.

정해진 시간은 없습니다. 시간은 무제한 자유토론입니다.

※ 제2회 토론은 내일 계속합니다~~.♡

[상상토론] 인류4대성인 제2회
2025.6.11.수요일

석가모니편-1

방장: 자, 간단한 자기소개는 어제 하셨고요, 그럼 첫 주제토론자 성인 스승 석가모니 부처님, 주제토론 시작하시겠습니다.

석가: 네, 감사합니다. 먼저 2,584년을 살았지만 오늘부터는 이렇게 귀한 토론회를 통해, 그간 하고 싶어도 다 하지 못한 제 깨우침과 소견을 말하게 되어 영광이라는 말씀을 드리고 시작하겠습니다.(일동 박수) 감사합니다. 에~ 길게 말하지 않아도 아실 겁니다. 저는 청년의 나이 29살에 왕자(王子)의 자리를 떠나 출가(出家)하였습니다. 왜 부요한 왕궁을 떠나 왕위에 오를 자리까지 버리고 나왔을까요? 누구 혹 아시겠다는 분 계십니까?

공자: 안다 한들 얼마나 알까마는… 들은 말에 따르면 생로병사의 고통을 극복하고 깨달음에 이르시려 해탈의 길을 찾아, 깨달아 알면 그로써 맺는 결실로 모든 존재들의 고통을 없애 주시려는 구도(求道)의 길을 택한 것 아닌가~~ 생각합니다. 맞습니까? 하하 잘은 모르겠습니다.

석가: 허허 이런 이런, 공자님도 잘 모르는 것이 다 있습니까? 아녜요, 잘 아십니다. 제가 사는 샤카족 지방에는 강가강(갠지스강 상류)이라는 꽤 큰 강(江)이 있습니다. 어느 날 강가에서 장례(葬禮)를 치르는 사

람들을 보고 깜짝 놀랐습니다.

통곡 소리 때문만이 아닙니다. 강가에서 시신을 태워 강물에 뿌리는 것을 보았습니다. 문득 사람 사는 일생의 끝이, 결국은 죽어 불에 타고 강물에 뿌려진다? 이건 큰 충격이었어요. 순간 생(生)과 노(老), 사(死), 즉 태어남과 늙음과 죽음이란 무엇이며, 왜 못 막는가? 불에 타 재가 되어 강물에 떠내려가는 것이 살아가는 인간의 종점이란 말인가? 이런 생각 때문입니다.

하여 사람이라면 누구든 해탈에 이르러 고통을 벗어나는 길은 없겠는가로 잠을 잘 수 없이 괴로웠습니다. 어디를 가면 누군가 이 같은 고통의 근원과 해답의 근본 뿌리를 아는 사람 없을까… 궁 안에도 궁 밖에도 없다는 것을 알자, 스스로 찾는다고 궁을 나온 것입니다.

목적은 인간사 욕심에서 비롯되는 것도 있지만 인간에게는 생존, 즉 살고 싶은 본능이 있다는 것입니다. 그런 삶… 사후(死後)세계… 있다고 확신하고 나오고 보니 힘들었어요.

그러나 힘들고 고달픈 고행의 길이라도 생각 속, 명상 속, 물질이나 몸이 아닌 나(몸) 아닌 또 다른 나의 세계, 불성(佛性)으로 빛나는 화광(和光)천지라고나 할까요, 아무튼.

소크라테스: 아~~ 그로부터 고행이 시작되셨다는 말 들었습니다. 그런데 그 오랜 고난 고통, 고행을 이기고 결국 해탈(解脫)의 진리를 깨우쳐 아시었다는 거지요? 아시는 대로 가르쳐 주십시오. 잘 들어 보겠습니다.

석가: 예. 오늘부터 무제한 토론이라도 이건 하루이틀에 말씀드리기는 불가입니다.

또 제가 변호사나 아나운서같이 말하는 특별재주가 있는 것도 아니라 깨달음의 실체나 실상을 말로는 어떻게 할 수가 없다는 것입니다.

깨닫고 알았다는 것이 말로 하기에는 말이 부족하고, 무엇보다 말로 설명되는 세계가 아닙니다. 그럼에도 부족하나마 말해 보라시면, 고통의 원인과 해탈의 길이란 무엇이며, 삼법인(三法印), 팔정도(八正道), 무아(無我)란 또 무엇이고….

정견, 정사, 정어, 정업, 정명, 정정진, 정념, 정정 등등. 아, 이 팔정도(八正道)는 혹 들어 아실 겁니다.(검색) 이것도 한문 글자로 써야 좀 정곡(正解)을 알 것인데 글방이 한문과 영어는 자제해 달라니 수행과 깨달음의 과정이나, 그로써 알게 된 저만의 결실은 말의 영역이거나 글의 영역도 아니라는 것, 이것이 참 어렵습니다.

소크라테스: 그럼 글방에 시인(詩人)들이 많은 것 같던데 시로 쓰면 어떨는지요?

석가: 詩는 〈숨은 깨달음〉이라고 하는 은유(隱喩) 시도 있는데요, 시인이라도 은유 불가 영역은 못 써냅니다. 찍~ 하고 써도 태부족(太不足)입니다. 물론 수필이나 시로 쓸 수도 있지만 제가 벗어던진 번뇌의 누더기하고는 비교도 안 되고요, 평론가라는 건방진 녀석들도 꿈틀거려 봤자 발바닥 아랩니다.

공자: 아, 그렇게 어려운 거군요. 그러면? 노승들 중 꿰뚫어 아는 조계종 대성사 대선사 종도사는 많이 있고 알아요?

석가: 아, 그럼요. 열반에 든 선사, 살아 있는 대종사, 그들은 다른 쪽에서는 저를 바싹 따라온 사람도 있어요. 물론 천 가지 만 가지 가닥 중 어떤 몇 가닥은요.

공자: 조금 전 말로는 쉽지 않다, 아예 어렵다, 시(詩)로 써도 그렇다, 그러시기 전에 한문을 말씀을 하시던데, 사실 이 한문도 어렵습니다. 안

다는 사람도 다는 모릅니다.

오래전 한국은 1,850자를 가르치더니 그것도 치웠고, 현재 중국은 3,600글자를 가르치지만 한문 글 숫자는 그에 10배 100배도 넘습니다. 그 이유는, 한문이란 글자가 날마다 때마다 계속 새로 만들어진다는 것이 어렵고, 애써 만든 새 글자를 널리 사용하게 할 체계가 부실하니 어렵습니다. 한 가지 예를 들면 지금 뺑뺑면(삐앙삐앙면)이라는 글자는 한 글자 획수가 57가지나 혼합된 글자입니다.(검색 · 삐앙삐앙)

소크라테스: 아하, 듣고 보니 그렇군요. 한문보다 영어보다 세계에서 제일 쉽고도 과학적이며 인간의 말과 글이 일치한다는 한글은 아직 파랗게 어린 글자니까 그도 그렇겠고, 말을 글로 쓴 것은 히브리어가 좋았다던데 일찍 잊혀 안 쓰는 사어(死語)가 됐고요. 우리 쪽은 헬라어를 썼지만 글자 문제가 어렵듯 말도 그렇군요.

방장: 주제토론과 질의응답이 진지하고 심오합니다. 그럼 오늘 여기까지만 하고 내일 또 계속하기로 하셔도 되겠습니까? 쉬셔야 하니까….

일동: 아, 그리합시다. 그럼 내일 뵙지요.

방장: 거소도 그렇고 침소도 부실합니다만 모쪼록 편히 쉬시기 바랍니다.

[상상토론] 인류4대성인 제3회
2025.6.12.목요일

석가모니편-2

방장: 밤새 혹 불편치는 않으셨습니까? 네, 잘 모시고는 싶지만 부족하여도 양해해 주시기 바라며 이제 〈사람답게 사는 삶을 찾아〉 3회 차 토론을 시작하겠습니다.

이 글(방송)을 처음 보는 글방 가족 여러분께 말씀드립니다. 사람은 누가 나를 낳았느냐도 중요하여 금수저 흙수저라고도 하나 금수저 위에는 배울 학(學) 자 〈학수저〉도 있습니다. 오늘 3회 차를 맞는 이 토론회는 1회부터 보셔야 합니다. 이런 토론회를 왜 하느냐…? 누구 말을 왜 들어야 하는가가 중요하기 때문입니다.

개나 소나 앗, 죄송합니다. 아무거나 보고 들으면 사람답게 사는 데 방해가 됩니다. 참 진(眞) 자, 진짜 들을 말을 듣고 보아야 할 것을 봐야 합니다. 그런 분이 누구죠? 인류 역사 최고의 스승님이 계셨으므로 우리도 잘 아는 4대 성인 스승님들입니다.

오늘 지상 최상위 스승님들을 모시고 가장 하고 싶은 말씀을 해 주시라고 모신 자리입니다. 공지 말씀이었고요, 자, 그럼 하시던 대로 어제에 이어 계속해 주십시오.

소크라테스: 네네. 석가세존 어르신께 이것 좀 여쭤봅시다. 어제 말씀하시기를 깨닫게 되셨다는 말씀이신데, 그렇게 깨달은 고통이나

번뇌가 뭔가에 대하여 직접 글자로 써 놓으셨습니까? 말이란 하면 사라지고 글자는 꼭 붙들고 있으니까요.

석가: 아, 아닙니다. 당시 선생님 나라에는 글자가 있었지만 우리 샤카족 뿐 아니라 인도, 네팔, 부탄 등지에는 글자라는 것이 없을 땝니다. 그 후 생긴 거예요. 이래저래 글을 쓸 조건이 아니었어요.

더구나 인도라는 나라는 부족 수(數)가 100인지 200인지, 각 부족마다 글자는 없는 것 당연하고 말도 다 달랐습니다. 그러므로 깨우친 진리가 있어도 글자가 없다 보니 일일이 찾아가 만나서 말로 설명한대도 안 되는 이유는, 말까지 다른 데다, 말은 그냥 시공(時空)을 초월해 바람처럼 날아만 다닐 그때였기 때문입니다.

소크라테스: 그럼 글자도 없는데 어떻게 불교 경전(佛經)이 만들어진 거지요? 제가 살던 아테네에는 나 낳기 1,000년 전부터 글자가 있었어요. 이 때문에 저도 글을 알았습니다. 그렇다면 석가세존의 말씀이 산처럼 많을 텐데 그 많은 걸 누가 어떻게 써 불경이 나온 거지요? 세존께서 직접 쓴 것은 아니라시는데….

석가: 하하 다 아시며 물으시는 것 같습니다. 골탕 먹어봐라~? 이건 아니실 테고, 예. 말씀드리겠습니다. 하하

불교 경전은 제가 쓴 것이 아니고 저를 따르며 같이 고뇌 수행해온 제자들이 한참 지나 나중에 썼습니다. 물론 처음 제자들도 글을 쓸 수 없는 환경입니다. 소크라 선생이 계신 쪽은 더 일찍 파피루스에 성경을 쓴 것이 우리가 살았을 때보다 근 1,000년 이상이나 전부터 아닙니까?

공자: 제가 알아봤더니 합천 해인사 팔만대장경에는 1,530종의 불경이 6,555권으로 수록되어 있다는 주장이 있고(연합뉴스), 북송국 관판대장경은 전체 5,048권이었지만, 현재 남아 있는 것은 9권 정도고,

고려 초조대장경은 2,000여 권이 확인되고 있답니다. 그럼 과연 이걸 누가 어떻게 썼는지 부처님은 안 쓰셨다면서요….

석가: 역시 아시면서 물으시는 거지요? 하하~ 공자님은 글을 잘 쓰신 것으로 아는데 친구 간에 왜 이러십니까? 하하

공자: 아, 아닙니다. 요즘 사람들 사유(思惟)하라면 질색하고 이런 데는 관심이나 의문 자체가 없어요. 글방 가족들도 알 필요 별로라는 듯 맙니다. 저도 그건 친필이 아닙니다. 제자들이 쓴 거지요. 깨달은 스승 다르고 지도 받은 제자가 다르면… 그러면 물 위에 짓는 집같이 안다는 지식 뿌리가 약해(잘못 배워) 혹 닥치면 캑~ 하고 도망칩니다. 이 문제도 오늘 짚어봅시다.

석가: 그건 듣기만 하는 예수 선생님도 한말씀 해주실 말 아닙니까?

예수: 저는 며칠이고 듣기만 하겠습니다. 아직 인사와 소개도 안 했으니 저한테는 질문도 다음에 해주세요.(왜지? 삐쳤나? 말투가 왜 저래?)

석가: 아, 예예. 알겠습니다. 그럼 이제 그 많은 불교 경전을 누가 썼느냐~~ 이걸 '결집하다~'라고 하는데 수차례 모으고 모은 결집과 결집의 결과입니다.

결집은 오랜 후대 제자 '마하가섭'이 처음 시작하면서 제자에 제자로 내려가 4차까지의 결집에는 수백 천 년이 걸렸습니다. 국어사전에도 이를 '결집(結集)한다'라고 나와 있습니다. 뜻풀이는 '불교 경전을 모은 것'이라고 쓰여 있어요.

소크라테스: 석가모니 부처님! 알아는 듣는데요, 누구라 하셨죠? 아, 마하가섭. 그 제자는 자기 깨우침입니까, 세존의 깨우침을 기억해 결집한 겁니까?

석가: 예예. 이 질문 나올 줄 알았습니다. 마하가섭 등 수많은 제자들은 내가 열반에 들기 전 주야장천(晝夜長川) 하던 일이 제가 하는 말(깨

달음)을 줄줄 외우는 일(독경 암송)이었습니다.

쓸 수는 없으니 달달 외워대는 겁니다. 이런 암독을 구전(口傳)이라 하죠? 지금 사찰에 가면 독경을 듣는데 그게 이겁니다. 무엇이든 말이 먼저잖아요? 그다음이 글이므로 듣고, 외운 제 말이 글이 되어 경전입니다.

제자에 제자가 꼬리를 물고, 1인의 제자가 10인 100인을 가르치고 받아쓰기를 수백 년 계속하다 보니 경전 전체를 다 읽는 것이란 먹고, 자고, 일어나면 또 읽고, 쓰고, 또 읽어도 감당을 못 합니다.

공자: 말씀 잘 듣습니다. 그러면? 그렇게 시작된 석가모니 부처님의 가르침을 받고 배우는 불교란 이런 것이다~ 어렵겠지만 한마디로 말씀하신다면 어떤 무엇이라 하겠습니다.

석가: 불교는 〈깨달음의 종교〉입니다. 포교(布敎)는 깨달음이 있은 그다음인데 지금 보면 앞뒤가 바뀐 측면도 있습니다.

깨닫기 위한 〈명상이 앎〉이라는 뜻입니다. 그러나 깨달음보다 알리기(포교 · 布敎)가 앞서는 경향이 있어요. 깨달음의 본질은 〈자신은 못 푸는 생사의 원리를 찾아 몸을 바치고 비워가는 고행의 길도 마다하지 않는〉 거지요. 아생살타(我生殺他)는 바둑 용어인데요, 내 돌이 살고 상대방 돌을 잡으라는 뜻이에요.

이에 빗대 말하면, 내가 먼저 깨달아 안 다음에 제자나 중생들에게 알리고 가르치라는 뜻의 아유타보(我喩他報)라 할지… 본질은 내가 나를, 즉 누구를 의지하거나 산신(山神) 해신(海神) 용왕(龍王)신을 믿는다기보다는 나 스스로가 극락에 이르는 수도(求道)자가 되자는 자력(自力) 종교입니다. 타력(他力)이 아닙니다.

무함마드: 그러면 윤회(輪廻)입니까? 인도환생과 같은 것 말인가요?

석가: 아… 육도윤회(六道輪廻)를 말하시나 본데, 육도(六道)란 지옥도(地獄

道), 아귀도(餓鬼道), 축생도(畜生道), 아수라도(阿修羅道), 인간도(人間道), 천상도(天上道)를 말하며, 중생이 업(業)에 따라 이 여섯 가지 세상에서 태어나고 죽는 것을 의미합니다.

공자: 아, 좀 어렵습니다. 극락세계로 가는 길이라는 말씀 같네요?

석가: 하하 그렇게 간단하지는 않아요. 극락이란 대승불교에서 중생의 왕생(往生)을 목표로 삼는 이상적인 서방세계 극락정토(極樂淨土)를 말합니다. 극락(極樂)을 문자대로 풀면 〈즐거움의 극치〉라는 뜻이며, 정토(淨土)는 청정한 땅을 뜻하므로, 극락정토란 몸과 마음에 괴로움이 전혀 없고, 더없는 안락과 맑음이 충만한 세계를 의미합니다. 이쯤만 할까요?

예수: 저도 한말씀 여쭈어볼게요.

석가: 아, 깜짝~이야~. 하하 놀라서 죄송합니다. 예예.

예수: 갑자기 여쭤 죄송합니다마는, 그럼 팔도윤회에서 석가모니 부처님께서는 2,584세라 들었는데 지금은 이승(이乘 · 현재)과 저승(저乘 · 차세) 중 어디서 무엇을 하고 계시는지요?

석가: 하하 지금 가짜 불자들 천집니다. 편하려고만 하지 고민하지 않는 무깨달음 무시하는 불자 말입니다.

바른 불자는 지옥도, 아수라도하고는 무관합니다. 저는 육도윤회의 마지막 천상도(天上道)에 있습니다. 아, 뭐 잘 아시면서 물으시는 것 같습니다~. 하하하 인간도(人間道)에서 도로 인간도로 오면 인도환생이지만 불쌍하게도 지옥도나 아수라도 축생도로 가기도 해요.

무함마드: 정말 위대하십니다. 참 많이 배웁니다. 하지만 이 정도로는 턱없이 부족하지요?

석가: 그렇습니다. 평생 해도 다 못 할 말입니다.

방장: 네네~ 감사합니다. 차차 더 듣기로 하고 그럼 제3회 토론은 여기서 마치고 4회 토론은 내일 계속하겠습니다~~.♡

[상상토론] 인류4대성인 제4회
2025.6.13.금요일

공자편-1

방장: 성인 스승님들, 편히 주무셨습니까? 이제 특집 상상대담 제4회 차를 시작하겠습니다. 다시 한번 알려드립니다. 그간 하셨듯 〈사람답게 사는 삶을 찾아〉… 이 토론은 4대 성인+1분을 모시고 질의응답으로 진행하는 방식입니다. 토론은 주제발표와 동시에 누구시든 스승님께서 교차질문 하시면 주제토론자가 답변하는 형식입니다.
좀 더 다양한 의견 교환과 가르침을 받는 대로 정보공유로 세종퇴비글방 가족(벗님)들에게 유익한 말씀 부탁드립니다. 자~ 오늘 4회 주제토론자는 공자님이십니다.

공자: 지난 3회까지 토론을 통하여 많은 말씀도 들었지만 무엇보다 많은 것을 배웠습니다. 특히 3차까지의 토론을 주재하신 석가세존 형님 말씀 잘 들었습니다.
깨달음의 길이라면 그 큰 고행을 이기고 마침내 이곳 속기록에는 빠졌던데, '해탈에 이르러 보리수나무' 아래서의 지복(至福)을 득해 제자들이 어마어마하게 많다고 들었거든요. 잠깐, 먼저 세존 형님! 지금 불교인 제자 숫자는 몇 명이나 되나요?

석가: 2022년 종교인 통계를 보면 500,000,000명이라고 나와 있습니다.

공자: 와~ 5억, 정말 대단합니다. 이 사람의 가르침이라고 받은 유교(儒

敎) 인구는 겨우 10,000명이래요.(위키백과) 오히려 줄고 있대요. 또 저 숫자도 부정확하다는 것이 위키백과 내용입니다. 그러니 5억과 1만이면 저는 가마득해 동석은 했어도 면이 없습니다.

소크라테스: 아닙니다. 그렇지 않습니다. 서로 배우자는 건데 그 무슨 체면이고 예의를 지나치게 앞세울 일은 아니라고 봅니다.

공자: 아, 그러네요. 그런데 소크라테스 선생님! 그럼 선생님을 믿거나 따르는 제자는 얼마나 되지요?

소크라테스: 저는 제자라거나 종교라 하지도 않아 학문이라고 합니다만 굳이 저의 제자에 대해 숫자를 제시하라면 못 합니다. 저도 많은 사람에게 영향을 미쳤다고는 하던데, 공식적으로 그들을 제자로 보는 사람의 명단을 정확하게 파악하기는 힘듭니다. 물론 플라톤, 크세노폰과 같은 유명한 제자 말고도 저의 사상에 영향을 받기는 했다지만 1만 명이다, 얼마다, 이건 답을 못 해요.

공자: 그러고 보니 우리 소크라테스 선생님과 저하고 둘은 여기 명함도 못 내놓을 건데 앉아 있군요. 하지만 뭐 제가 주도권이랄지 주제토론 시간이니 이번에는 경청만 하신다는 무함마드 선생님께 여쭙겠습니다.

무함마드: 아니, 이런 건 예수 선생 쪽 사람들이 많은 걸로 아는데 예수 선생님부터 여쭤 보시지요?

예수: 아, 저는 나중 마지막에 하겠습니다. 방장님, 그래도 되지요?

방장: 예. 처음부터 그러신다 하고 오셨으니 좋아요. 무함마드 선생님 하시던 말씀 계속하시지요.

무함마드: 예예. 사람 숫자는 나중에 하고, 질문하겠습니다. 공자님! 공자님의 가르침이란 이것이다~ 짧게 말씀하신다면…?

공자: 예. 지는 이미 알려진 것처럼 지는 따로 모신 스승이 없습니다. 지를 유가(儒家)철학의 창시자라 하는데도 내로라할 스승은 딱히 계

시지 않습니다.

하여 저는 다양한 사람들과의 교류를 통해 저의 사상을 발전시켜 나갔습니다. 태어난 노(魯)나라에서 많은 사람들과의 〈만남과 만남〉을 통해 지혜와 지식을 쌓았고, 특히 주(周)나라의 문화와 제도를 배워, 유가사상의 토대를 마련했습니다. 가르침이라 할지, 이건 제가 모든 환경을 극복하고 열심히 배웠더니 이리 좀 알게 되더라는 말이 되겠습니다.

소크라테스: 좀 더 여쭐게요. 그럼 출신이랄지 가문, 이쪽은 어떤가요? 석가세존은 왕자이셨다 하시던데….

공자: 저의 조상은 상(商)나라의 마지막 왕 주왕의 둘째 형인 〈미중(微仲) 연(衍)〉이라 하고요, 저는 이 〈미중 연〉의 15세손입니다.

10세 선조 '공보가' 할아버지는 원래 송나라의 대부였으나 가문이 화를 입어 공보가 할아버지는 죽고 그 후손이 노나라로 오셨(도망쳐)다가, 이후 공보가→목금보(木金父)→기보(祁父)→방숙(防叔)→백하(伯夏)→숙량흘→저(공자) 순입니다.

부친 '숙량흘'에 이르러는 모든 작위는 사라지고 일개 군인 신분이 됐지요.

석가: 우와~~ 공자 친구님은 참 대단하십니다. 선대 조상님들을 줄줄이 다 꿰어 외우시네요? 그럼 유가철학과 사상은 좀 미루고 우선, 성장과 생애를 듣고 싶습니다.

공자: 아닙니다. 다 외다니요. 뭐 당연하지만 부족합니다. 아무튼 사마천의 사기를 보면 아버지 숙량흘은 장대한 체구의 무인(武人)이시라, 노(魯)나라군이 유인계략에 속아 상대편 성안에 갇힐 위기에 처하자, 아래로 내려오는 성문을 그냥 팔로 받쳐 아군을 달아나게 했을 정도로 힘이 좋으셨다 합니다. 저 역시 아버지 숙량흘을 닮았는지

체구가 좋았어요.

키는 9척 6촌으로 한나라의 척인 23cm로 계산하면 222cm가 나오지만 학자들은 시대마다 1척이 달라 도량형이 명확하지 않다고 하지만, 당대 거구인 것은 확실하다는 등 〈사기〉 기록에도 저를 그저 글귀나 읽는 비리비리한 서생인 줄 알고 무작정 쳐들어갔다, 저의 장대한 기골을 보고 순간 움찔한 일도 있고 그랬다 합니다.

무함마드: 모친은 안(安)씨 성입니까?

공자: 한국에는 공(孔)씨도 적지만 한국의 안(安)씨가 아니라 중국 쪽 안(顏)씨 성(姓)입니다만 사실은 같아요.

모친은 부친(숙량흘) 나이 66세에 56세 연하의 모친 10살 때 만났습니다.

무함마드: 하하 그때 그 어린 무녀(巫女)였던 모친 '안징재'를 부인으로 들이신 거예요?

공자: 어머니 안씨 집안에는 3명의 딸이 있었다고 하는데, 부친(숙량흘)이 셋 중 하나를 아내로 맞으려 하자, 막내 모친(안징재)이 스스로 나서서 아내가 되시겠다 하시어 어머님입니다. 그런데요, 모친(안징재)은 이후 아들들에게 아버지의 무덤이 어디인지 알려주지 않고 돌아가셔서 후한(後漢)의 학자 정현이 말하기를 "안징재가 숙량흘과 관계 맺었던 것을 부끄럽게 여겼기 때문일 것"이라고 쓴 기록도 있습니다.

석가: 거 참 재미도 있습니다. 가족사와 선대 조상 이야기 이따가 더 들려주시고, 일단 공개된 토론회니만큼 이제 공자님의 사상과 철학을 배워(들어)볼까요?

공자: 배우기는 제가 배워야지 무슨 말씀을 그렇게… 하하 단 저는 조상에 대한 관심과 존숭의 마음 하나만큼은 평생의 가치(價值)였고 가르침의 근본이었습니다. 이건 세종퇴비글방 방장이 〈글에 미쳤다〉

하던데 저는 〈효와 예에 미쳤다〉랄지, 하여간 사람다운 인간의 도리에 대하여 생애를 걸고 학문을 걸었습니다. 그것을 모은 책이 바로 유가서(儒家書)들입니다.

석가: 그럼 다 직접 쓰신 거지요, 물론?

공자: 아, 아닙니다. 아니라 했거든요. 하하 하여간 저는 조상과 조상, 위로 올라가고 또 가면 어떤 분이신가만 찾느라 쪽지(메모)만 좀 썼는데 제자들이 그리 사정을 하는 바람에 말만 좀 해준 것을 그들이 쓴 겁니다. 글을 쓴다는 것이 조상 찾아 모시려는 제게는 더 중요한 게 많아 그랬어요. 부처님도 그러셨다 하신 것 아닌가요?

석가: 그 심사 백번 공감합니다.

소크라테스: 아~ 공자 선생님! 그러시네요. 그런데 제가 여기 오기 전 왜 와서 누구와 무슨 토론을 하려나 봤어요. 졸려서 첫 쪽 공자님 소개 편만 봤거든요. 좀 읽어 아는 대로 공자님에 대하여 제가 좀 말해도 결례되지 않을까요?

공자: 아, 예예. 그러세요. 예. 아주 좋습니다.

소크라테스: 공자사상의 핵심은 '인(仁)'이다~~. 즉 인간의 본성을 알고 사랑과 덕을 실천하는 것으로 압니다. 이는… 인, 예, 지, 온고지신… 인간의 본성을 찾아 살리고 사랑과 덕을 실천하는 것을 말하고, 인(仁)이란 부모에게는 효(孝), 형제에게는 우(友), 남의 부모에게는 제(悌 · 공경 제), 나라에는 충(忠)으로 나타납니다.
또 공자사상은 동아시아 문화권 전반에 걸쳐 큰 영향을 미쳤고, 특히 유교사상에 중요한 기반을 제공했다 합니다. 공자의 가르침은 오늘날까지도 인간의 삶과 사회 질서를 유지하는 데 중요한 가치로 평가받고 있다~. 여기까지만. 하하

공자: 와! 저보다도 잘하셨습니다. 부족함에도 잘 설명해 주셔서 글방 가족들 귀에 쏙 들어왔을 것 같습니다.

소크라테스: 아닙니다. 이건 제가 아는 낮은 지식이고요. 공자님께서 채워 주십시오.

방장: 아하, 성인 스승님 여러분! 그런데 오늘 시간이…? 이제 이쯤 하고 쉬고 주무셔야 하니까 4회 차는 여기서 마쳐야 하겠습니다.
내일은 토요일이지만 내일도 다시 오늘에 이어 계속해 주시기 바랍니다. 4회 차 토론 마칩니다. 감사합니다~~.♡

[상상토론] 인류4대성인 제5회
2025.6.14.토요일

공자편-2

방장: 편히 쉬시고 아침 식사는 어떻게 입에 맞으셨는지 모르겠습니다. 부처님께서는 육식을 안 하시고, 예수님도 금하시는 것이 있고, 무함마드 선생님네 할랄푸드나 하람, 이런 것은 많이 부족하여 어떠셨는지, 하여 물어보니 그래도 잘 드신다 하여 감사합니다. 글방 가족들이 한다고는 해도 어렵습니다. 그럼 어제에 이어 계속해 주실까요?

공자: 예. 방장님! 제가 이어가겠습니다. 어제 소크라테스 선생님께서 말씀한 내용에 대하여 좀 더 보충하는 말씀부터 계속하겠습니다. 저의 제자 자공이 쓰기를 저와 나눈 대담에서 이렇게 말하였다는 말씀을 전하는 것으로부터입니다.

방장: 네네. 직접 하셔도 좋지만 제자의 말을 듣는 것도 좋겠습니다.

공자: 예. 자공이 정치에 대해 질문하자, 공자께서 말씀하셨다. 그러면 정치란 무엇입니까? 1) 백성들을 배불리 먹이는 것과… 2) 나라를 튼튼하게 지키는 것과… 3) 백성의 믿음을 얻어야 하는 것이다.
자공이 말했다. "부득이하게 하나를 버려야 한다면 세 가지 중에 무엇을 먼저 버려야 합니까?" 공자께서 말씀하셨다. "군대를 버려라."
자공이 다시 말했다. "부득이하게 둘 중 또 하나를 버려야 한다면 두 가지 중에는 무엇을 먼저 버려야 합니까?" 공자께서 말씀하셨다. "식량을 버려라."

자공이 말했다. "세 번째가 첫 번째로 남은 건가요?" "그렇다. 옛날부터 누구에게나 다 죽음은 있었지만, 백성들이 믿는 신의가 없으면 국가는 존립할 수 없다…."(논어, 안연 편, 7장)

석가: 들어보니 공자님 유가철학, 이로써도 다 말했다 하지는 못할 것 같은데요, 특히 한국은 중국에 못지않게 공자님을 존숭하며, 예를 중시하고 효를 따르며 부모를 공경하고, 또 돌아가신 부모나 조상님이라 해도 잊지 말고 제사를 모시라 하는 등 산같이 많지 않나요?

공자: 아, 그렇기도 하군요. 그럼 이번에 또 두 곳만 더 인용할게요. 논어, 안연 편, 22장 역시 제자가 쓴 것입니다.

번지(樊遲)가 인(仁)을 물어보자, 공자께서 말씀하셨다. "남을 아끼는 것이다." 번지가 다시 지(知)를 묻자, 공자께서 말씀하셨다. "남을 아는 것이다."

다음은 논어, 향당 편, 12장입니다. 마구간에 불이 났다. 공자께서 조정에서 퇴근하여 말씀하시길, "사람이 다쳤느냐?" 물으시고는 말(馬)에 관해서는 묻지 않으셨다.

이 말은 사람이라면 사람을 아는 것을 인(仁)이라 하고, 무엇인가를 안다는 것을 지(知)라고 한다면 말(馬 · 재물)만을 아는 것은 모르는(무식한) 것이다~. 이런 제 철학의 중심은 바로 사람다운 사람이라는 뜻입니다.

석가: 제가 고행에서 얻은 수행을 아는 것과 공자님의 인간을 알라는 말은 상통하는 것 같습니다. 그러면 결론이 무엇이라 하겠습니까?

공자: 안다고 하지 마라. 안다는 것이 무엇이냐. 〈아는 것을 안다 하고 모르는 것은 모른다고 하는 것이 아는 것〉이다. 등 많지만….

방장: 저도 질문 올리겠습니다. 그러시면 제가 들은바 결론은 배우라~. 가르침을 받고 받았으면 가르쳐라~. 배우지 않으면 짐승이다. 읽지 않고 배우지 않는 자… 사람이라 하지 말고 짐승이라 하라~. 하하 이런 것도 있습니까?

공자: 방장님! 제자들이 요렇게는 안 썼지만 제가 들어보니 그들이 빠뜨린 모양입니다. 하하 맞아요. 아니, 그런데 방장님은 유가 후손입니까?

방장: 아닙니다. 중국 고전 좀 읽었고 클 때 공자님을 대스승님으로 모시며 컸습니다.

소크라테스: 이의 있습니다. 안 배우는 사람은 개돼지 취급을 하고 상종치도 말라는 건가요? 심하지 않아요?

공자: 조금 전 차담(茶啖)회 때 방장이 말하던데 제자 하나를 가르치는 것은 남자가 애를 낳은 것과 같대요. 듣지 않고 읽지도 않고 스승 앞에서 낮은 견문을 꺼내 우기고 버티면 “비인부전(非人不傳 · 인간 될 싹이 노란 자 가르치지 마라) 하라”는 왕희지(王羲之 · 학자)가 한 말도 맞아요. 그러나….

소크라테스: 그러나 뭐죠?

공자: 그건 왕희지 말이고 저라면 죽을 때까지 두고 보고, 어떤 놈 밥 한 그릇 치 가르친다면 저리 부실한 놈일지라도 밥 반 스푼어치씩은 가르치라는 말입니다.

방장: 그러면 공자님께서 가르치고자 하는 말씀을 한마디로 말하면 무어라 하시겠습니까? 누가 대신 말하셔도 좋겠군요.

석가: 제가 들어본바 공자님은 효와 예를 따르라는 제례(祭禮) 교육 같습니다. 사람이 먼저다~라고 할 때 그 먼저라는 말뜻은 인간 됨됨이라 할 것이고 됨됨이란 효도가 첫째인 것 같습니다. 부모를 알면 위로 하늘도 알 기초가 되니까요.

소크라테스: 공자님의 가르침은 사서삼경의 윗자립니다. 2025년 오늘 2,397살이 되는 맹자보다 179살 연장자시므로 논어 맹자 순으로 볼 때 맹자도 공자님의 가르침이 기초가 되기도 했다고 보이는데 그럼 공자님의 가르침이란 한마디로는 무엇이냐… 미안하지만 초록인지 연초록인지 진초록인지 가린다는 것은 어렵습니다. 공자님 뭐지요? 한마디로는?

공자: 정작 저는 못 가립니다. 시편(詩篇) 150편 등에서 한 사람 다윗이

40여 편을 썼다던데 그 시를 쓴 시인에게 100편에서 1편만 뽑으라 하면 글쎄요…. 하하

소크라테스: 그럼 제가 뽑겠습니다. 아니 아니, 이건 제가 뽑은 것이 아니고 인공지능 AI가 뽑은 겁니다. 공자님 가르침을 한마디로 말하라면? AI 왈…, "공자의 가르침을 한마디로 요약한다면, '인(仁)'이라고 말할 수 있습니다. 이는 인간의 본질적인 선함, 즉 사랑과 배려를 실천하는 것을 의미하며, 공자가 강조한 가장 중요한 덕목입니다."

공자: 아, 하하하 하… 낄낄낄 ㅋㅋㅋ~~ 큭큭~~ 아, 이거 경망스레 웃어 죄송합니다.

방장: 아, 네네. 하하 괜찮습니다. 저도 웃습니다. 진심으로 감사합니다. 그럼, 오늘 여기까지로 마치고 푹 쉬신 후 모레 월요일 아침 다시 모시겠습니다. 고맙습니다~~.♡

[상상토론] 인류4대성인 제6회
2025.6.16.월요일

소크라테스편-1

방장: 성인 스승님들, 오늘도 귀한 말씀 토론으로 나눠 주시기 바랍니다. 지난 닷새에 걸쳐 석가모니 부처님과 공자님까지 주제토론을 하셨고 오늘은 소크라테스 선생님의 주도권토론부터 시작하겠습니다. 바로 시작해 주십시오.

소크라테스: 네, 소크라테스입니다. 우리가 모인 첫날 자기소개를 하면서 연장이다 연하(年下)다 할 때 저는 듣기만 했습니다만, 제가 최연장자인 것 같습니다. 그러나 나이가 크게 중요하지 않지만 저는 올해 계산하기에 따라서는 2,594살이라 석가세존이나 공자님보다도 연장이기는 하나 별 의미는 없습니다. 저를 스승으로 따른 플라톤도 부처님보다 연장이에요. 역시 중요하지 않아요. 중요한 것은 후학(제자)입니다. 얼마나 많은 지식을 쌓고 남겼느냐보다는 얼마나 많은 제자를 길러냈느냐에서 볼 때 저는 하위입니다.

공자: 예? 그러나 위아래 상하는 매우 중요합니다. 요즘 위아래가 없어지는 세월은 동물의 세계입니다. 사람이 짐승과 다른 것의 대표적인 것이 부모를 알고 조상 알듯 위아래를 아는 거니까요.

석가: 와, 역시 공자님다운 말씀이군요.

공자: 상선낙수(上善若水)나 요산요수(樂山樂水)나 물이 위로 흐르지 않는

것은 하늘의 이치고 거슬러지지도 않습니다. 사람은 그래야 올바른 사람이에요.

무함마드: 역시 공자님의 말씀입니다. 이게 무너지면 인간도 무너지고 멸망하게 돼 있어요. 다행히 우리 인류는 이 중요한 上下를 무너뜨리지 않았고 지금도 그렇게 합니다.

소크라테스: 아, 네네. 그럼 먼저 이 토론회를 열어 주신 세종퇴비글방과 천광노 방장님께 다시 한번 감사하다는 말씀을 드립니다. 흘리는 말로 하는 감사가 아닙니다. 특별히 감사하다는 말입니다.

석가: 하하 공자님도 아닌데 뭘 그리 예를 차리십니까? 알았으니 바로 시작하셔도 되겠습니다.

소크라테스: 석가세존님! 그 무슨 말씀을… 그렇지 않아요. 특별감사라고 하는 말은 일반명사로 그냥 차리는 예의하고 다릅니다. 다른 것이란 질의응답 방법 토론식이라고 하는, 이 같은 형식은 처음 누가 했지요? 이런 질의응답 토론은 제(소크라테스)가 인류 최초였을 거예요. 이건 물증이 많습니다. 제 사상과 철학이라는 대전제에는 질문하고 답변하는 답문식 대화가 주류입니다. 일방적 강의가 아니에요. 강사는 없습니다.

주강사 보조강사 특별초대 연사도 없습니다. 강의하면 누가 듣나요? 듣기야 듣지만 천 명이 들어도 몰라요. 그렇다고 나중에 물어보라는 포럼이 있던데 토론과 포럼은 다릅니다. 방장님! 이거 나한테 배운 거예요? 하하

방장: 아, 죄송합니다. 대스승님께서 답문식을 하셨다는 것은 오늘에야 처음 지금 알았습니다.

소크라테스: 아~ 그래요? 거참 신기하네.

방장: 아이들 가르칠 때 한 10여 년 이렇게 하였고, 이번 글쓰기공부방도 문답식입니다.

소크라테스: 아니, 진짜 스스로 이렇게 하겠다고 터득한 겁니까? 참 신통하군요. 당연히 나한테 배웠구나 했더니….

공자: 아, 그럼 소크라테스 선배님은 BC 500년부터 이렇게 하셨단 말씀입니까? 애초부터 무슨 강의라는 것은 없었군요. 전부 질문하고 답하는 건가요? 그럼 누가 답합니까?

소크라테스: 원탁에 둘러앉아 누구나 묻고 아무나 답합니다. 묻는 사람은 조금이라도 아니까, 또는 많은 관심이 있어 생각을 오래 해 꽤나 알지만 문(文)이 열리지 않아 문(門)이 닫힌 겁니다.

하여 알고 싶은 것이 많아요. 알고 싶은 게 많으면 먹고 싶은 것도 많다는 말이 있습니다. 누가 답하느냐고요? 누구나 합니다. 저도 질문합니다. 위아래는 없습니다. 유 · 무식은 사람마다 실존합니다. 무식한 사람도 아는 것이 있고 유식한 사람도 모르는 것이 있습니다. 아참, 어제죠? 공자님이 똑같은 말씀 하셨지요?

아는 것은 안다 하고 모르는 것은 모른다 하는 것이 아는 것이다~~. 저는 깜짝 놀랐어요. 정작 그렇게 하면서도 저는 그런 말을 못 하고 죽었습니다. 공자님은 위대하십니다.

공자: 어허. 그 무슨 말씀을. 저는 모르는 것이 아는 것에 천배 만배나 많습니다. 그런데 안다는 사람은 대개 모르는 것을 안다고 떠벌립니다. 자세히 물어보면 거죽만 알지 속은 몰라 대충 아는 것을 뽐냅니다. 모르는 것을 모른다고 하지 않으면 무식한 사람입니다.

석가: 자자~ 소크라테스 선생님, 그럼 선생님의 사상과 철학이란 무엇인가요. 토론은 듣고 묵상에서 깨우침이 나오는 것이므로 잘 듣고 싶습니다.

소크라테스: 제가 제 입으로 말하며 토론이라 했지만 오늘은 모두 모시고 배워야 할 스승님들이시라 제 입으로 저를 말하기는 낯이 붉

어집니다.

공자: 아닙니다. 우리가 소크라테스 선생님 제자들처럼 묻지를 못하니 강연식으로 하셔도 됩니다.(강연, 강의, 연설 다름)

소크라테스: 하여 저에 대한 현대의 평가를 인공지능이 쓴 글이 많아 그 글을 옮겨 보겠습니다.

※ (인용): 소크라테스, 그는 지혜를 사랑하는 마음으로 정의 · 절제 · 용기 · 경건 등을 가르쳐 많은 청년들에게 큰 감화를 끼쳤으나, 소크라테스의 명언 중 유명한 것은 〈나는 나 자신이 아는 것만 안다〉입니다. 이 말은 자기 자신의 무지를 인정하고, 지속적인 탐구와 성찰의 중요성을 강조하는 말입니다.

공자: 아니? 제가 한 말과 거의 같네요. 아는 것은 안다 하고 모르는 것은 모른다 하는 것이 아는 것이다~. 이 말이 그 말 아닙니까? 하하

소크라테스: 그렇군요. "안다는 것만 안다"와 같은 말이군요. 하하

석가: 잘 듣습니다. 소크라테스 선생님, 계속하시지요.

소크라테스: 예. 그러겠습니다. 그런데 이런 질의문답식 가르침이 수백 천 년 내내 묻혔습니다. 학생들이 하기는 한다는데 못 미칩니다. 게다가 일본이 상의하달 주입식 일방적 강의 형식으로 하더니 한국도 그게 잘하는 줄 아나 본데 그건 낮은 초등교육 수준입니다. 전문교육은 자기가 묻는 것입니다. 세종퇴비글방 방장이 이렇게 하시니 방장님께 다시 한번 묻겠습니다. 왜 이렇게 하는 거지요? 정말 나한테 배우셨나? 껄껄….

방장: 아, 죄송합니다. 그땐 몰라서 스승님께 배운 것은 아닙니다. 책을 읽다 보니 제 옆에 쓴 사람이 있으면 꼭 물어보고 싶은 게 튀어나옵니

다. 꼭 알고 싶은 건데 책은 말을 않고 자기 말만 합니다. 하여 초등생들을 가르치면서 눈높이를 맞춘다고 물어라~, 제발 물어~, 물으라니까~ 하고 질문을 시켰어요. 아이들 수준이 어떻고 무엇을 가르치는 것이 효과적인가를 생각하다 12년 전부터던가? 얼마 안 됐어요.

소크라테스: 허허 참. 몇천 년 전에 내가 했던 방법을, 그것도 직접 배우지도 않고, 참 잘하셨습니다. 이게 좋아요.

방장: 아, 네네. 대스승님 감사합니다. 이제 정말 제대로 알았습니다.

자, 그럼 이제 또 쉬셔야 하니 오늘은 이쯤에서 마치고 내일 다시 일곱 번째 날에 다시 모시겠습니다. 감사합니다~~.♡

[상상토론] 인류4대성인 제7회
2025.6.17.화요일

소크라테스편-2

방장: 벌써 일주일이 넘었습니다. 불편하신 곳에 모셔 죄송하지만 모처럼 오셨으니 오늘도 귀한 말씀 듣는 토론회 시작하겠습니다. 어제에 이어 소크라테스 스승님 바로 시작해 주십시오.

소크라테스: 감사합니다. 그러면 어제 인공지능이 이 사람을 어떻게 말하는가 말씀드리던 말씀 계속하겠습니다.

※ (인용): 소크라테스의 철학은 질문과 대화를 통해 이뤄졌으며, 이를 소크라테스 방법이라고 합니다. 이 방법은 상대방의 주장을 비판적으로 분석하고, 논리적인 결론을 도출하는 과정을 포함합니다.

공자: 말씀이 좀 어렵다는 글벗도 있지 않을까 생각됩니다. 하지만 저는 잘 알아듣습니다.

소크라테스: 아, 예예. 아무튼 하던 말씀 계속할게요. 얼마 남지 않았습니다. 이제부터는 저의 죽음에 대한 설명입니다.

※ (인용): 소크라테스는 신화를 무시하고 청년들을 부패시킨다는 혐의로 고발되었습니다. 그는 자신의 신념을 굽히지 않았으며, 결국에는 독

약을 마시고 사망하게 되었습니다. 그는 철학자로서 자신의 철학과 신념을 지키기 위해 죽음을 택했습니다. 그의 죽음은 철학자로서의 책임과 정직함을 상징합니다.

무함마드: 선생님, 아니, 대스승님, 그런데 어째서 스승님의 제자는 부처님 제자와 비교도 안 될 정도로 적을까요. 검색을 해봐도 모른다 하고 10,000여 명이라고만 떠요. 진실은 무엇입니까?

소크라테스: 아, 그건…. 음… 아까 불교인이 5000,000,000명이라고 할 때 듣기만 했습니다만 늦게 오신 예수님의 제자라 할지 성도들 숫자는 27억이나 된다고 합니다. 인류 82억에서 27억 명이면 거의 30%가 기독교인이거나 가톨릭신자라는 말이거든요. 세 명 중 한 명인가요? 정확하게는 33%나 됩니다. 저렇게 듣기만 하시니 다음 언제 여쭤보려고 해요. 그건 그렇고, 저는 종교가 아니라 학문이에요. 종교와 학문이 무엇이 다른지는 다들 아시지요? 학자들이 1만 명이라면 1만 명의 가르침을 받는 학동은 잘 모르지만 1인당 얼마일까요?

방장: 네, 그것은 40년 교사로 있었거나, 제가 현재 살아계신 분 중 스승님으로 모시는 도한호 전 침례신학대학교 총장님의 예를 들면 직 · 간접 가르침을 받은 제자(목사)의 숫자가 5,000명쯤 되는 것으로 압니다. 5,000명 목사 제자가 1,000명의 신도가 모이는 교회에서 성경을 가르친다면 50,000,000명인가요? 정확한 숫자는 모릅니다만.

석가: 아니, 그럼 소크라테스 선생님은 10,000명이 10,000명이면 1억 명입니까? 세월이 흐르면서 서양철학을 배우기를 수천 년 반복되었다면 와~~ 이게 얼마죠? 27억도 넘겠는데요. 그러니 저보다 훌륭한 분들이 많으신 거군요. 5억도 저리 가라 아닙니까?

소크라테스: 아, 아닙니다. 부처님의 가르침은 2,500년간입니다. 배우고 죽은 불제자까지 합하면 상상 불가 숫자 같은데요?

공자: 교회나 사찰이나 한국에 많은 서원이나 향교도 마찬가집니다. 몇 명이나 모이느냐부터 따지고 묻기도 하던데 그건 허울입니다. 사람 숫자보다 중요한 것은 내실(內實)입니다.

바로 오늘 토론회 현수막처럼 사람답게 사는 삶을 제대로 배워 행하는 사람이 과연 몇이냐고 하는 실속이 중요합니다. 그러므로 따르는 제자니 몇 명이니 이런 건 우리 수준에는 의미도 없고 맞지도 않습니다. 진부(眞否)의 잣대는 내실(內實)이 아니겠습니까?

예수: 참 좋은 말씀들을 하십니다. 백이다 천이다 백억이다 소용없습니다. 저는 포도나무가 아무리 커도 열린 포도가 없으면 잘라 불사르고 하는 말도 했습니다. 중요한 것은 뼈대와도 같은 삶의 본질 질성(質性)의 문제라고 봅니다.

공자: 아, 그 말씀 듣고 보니 문득, 그럼 소크라테스 선생님께서 토론식으로 찾은 알맹이가 뭐죠? 그걸 못 들었군요.

소크라테스: 먼저 철학(哲學)이 무엇인지 길게 하지 않고 아주 빠르게 말해 보겠습니다. 쉬워요. 철학이 뭐냐… 〈세상의 옳고 그름이 무엇인지를 탐구, 판별하는 것이 철학〉입니다. 쉽지요? 옳으냐 그르냐… 하지만 옳고 그름을 판단하는 기준이 어렵습니다. 어떤 이는 부모, 교사, 교수, 박사, 다 틀렸습니다. 그럼 누가 옳다고 하면 진짜 옳은 것일까요? 누가 답변해 보시겠어요?(침묵)

방장: 아시면서도 답을 안 하시는 것 같아 제가 하면, 저는 그분이 누구냐에서 천지창조자이며 인간을 창조한 분이 옳다면 옳고 그르다면 그르다고 보거든요.

소크라테스: 그분이 누굽니까? 공자 맹자 석가 아니면 여기 오신 예수 선

생입니까? 내가 알기로는 예수 선생은 창조된 세상에 오신 분이므로 그도 아니지 않나… 그래서 저는 철학보다 어려운 것은 없다고 봅니다. 답은 저도 모른다 하는 수밖에 없습니다.

석가: 소크라테스 선생님, 그러지 말고 아시는 대로 말씀해 보세요. 오늘도 또 마칠 때가 되어 갑니다.

소크라테스: 먼저 반성하지 않는 삶은 살 가치가 없다는 말씀부터 드리고요, 자신이 올바름 자체를 안다고 생각하지 않고, 올바름을 찾아가는 과정에서 자신에게 옳지 않다고 판단되는 것을 피하되 지금까지 말한 대화가 중요합니다. 토론 말입니다.

수준 낮은 초중고 대학 말고, 교수 박사도 말고, 오늘처럼 위대하고 뛰어난 석학을 넘는 성인들과의 오늘 같은 대화 말입니다. 그러므로 묻고 답하다 보면 부처님 말씀처럼 깨달음이 오는 것이 철학으로 맺힌다고 봅니다. 가령, 한번은 고위급 장군이 왔습니다. '용기'가 무엇인지 확신하고 있는 그 장군과 대화를 시작했어요. 그 장군은 저(소크라테스)하고 20분 정도 대화한 후에, 자신이 알고 있던 '용기'에 대해 완전히 모르는 상태인 혼돈에 빠진다 하는 것을 보았습니다. 바라기는 제 말을 듣고 혼돈에 빠지지는 않으시기를 바랄 따름입니다.

공자: 아하, 네~. 그러면 마치는 말씀 들어 볼까요?

소크라테스: 덕이 곧 지식입니다. 즉, 덕은 지식에 바탕을 두고 있으며, 지식을 통해 덕을 실천할 수 있다는 말씀입니다. 지혜, 용기, 절제, 정의 등은 덕이 중요하고, 이러한 덕을 실천하는 것이 행복한 삶의 조건이라고 봅니다.

방장: 아, 네네. 네, 정말 수고 많으셨습니다. 갈수록 감동입니다. 많은 것을 배웠다기보다 많은 생각을 하게 되었습니다. 생각이 깊고 많아

지면 뭔지 아는 것이 있다고 보면서 오늘 여기까지 하고 내일 다시 계속하겠습니다. 감사합니다. 편히 주무세요~.

[상상토론] 인류4대성인 제8회
2025.6.18.수요일

무함마드편-1

방장: 성인 스승님들, 밤새 안녕들 하셨어요? 불편하시면 언제 어떤 문제든 방장이나 운영위원들에게 꼭 말씀해 주십시오.

2주간 12회에 걸쳐 진행하는 질의응답형 토론회도 절반이 지났습니다. 어제까지 소크라테스 선생님의 주제토론을 마쳤지만 끝나지 않으셨습니다. 매회 질문하셔야 하고 혹은 빠진 질문에는 답도 하셔야 합니다. 그럼 다음 주제토론은 예수님이시지요? 시작… 해….

소크라테스: 아, 방장님~! 그에 앞서 무함마드 선생부터 하시라 하면 어떨까요? 본인이 듣기만 하고 질문만 한다고 하셨지만 그것은 좀 아닌 것 같습니다. 그 멀리서 오셨고 특히 무함마드 선생님 쪽 이슬람교는 신도 수가 22억이나 됩니다.

무함마드: 네, 저는 안 해도 괜찮습니다. 여쭈어보는 질문만 하는 것도 과분합니다.

공자: 아하, 과공비례(過恭非禮)라, 지나치면 아니함만 못하다 하는 겁니다. 1,455살 나이면 가마득한 연륜이 있으실 것이고 특히 무슬림인가 하는 이슬람교도가 22억이라고 하는 것은 저나 소크라테스 선생이나 여쭙고 들어 유익한 말씀이 많을 것입니다. 방장님, 하라고 하시지요.

석가: 저도 찬성입니다. 5억 우리 불제자들이 어찌 듣든지 22억의 신도를 거느린 무함마드 선생 말씀 들을 기회가 또 언제 오겠습니까. 방장님, 그리하세요.

방장: 네네. 알겠습니다. 하고 버릴 말이 있고 듣지 말아야 할 말이 있다고 하여 저는 초등생들에게 우리의 교훈처럼 "아무거나 보지 말고 아무거나 듣지 말고 들을 것만 듣고 볼 것만 보자~"고 다 같이 외치라고 가르친 일이 있는데 그럼 더는 사양하지 말고 무함마드 선생님, 주제토론 하시기 바랍니다. 시작해 주세요.

무함마드: 황송하고도 감사합니다. 고맙습니다. 모두 위대한 스승님들 앞에 연소하지만 재롱 잔치 하는 마음으로 해보겠습니다.

공자: 하하 또 또 또 과공은 비례라도 또 그러시네요. 우리는 무함마드 선생의 제자 된 자세로 듣고 질문도 하겠습니다.

무함마드: 아, 알았습니다. 예예. 예. 그럼 질문보다 첫날 드렸지만 제 소개 말씀부터 다시 하겠습니다. 저는 사우디아라비아 메카에서 태어났습니다.

메카는 '마카'의 라틴어 표기가 전해진 것이며, 쿠란에서는 (바카)라고 부르고 그 외에 베카 등 여러 가지 다른 표기가 있었으나, 현대에 들어 사우디아라비아 정부가 '마카'로 정식 명칭을 통일했어요. 제가 태어난 1,455년 전 한국은 백제 27대 위덕왕(554~598) 시대입니다. 또 고구려 570년에는 대 왜 사신을 한 번 보낸 기록이 있고 가야는 왜와 한반도 사이에서 중개 무역을 통해 독립을 유지하려 노력했던 바로 그때입니다. 스승님들에 비교하면 안 됩니다. 어리지요? 하하

소크라테스: 아, 듣다 보니 그때 중국은 제2대 양세종(梁世宗) 효명황제(孝明皇帝) 소규(蕭巋) 천보(天保) 562~585년 사이입니다.

어린 효명황제를 대신해 섭정한 영태후는 정치를 하면서 불교에 심취해 전국에 사탑을 건립하여 재정을 어지럽혀, 국내에 도적이 봉기하고, 그동안 누적된 한화 정책에 대한 선비족의 불만은 523년 6진의 난을 초래하여 북위 멸망의 원인이 되었다, 알고 있는데 맞아요?

공자: 중국인인 저보다 더 잘들 아시네요. 그럼 무함마드 선생님께 묻겠습니다. 이슬람 교인은 유일신으로 누굴 믿습니까?

무함마드: 알라신입니다. 알라… 자주 들으시지 않았나요? 알라는 유일신입니다. 알라는 이슬람교의 유일신을 지칭하는 아랍어 단어입니다. 알라는 이슬람 신앙의 중심이며, "알라 외에 다른 신은 없다"는 신앙고백은 이슬람의 핵심 신조이자 믿음입니다.

석가: 아니, 그럼 무함마드 선생님은 누굽니까?

무함마드: 예. 저는 신이 아닙니다. 저는 이슬람(교)의 창시자이자 이슬람의 성서인 '꾸란(코란 · 쿠란)'의 선포자였습니다. 저는 메카에서 태어나 메디나에서 사망할 때까지 평생을 현재 사우디아라비아에서 살았습니다.

소크라테스: 경전 꾸란? 불경 같은 건가요?

무함마드: 이슬람 정경인 꾸란은 무슬림들이 신(알라)으로부터 직접 받은 계시 문헌입니다. 114개의 장(수라)으로 구성되어 있으며, 각 장은 여러 구절(아야)로 나뉘어 있습니다. 꾸란은 이슬람 신앙과 생활의 근본적인 가이드라인을 제공하며, 무슬림들의 삶에 중요한 역할을 합니다.

공자: 아하, 쉽잖이 어렵네요. 읽어보지 않고 말씀만 들으니 가뭇가뭇합니다. 아무튼 여쭤볼게요. 꾸란이 이슬람 정경이라 하셨는데 우선 알라신에 대하여 좀 들어볼까요?

무함마드: 꾸란은 알라의 계시이며, 저(무함마드)와 가브리엘 천사를 통해 전달된 아랍어 원문입니다. 알라의 최종 계시로 믿으며, 꾸란을 읽고 암송하는 것을 중요하게 생각합니다.

소크라테스: 또 물어볼게요. 그럼 알라는 어떤 분입니까. 아니, 어떤 신(神)입니까?

무함마드: 질문 잘 하셨네요. 알라는 유일신입니다. 우리는 알라가 아닌 어떤 신(神)도 신이라 하면 안 됩니다. 알라는 크게 두 가지는 반드시 알아야 합니다. 첫째는 유일신이시고, 둘째는 전지전능(全知全能) 모든 것을 다 아시고 못 하시는 것이 없습니다. 그러므로 전지전능한 알라신을 경배해야 합니다.

공자: 또 있어요?

무함마드: 이슬람에서는 알라를 '하나님'으로 번역하기도 하지만, 알라를 기독교의 하나님과 같은, 동일한 신으로 여기는 것은 아닙니다. 꾸란에서는 기독교와 유대교의 신이 같은 신이라고 명시하고 있지만, 알라가 기독교의 하나님과 동일한 신이라고 보지는 않습니다.

소크라테스: 아하, 그럼 무함마드 선생님은 신은 아니시군요.

무함마드: 맞습니다. 저는 알라를 알리는 사람이지 신이 아닙니다. 저는 알라가 아니라 이슬람교를 창시하여 알라를 모시도록 하는 일을 하였습니다. 한말씀 더 드리면 우리 이슬람은, 이전에 있었던 유대교, 기독교를 보완하는 신의 가르침으로써 이슬람의 존재를 규정하기 때문에, 한편은 이슬람에서의 신(알라)은 유대교 및 기독교의 야훼를 지칭한다고 봐도 돼요. 또 알라는 6일 만에 천지를 창조했으며, 언젠가 최후의 날에 전 인류를 죽음에서 부활시켜, 최후의 심판을 관장한다고 믿습니다.

방장: 네네. 스승님들 잘 듣고 잘 배웠습니다. 감사 말씀 올리고 오늘은 여기까지 하고 내일 또 모시겠습니다. 감사합니다.

[상상토론] 인류4대성인 제9회
2025.6.19.목요일

무함마드편-2

방장: 밤새 편안하셨습니까? 어제에 이어 성인 스승님들의 토론 아홉 번째 시작하겠습니다. 거듭 진심으로 감사의 말씀 드리면서 어제에 이어 무함마드 선생님, 계속하실까요?

무함마드: 아, 예예. 그런데 저의 주도권토론은 거의 마친 것 같거든요.

소크라테스: 아닙니다. 여쭤볼 말이 있어요. 이슬람 하면 시아파와 수니파가 있고 지구촌 전 인류가 걱정하는… 말하기 좀 불편한 말인데 그 왜 국제평화와 안정에서 우려하는 사람들이 있지 않습니까. 그들은 누구이며 왜들 그럽니까?

무함마드: 아, 네. 그렇습니다. 수니파 시아파 대립은, 많이 부끄럽지만 이 두 파는 다른 점들이 있지만, 가장 중요한 것은 저의 후계자 문제와 그에 따른 정치적, 종교적 권위의 차이 문제입니다.

짧게 말하기 어려운데요, 이슬람교의 수니파와 시아파라는 두 종파의 주요 차이점은 저(무함마드)의 후계자 문제, 즉 '할리파(칼리파)'를 누구로 보느냐 하는 문제예요.

석가: 그렇다고 싸움까지 합니까? 종교전쟁이라고도 하던데.

무함마드: 그러게 말입니다. 근본 뿌리는 성경의 가나안복지가 하나님이 예비한 기독교인들의 본향이라며 오래전 애굽에서 나와 이미

정착 중인 우리 땅을 수천 년 만에 점령해 들어보면서 시작된 것이지만 수천 년 전까지 가면 너무 길어 이건 줄이고요,

대표적인 수니파 국가로는 사우디아라비아, 이집트, 파키스탄 등이 있고, 시아파는 세계 무슬림의 약 10~20%를 차지하며, 이란이 종주국입니다. 이란 외 이라크, 레바논 등이 있어요.

석가: 그러면? 시아파는 무엇이고 수니파는 또 뭡니까?

무함마드: 시아파는 저의 사촌이자 사위인 알리를 저(무함마드)의 후계자로 보고(약 4억 명), 알리와 그의 후손들만이 정당한 지도자라고 생각합니다.

수니파는 공동체(자마아)가 선택한 할리파를 인정하며, 저 무함마드의 언행인 '수나'를 중요하게 생각합니다. 세계 무슬림의 약 80~90%를 차지하고요, 사우디아라비아가 종주국입니다.(약 15억여 명) 그 외 수니파 국가로는 이집트, 파키스탄 등이 있습니다.

공자: 왜 예(禮)를 무시하여 내분(內分)이라 할지 두 파는 왜 충돌하는 거지요?

무함마드: 그러게 말입니다. 선대 스승님들 앞에 부끄럽습니다만, 그 갈등은 말씀드렸듯 이슬람교의 후계자 문제로 발생한 분쟁이 원인입니다. 제가 후계자를 지명하지 않고 사망하면서 수니파와 시아파는 각기 다른 방식으로 후계자를 선출해야 한다고 주장했습니다. 수니파는 〈이슬람 공동체 내에서 가장 적임자를 선택해야 한다〉고 주장하는 반면, 시아파는 〈저(무함마드)의 혈통(피)을 이어받은 '알리'를 후계자로 지지〉했습니다.

이 외에도 시아파는 알리와 그의 자손을 '이맘'이라고 숭배하고, 저의(무함마드) 정식 후계자로 여기며, 수니파가 이들을 인정하지 않는다는 점에서 갈등이 심화되었습니다.

소크라테스: 그만하셔도 알 만합니다. 무함마드 선생님 의지로 풀릴 일도 아니게 보이니 말입니다.

무함마드: 아, 괜찮습니다. 조금 더 말씀드릴게요. 사상 및 신앙을 보면 시아파는 제 사위 알리를 이슬람의 정통 후계자로 여기고, 알리와 그의 후손을 신성시하는 반면, 수니파는 이들을 숭배하지 않습니다. 이로써 갈등의 배경이 됩니다. 저의 후계자 문제 역시 사망 후 후계자를 지명하지 않으면서 발생한 분쟁이 뿌리라는 말씀은 드렸고,

종파 차이를 보면 수니파와 시아파는 이슬람교 내에서 서로 다른 종파적 신념과 가치를 지니고 있습니다. 이로써 정치 및 사회적 영향으로 커져 시아파는 수니파에 비해 정치적, 사회적 영향력이 약한 경우가 많고, 일부 시아파 단체는 급진적인 저항운동을 펼치기도 합니다.

결국 이란(시아파)과 사우디아라비아가 대립으로 번져 시아파의 핵심 국가인 이란과, 수니파 국가인 사우디아라비아가 장기간 갈등을 겪고 있으며, 이는 수니파와 시아파의 갈등을 심화시키기도 합니다. 게다가 수천 년이 지난 후 애굽에서 돌아와 떠돌던 '디아스포라'라고도 하는 기독교인들(이스라엘)이 중심국 자리를 잡으면서 국제문제로까지 뒤엉켜 아주 복잡해졌습니다.

공자: 거참, 알라신의 존재를 가르쳐 유일신으로 이끈 무함마드 선생님을 받들어 모셔야 할 후대들이 충돌하다니 선생님 마음이 얼마나 아프실지 알 만합니다. 듣다 보니 괜한 말씀으로 불편하게 한 것 같아 글방 가족들에게도 미안하군요.

석가: 맞아요. 지난 주말에는 이스라엘이 이란을 불시에 공격했지요? 그건 수천 년 묵은 감정인가요? 아니면 미국이 뻗친 손길인가요? 대체 왜 그럽니까?

무함마드: 머리 아픈 말씀입니다. 이란이 핵을 보유하는 걸 막자는 뒷손이 움직인 건데도 애매합니다만 자꾸 사람이 죽어가니 걱정입니다. 공자 스승님, 꼭 그렇지만도 않지만 괴롭습니다.

가슴이 막힌 듯해도 어디 가 누구에게 말할 수도 없고 말한들 잘 듣지도 않을 건데 오늘 스승님들 앞에 속을 털어내니 저는 앓던 속이 다 후련합니다.

소크라테스: 하하 이럴 수도 있군요. 그럼 막힌 숨통을 빵 뚫는다 치고 더 하고 싶은 말은 더 없어요? 있으면 이참에 마저 하시지요.

무함마드: 네네. 감사합니다. 이 갈등은 초기 이슬람 공동체의 내부 분열로 시작되어 현재까지도 이어지고 있으며, 중동 지역의 정치적 혼란과 내전을 심화시키는 요인으로 작용하고 있습니다.

공자: 그래서 중동전쟁도 나고 급진세력들이 큰 사고도 친다는 거예요?

무함마드: 그렇습니다. 하여간 이제 다음까지만 말씀드리겠습니다. 수니파와 시아파 간의 갈등은 중동 지역에서 여러 내전과 테러를 야기했습니다. 이슬람 국가연합(IS)과 같은 테러 조직은 수니파와 시아파 간의 갈등을 악용하여 세력을 확장하고, 이 지역의 평화를 더욱 위협하고 있습니다. 또 수니파와 시아파 간 갈등은 종교적 분열을 심화시키고, 서로에 대한 적대감을 증폭시키고 있는 데다가 이스라엘까지 뛰어들었습니다.

특히, 이슬람 문화권 국가들에서는 수니파와 시아파 간의 갈등이 종종 표면화되어 사회적 혼란을 일으키기도 합니다. 그러다 보니 국제적인 문제로 확대되어, 중동 지역의 안정과 국제평화에 영향을 미치고 있습니다. 미국과 같은 서방 국가들이 이 갈등에 직·간접적으로 개입하면서 상황이 더욱 복잡하게 만들어지기도 했습니다.

정치적 불안정, 내전, 테러, 종교적 분열 등 다양한 문제를 야기하며, 국제적인 영향력도 미치고 있습니다. 이 갈등은 아직 해결되지 않은 상태이며, 앞으로도 중동 지역의 평화를 위협하는 주요 요인으로 작용할 가능성이 있습니다.(일부 인용)

방장: 아, 네네. 무함마드 선생님, 오늘 토론으로 인해 상처를 더 키워드리지 않았나 걱정됩니다만 오히려 시원해하시는 듯하여 고맙습니다. 또 늦었군요. 그럼 오늘 편히 주무시고 내일은 예수 선생님 주도권토론으로 다시 모시겠습니다. 감사 말씀 올립니다.

[상상토론] 인류4대성인 제10회
2025.6.20.금요일

그리스도 예수편-1

방장: 벌써 열 번째 날입니다. 어제까지 무함마드 선생님이 주도권으로 진행한 토론을 통해 인류의 미래에 가장 우려되는 전쟁문제를 누가 어찌 끊어줄지 스승님들도 걱정하셨습니다.
강제로 "이리 와 내 말 좀 들어봐라~~." 이래서 될 일도 아니지만 일단 성인 스승님들의 말씀을 들어보니 이 시대에 스승님들 같은 그 누가 확 풀어냈으면 하는 마음뿐입니다. 걱정과 우려되는 측면이 있다는 건 소제(小第)의 생각이니 의미는 없고요.
자~ 그러면 이제 10회와 11회 이틀에 걸쳐 예수님이 주도권과 주제토론 하시겠습니다. 자, 그럼 예수 스승님, 짧게 자기소개와 주제발표부터 시작해 주십니다.

예수: 부처님처럼 제 이름도 여럿이군요. 현대어로는 그리스도, 예수, 임마누엘 이렇지만 구명(舊名)은 야훼, 여호와, 아도나이 엘로힘 엘리 여럿입니다. 소개는 예수라 하겠습니다. 제 나이는 2,025살입니다. 인간력으로 보면 여기 다섯 분 중 마호메트 바로 위 넷째입니다만, 진실 저는 사람이면서 영(靈)이기 때문에 사람의 숫자 수사(數詞)로 말하는 그런 나이는 없습니다.

무함마드: 예수 선생님을 여기서 뵙다니 반갑다 할지 유감이랄지 심사가 복

잡합니다. 아시듯이 이슬람은 예수님을 삼위 중 한 분 성자로 믿지 않아요. 하나님은 단 한 분 알라이시고 예수 선생은 저와 같은 선지자 예언자 하나님을 알리는 사람으로 보고 성령 잉태나 부활 이런 것은 인정하지 않으니까 양해 부탁드리고 말씀은 듣겠습니다.

예수: 하하 아직 인사례(禮)도 안 치렀는데 말씀이 앞서신다고 들립니다만 괜찮습니다. 하하

석가: 어허. 그런데 사람도 아니라는 건가요? 나이도 없어요? 영(靈)이라니 영이 뭡니까. 혹 깨달음으로 아는 성불(부처)입니까?

공자: 아니, 부처(性佛)라면 말로 설명이 어려워 국어사전에는 '어렴풋하다'라고밖에 번역을 못 하던데 예수 선생님도 그림지치럼 이렴풋한 분입니까? 하하

소크라테스: 서양철학에서 말하는 '영(spirit)'은 인간의 본질, 의식, 정신적 성질, 또는 신적인 존재를 의미하는 다양한 개념으로 이해됩니다. 특히, 동지 플라톤이 말한 영혼이 불멸이며 육체와 분리될 수 있다는 생각은 서양철학에 큰 영향을 미쳤거든요. 오늘 말로만 듣던 예수님을 만났으니 그럼 성경 신약에 나오는 바로 그 임마누엘(구원자) 하나님이 예수님이시라는 말씀인지 들어봅시다. 지구가 뒤집어질 소리를 하시네요.

무함마드: 제 말이 그 말입니다. 알라신은 세상에 없거든요. 잘못 들은 건지… 우리 알라신은 이슬람의 알라 신(神), 즉 하나님은 누군가가 낳은 것도 아니고 태어난 존재가 아닌, 또 성별조차 없고 색과 형태도 없고 감정이 없는 신으로 모시고 있습니다.

아버지 같은 존재로서 마리아가 잉태하여 낳아 우리를 불쌍히 여겨 우리를 대신해 피를 흘리며 돌아가신 분과는 차원이 다르죠. 이 알라신은 잠을 자지도, 먹지도, 말도 하지 않고, 병에 걸

리지 않으며 시작과 끝도 없고 외계의 영향도 받지 않는 무형의 존재로 모시는데 오늘 말로만 듣던 예수 선생님 만났으니 여쭤보겠습니다. 선생님이 영이라니 무슨 말이지요?

예수: 인간은 영(靈)과 육(肉)이 혼재하는 존재이며 저는 영이자 인간인데, 아시듯 영이란 보이지 않지만 실존하여 인간의 눈에는 안 보이는 무형이라 영체(靈體)라 합니다. 제가 바로 그 영입니다.

석가: 아니, 지금 육체로 여기 오신 것 아닌가요?

예수: 지금은 영체가 아닌 성령체(聖靈體)로 와 있습니다. 성령체와 단순 영체는 같은 듯 다릅니다. 영은 성령과 악령(惡靈)으로 분류되나 성령은 더 분할되지 않아요. 만물의 질성에도 올 백이 있고 올 제로도 있으며 올 10도 있듯이 말입니다.

공자: 매우 헷갈립니다. 여태껏 같이 계시기에 우리와 같은 사람인 줄 알았더니 먹고 자고 똑같으시던데 그럼 이 무슨 말이시죠? 어렵습니다. 쉽게 말씀해 주세요.

예수: 네, 저는 창조함을 받은 피조물이 아닙니다. 인류 역사 수백 천만년 동안 살다 죽고 태어나 사는 사람 수는 300억인지 500억인지 계수해 보지 않았지만 그 사람들 모두는 창조함을 받은 피조물(被造物)입니다.

무함마드: ???

공자: 잠시만요. 두 가지만 질문 드리겠습니다. 첫째, 그럼 예수 선생님은 창조되지 않았나요? 둘째, 사람은 부모님이 낳습니다. 부모가 낳았어도 피조물이다~ 요런 못된 말을 씁니까?

예수: 저는 창조되지 않고 "피조물을 창조한" 여호와 하나님입니다. 무슬림이 말하는 알라이며 한국이 말하는 하늘입니다. 무슬림이야 믿든 않든 제가 천지 만물을 창조했습니다. 제가 유일신과 일체(一體)입니다. 아까 마호메트 선생이 알라라고 한 그가 바로 나입니다.

알라라 하든 야훼라 하든, 또는 하느님이라느니 하늘님이라 하든 또 그냥 하늘이라 해도 상관없습니다. 그가 뭐라고 부르든 나는 나요. 우주 만물을 창조한 것 맞아요.

두 번째 물으신 부모가 낳았다는 말은 부모의 부모 부모 부모 끝까지 올라가면 마지막에는 첫 인간 첫 부모 첫 사람을 지은 것이 내가 한 일이고 연하여 대대로 자식을 낳고 기르도록 남녀 몸을 만들어 지금 그들을 생육하게 하는 것이 내가 하는 일입니다. 하나님과 나는 삼위가 일체입니다.

무함마드: (혼잣말) 여기서 다툴 건 아니니 들어나 보자….

석가: 그럼 니도 예수 선생님이 창조한 피조물이라는 기에요? 쯧쯧~(절레절레) 이 대체 무슨 소릴 하시는지 이해가 안 됩니다.

소크라테스: 그건 저도 쉽게 납득이 안 됩니다. 예수 선생님, 이를 어쩌죠?

예수: 당연합니다. 하루 이틀에는 그렇기도(믿어지지 않기도) 합니다. 창조자와 피조물, 그리고 인간에 대하여 납득이 되려면 저의 열두 제자들만 해도 3년 걸렸습니다. 그래도 납득을 못 한 제자도 있었어요.

공자: 그럼 이제 사흘 남았는데 이로써 어떡합니까?

예수: 그 문제는 12가지를 각각 몇 개월씩 배워야 해요.

석가: 대책 없군요. 아~ 이제 끝나기 사흘 전인데 어쩌란 말입니까? 퇴비글방 가족들이 이러면 이게 뭐냐 하지 않겠어요?

예수: 요즘은 인터넷 검색이 좋아 어렵지 않습니다. 기독교의 삼위일체 하나님을 이해하면 제가 성자 하나님이라는 것을 알게 되고요. 이어서, 1) 영(靈)에 대하여, 2) 성부 하나님에 대하여, 3) 성자 하나님에 대하여, 4) 성령 하나님에 대하여, 5) 성경에 대하여, 6) 천사에 대하여, 7) 사탄에 대하여, 8) 귀신에 대하여, 9) 교회에 대하여, 10) 죄에 대하여, 11) 구원에 대하여, 12) 말세에 대하여… 백 천만 중 우

선 12가지… 이를 교리(敎理)라고도 부르는데, 기초반을 배우면 압니다.

소크라테스: 이 중에서 인간의 나이로만 보면 제가 최연장자인데 그럼 예수님은 인간의 나이 백 살이다 천 살이다 하는 이런 연령(年齡) 말고, 선생님이 말하시는 영의 나이 영령(靈齡)이라도 있다는 말씀입니까? 이해는 잘 안 가지만 뵈었으니까 여쭙는 겁니다.

예수: 아, 그건 지구령(地球齡 · 지구 나이)만 해도 50억 년이 가깝습니다. 그 위 우주령(宇宙齡)이라 할지 그건 더 깁니다.(예측 불가) 이때 인간령(人間齡)은 얼마냐?

아담을 6,000만 년 전 사람이라는 이도 있으나 아담 이전 약 300~400만 년 전부터 인간이 있었다 하고, 또 어떤 녀석은 아메바니 원숭이니 하면서 진화론(進化論)도 말하지만 창조주인 내가 그 어떤 피조물에게도 내 영을 부어준 물체나 인체는 사람만 빼고는 어떤 동물에게 일절 영을 부어준 일이 없습니다.

영육을 창조해 나눠준 스승님들 여기 누구 있나요? 없습니다. 효와 예, 도리, 깨달음, 진리, 철학은 가르쳐 전달해 주었지만 생명과 몸과 영을 준 창조주는 저뿐입니다.

석가: 납득 여부 불문하고, 그럼 뵈었으니 여쭙니다. 저는 석가모니 부처인데 제게도 영이 있습니까?

예수: 하하 지당합니다. 부처님이 아는 불체가 아니고 영체와 인체의 혼합이시었습니다.

석가: 그러면 자그마치 5억이나 되는 제자와 불교 신자들은 지금 뭘 잘못 알고 잘못 따르는 거예요? 그리고 이렇게 되면 이건 교회가 하는 전도집회 아닙니까? 말씀이 이상합니다.

예수: 아아, 석가모니 부처님~ 아, 아닙니다. 전도집회 아니에요. 부처님

이 뭘 잘못 알거나 가르치지 않아 불자들이 믿지 않아 그렇습니다. 그렇지만 부처님의 가르치심은 아주 고귀하고 소중한 인간답게 사는 반듯한 교육입니다. 전도하는 부흥회는 아니니 오해는 마십시오. 사실을 사실 그대로 말할 뿐입니다.

무함마드: 저는 가만히 듣기만 하려고 했는데 그럼 하나 여쭤볼게요. 하나님이 아니면서 삼위니 일체니 하면 타락한 천사처럼 그 죄가 얼마나 무섭고 큰지는 아시지요? 신은 단 하나 삼위(三位)도 아니고 오위(伍位)도 없습니다.

예수: 무함마드 선생, 내 걱정이 그 걱정입니다. 그 많은 무슬림들이 꾸란에 없다고 거기 쓴 것만 배워 걱정이 대신입니다. 아니라 해도 그런 것이 있고 그렇다 해도 아닌 것이 있어요. 흑백은 부인하지 못해요. 나는 백이지 흑이 아닙니다. 회색도 아닙니다. 나는 20억이 넘는 무슬림을 위하여 지금도 기도하는 성령입니다. 거긴 성령도 없잖습니까? 무슬림 꾸란을 배웠더라도 조직신학도 배우십시오. 읽고 듣고 기도해 보시라니까요. 무슬림이 메카를 향해 하루에 다섯 번이나 기도하기보다(파즈르(Fajr), 주흐르(Dhuhr), 아스르(Asr), 마그립(Maghrib), 이샤(Isha)) 매일 다섯 번 기도보다 진리의 말씀을 바로 가르쳐 배워야 합니다. 마호메트 선생은 이제 현생인이 아니지만 아셔야 합니다.

무함마드: 저는요? 우리 이슬람 신도가 이런 말씀을 들으면 엄청 혼란할 것 같은데 지금 무슨 말이신가요? 알라는 인간세계에 오시는 분이 아닙니다.

예수: 그건 좀….

방장: 아, 성인 스승님들께 말씀드리겠습니다. 제가 집중하다 보니 오늘 토론 시간이 많이 지나버렸습니다. 내일모레까지 시간이 있으니 오늘은 이쯤에서 마치려 합니다. 만찬 잘 하시고 편히 주무시고 내일 다시 모시겠습니다. 말씀 끊어 죄송하고요, 그럼 내일 다시 모시겠습니다.

[상상토론] 인류4대성인 제11회
2025.6.21.토요일

그리스도 예수편-2

방장: 어제 늦어 많이 피곤하실까 싶습니다마는 아침에 뵈오니 다행히 스승님들 모두 화색이 좋으십니다. 감사드리고요, 그럼 어제 무함마드 스승님께서 이슬람 신도가 22억이나 되는데 우리 무슬림들이 어제 하신 예수님의 말씀을 들으면 엄청 혼란할 것 같다 하시며 지금 무슨 말씀이시냐고 여쭙던데 그 질문에 대한 답변부터 시작해 주세요.

예수: 예예. 잠깐 방장님을 비롯한 세종퇴비글방 가족 여러분의 후의에 감사드리고 답변을 드리겠습니다. 먼저 22억 무슬림 형제들께 문안드리며 말씀드립니다.

혼란하실 것 없습니다. 알라라 부르든 여호와라 하든 나라마다 말이 다르고 학자들에 따라 같은 말을 다르게 말하는 것은 괜찮습니다. 어찌 말하든 창조주를 알아야 한다는 것이 핵심입니다만 창조주는 지금도 영(성령)이 되어 우리 인간을 감싸고 계십니다. 그런데 모릅니다. 이걸 모르면 바꿔야 합니다. 모르면 급합니다. 빨리 알고 모셔야 합니다.

어미 아비 부모처럼 알아야 하는데 공허하게 압니다. 핵심을 아셔야 하는 것은 부처님이나 공자님도 같습니다. 하늘이라 하든지 진리라 말하든지 인간에게는 신성(神性)이라고 하는 영성이 있어요. 그럼에도 그들이 무어라 부르든 저절로 있는 것이 자연이고 사람이라고 그릇 믿지만 않는다면 괜찮다는 뜻입니다. 다만 신령만 알고 성령을 모른다면 이제부터 배워 알면 돼요.

석가: 그러면… 허허 그러면 불제자가 교인이 되라는 뜻인가요? 이건 반칙입니다. 반칙… 도리가 아닙니다. 공자님 말씀해 보세요.

공자: 아니 아니, 그렇게 생각하실 수도 있지만 지금은 상상토론이고 우리는 현생인이 아닙니다. 피차 터놓고 말해 보라니까 글방에서 나누는 그냥 토론 아닙니까? 아참… 또 저는 뭐 신도라 할지 제자라야 82억 중 달랑 10,000명인데 이젠 거의 포기해 그런지는 모르나 순천자망(亡)이라는 말은 없거든요. 흥(興)이라 하니까요.

예수: 아, 두 분 선생님, 무슨 말씀인지 알아듣습니다. 하여 말씀드린다면, 나는 세상에 평화와 자유와 생명, 영생을 주러 왔지 불을 주고 싸우라고 온 것이 아닙니다. 인간은 모두 저(하나님)를 닮았습니다. 그렇게 창조하여 대를 잇게 했으니까요. 불자 따지고 무슬림 힌누인 부속인이고 무당이고 이단 삼단 일절 따지지 않습니다. 그건 인간들의 극단성, 조급성, 악성, 분리성에서 연유한 그릇된 현상입니다.

무함마드: 그러면 예수님 말씀이 다 맞다 치고, 그렇다면 무슬림도 예수교 사람들이에요? 그건 아니잖아요?

예수: 무슬림이나 불제자 힌두교 도교인들 모두가 나의 피조물이고 내 형상을 닮은 영과 육의 혼합체 인간입니다. 그들은 다 천국으로 와야 합니다.

석가: 극락 아닌가요? 인생도와 천상도(天上道)가 있다 했어요. 엊그제 제게 물으실 때 어디 있느냐 하여 나는 천상도에 있다 한 것 알지 않느냐 했잖습니까. 그럼 천국과 극락은 다르지만 제가 말한 천상도는 또 다른 겁니까?

예수: 그것은 말의 영역이 아닌 영의 영역입니다. 이런 건 말로 확정하면

천역(天逆)입니다. 천국과 지옥을 말로 쓰면 만점 없어요. 다만 아직 먼 심판의 날까지 두고 보고 그때 정합니다. 완벽하여 틀림없다고 맡아놓은 사람 있다고도 못 하겠지만 없다고도 못 해요. 단 믿음으로 간다는 것까지는 말할 수 있어요.

공자: 아니, 교회들을 보면 교회가 말하기를 교회 나오지 않고 예수를 믿지 않으면 그는 영영 지옥이거나 천국과는 무관하다던데 그 말이 틀립니까?

예수: 맞고도 틀립니다. 그건 죽어봐야 알고 죽으려면 아직 멀었습니다. 죽은 자들도 혹은 심판 날을 기다린다고 할지, 설명이 어렵지만 원론적으로는 맞아도 천국을 말로 하고 하나님을 말로 하는 것은 불가능은 아니지만 어렵습니다.

소크라테스: 그래서 어쩌라는 거죠? 요약 정리를 한다면 어떤 말씀입니까? 극단적으로 말해 절에 가면 지옥이고 교회 가면 영생이라는 겁니까? 성경은 그렇게 가르치지 않나요?

예수: 성경이 어떤 책이냐… 앞서 제가 성경에 대한 교리를 말했는데 성경의 역사는 3,500년 정도 전입니다. 인류의 역사는 인간 셈법으로도 350~400만 년 전부터입니다. 성경을 쓰기 수백만 년 전에도 인간은 창조함을 받아 살았어요. 3,500년 전 성경 기록은 앞선 세월의 축약(縮約)입니다. 그때 그렇게 썼고 계산기를 꺼내 보니 아담은 6,000년 전 사람이라 하던데 그렇지 않아요. 죄에 대하여라는 교리에도 있지만 인간은 죄의 결과(대가+값)로 태어났습니다.

성경은 죄를 말하고 죄 사(赦)함을 말하고 또 사후세계를 말합니다. 그럼 성경이 쓰이기 전 인류는 다 지옥에 갔느냐? 그건 아니라고도 그렇다고도 못 합니다.

성경의 교리 조직신학에 보면 현현과 게시(揭示)라는 것이 있는데 현현은 나타내심, 게시는 이런 것을 알라는 예언이며 현현은 현재고 성경 이전은 과거입니다. 이를 만인구원론이라 하는데 하나님을 글이나 말로 하고 쓴다는 것은 인간 학문 이외의 영역이기도 한 측면이 있습니다.

석가: 아니, 그럼 뭘 어떻게 하라는 겁니까. 이도 저도 아니라면 흑 백 청 황도 아니고 뭔가요?

예수: 답은 한마디입니다. "창조주가 있다." 이슬람의 알라는 삼위(三位)가 계시어 지금도 성령으로 운행하시고 악령을 막는다. 그러기 위해 성자 된 나 예수가 왔었고 다시 올 것이다~~~.

그가 천지 만물을 넘어 우주도 창조했다. 너 역시 창조되었다. 동 · 식물과 나는 다른가, 같은가….

영과 육이 혼재된 존재는 일체 없다. 인간만이 영육의 존재여서 육은 죽어 불타거나 흙으로 돌아가도 영은 안 죽고 천국으로 간다. 그러니까 하나님이 나를 창조한 아버지다. 이것만 알고 믿으면 이 하나로 기초는 끝입니다.

석가: 그럼 무슬림, 힌두인, 불교인, 무속인, 모두 잘못 알고 배(靈)가 산으로 가는 겁니까?

예수: 아닙니다, 아네요. 부르실 때가 있어요. 이 말은 창조함을 받은 것이 믿어지는 때입니다. 태어나 성년이 되기까지 대학까지 다니는 것 중요합니다. 대학 나와 결혼해 아이들 낳고 기르는 것 당연합니다. 최우선은 창조주가 아니고 그때는 인생(삶)이기도 합니다. 환갑이 지나도 상관없어요. 죽기 직전에도 좋아요. 일찍이든 늦게든 창조주를 믿고 아버지라 부르며 인간의 근본 뿌리와 죄, 구원과 미래를 알기만 하면 심판 날이 무서운 날이 아니라 잔칫날같이 즐거운 날입니다.

공자: 어렴풋하나마 조금은 알아들었습니다. 결국은 저도 말하는 하늘이

라는 무형이 예수라는 인체로 우리를 만나 바르게 살라는 말도 되나요? 제가 말한 효도와 제사 역시도 결국 창조주 하늘에게 드려지는 것 아닌가요?

예수: 창조주는 부모와 조상으로 이어 내려 우리가 태어났습니다. 제사 좋아요. 효도도 아주 좋습니다. 이 모두가 창조주와 닿아 있습니다.

석가: 그럼 나를 따르고 마호메트를 따른 타 종교인들은 탈락인가요?

예수: 하하 탈락이라니 아니에요. 제가 그렇게 말한 것이 아닙니다.

석가: 맞아요, 어찌 듣든 저도 그렇게 들립니다. 그럼 달리 여쭤볼게요. 교인들이 사찰(절)에 오면 안 됩니까?

예수: 사찰은 백번 가도 됩니다. 불공을 드려도 되고 불사에 참여해도 됩니다. 사찰에서의 부처님 가르침은 제가 가르치고 싶은 것의 일부분으로 차이가 없는 것이 많습니다.

단, 영생(永生) 하나가 빠졌어요. 불성하고 영성은 다릅니다. 불성(깨달음의 진리)도 배워 알면 참 좋습니다. 그러나 꼭 영성도 알아야 합니다.

자기 자신을 닦고 수행하고 깨닫는 것은 백번 잘하는 것입니다. 그런데 창조주를 모르고 부처님이나 공자님이 창조했다는 식으로 잘못 알고 그를 하나님으로 받들면 내 말과 창조주를 알지 못합니다. 이게 중요해요. 하나만 알지 말고 둘 셋까지 알아야 합니다.

석가: 그럼 부처로 불리는 이 사람도 예수 선생님이 창조했습니까?

예수: 저도 동역했지만 이때는 성부 하나님이 창조했다는 말이 정확합니다. 저는 창조 받은 인간이 하나님을 떠나 잘못된 길로 가는 까닭에 사람의 몸을 입고 세상에 왔다 사람들이 믿지 않아 그 값으로 죽었어요. 죽기까지 알기를 바라도 믿지 않아 죽었다 살아도, 나면서 증거를 보여주고 다시 하늘로 갔거든요. 언젠가 다시 온다는 약속은

불변입니다.

소크라테스: 그럼 자칭 재림 예수다, 이러는 사람을 믿어야 할까 말까에 대하여는 어떤 말씀을 하시겠어요?

예수: 무슬림보다도 그것들이 문젭니다. 이놈 저놈 지구에는 재림 예수라는 놈들이 많았고 지금도 있습니다. 밤(어둠)의 소리만 들으면 낮(광명한)말은 못 듣습니다. 이런 녀석들을 이단(異端)이라 합니다.

이단이란, 안다고(아는 듯 설교) 하면서 하나님과 나를 사칭하는 그야말로 말세의 사탄들입니다. 그곳에 발을 들이고 귀를 기울이면 타락한 천사 사탄에게 세뇌(洗腦)돼 마력(魔力)을 신의 경지로 믿게 하니까 이게 고민입니다.

돌아서 관계를 끊기만 바라지만 사탄은 천사였는데 제 놈이 하나님이 되려고 하다 저주를 받아 마귀와 귀신과 사탄이 되어 정신을 빼버려 힘들어요.

공자: 긴급 질문입니다. 사탄은 왜 박멸시키지 않나요?

예수: 발본색원 박멸? 하하… 이유가 있습니다. 그들에게 시험권을 줬어요. 마귀들과 싸우게 하여 믿음을 더더욱 강하고 공고하게 다지라는 거지요? 이유는 하나입니다.

죄지은 원죄로 인하여 대를 이어 태어나게 된 인간에게는 남자는 일하라~ 여자는 해산하라~ 둘 다 형벌로 내린 건데 이걸 축복으로 바꿔 주면서 특히 마귀들과 싸워 이겨라~ 이것을 추가했어요. 성경을 잘 보면 그게 있어요. 사탄에 대한 교리라든가 천사 마귀 귀신에 대한 기독교 교리를 잘 보면 알아요. 어렵지 않습니다. 하나님이 아버지시다~ 이 하나만 견고하면 그 위에서 이겨집니다. 능력 주시는 자 안에서라고도 해요.

석가+공자: 어렵지만 매우 깊이 잘 듣고 많이 알았습니다. 특히 몽매한 인류들에게 더없는 가르침이 되셨다고 보입니다. 예수 선생님이 달리 보이십니다.

예수: 안 그러셔도 잘 압니다. 십자가에 죽을 그때 좌우 강도 두 사람은 불교 유교 기독교 하나님 아무도 모르는 무종교 로마 사람이었습니다. 나는 그들 둘 중 하나를 구원했어요. 형식 조직 계보 언어 지식 일절 무관합니다. 믿으면 구원입니다.

구원이란 아담과 하와로 말한 원죄를 벗고 지식 무관 하나님은 인간을 사랑하신 증거입니다. 단 한 사람도 지옥에 가기를 원하지 않습니다. 그러므로 때를 기다리고 참습니다. 늦으면 늦는 대로….

방장: 예예. 오늘 여기까지 하실까요?

예수: 내일도 계속하는 거죠? 저는 아직 할 말이 남았습니다.

석가: 맞습니다. 저 역시도 예수님께 드릴 질문이 있어요.

방장: 아, 네네. 내일까지 합니다. 늦었으니 마칩니다. 감사하고 고맙습니다. 오늘도 많이 늦었습니다. 내일은 글방이 쉬는 날이라 푹 쉬시고 월요일에 모시겠습니다. 불편하지 않으시도록 오늘 밤도 잘 모시겠습니다.

[상상토론] 인류4대성인 제12회
2025.6.23.월요일

총정리 편

방장: 마지막 날을 맞았습니다. 그간 성인 스승님들 각각 한 분께 이틀씩 2차에 걸쳐 주도권토론을 하시라 했습니다. 10회와 11회까지로 예수님의 주도권토론도 마쳤고 오늘은 쉬엄쉬엄 마지막 정리하는 말씀을 하시는 것으로 마치겠습니다.

예수: 예? 방장님 어제 내가….

방장: 아차. 어제 마치면서 하실 말씀이 더 있다 하셨군요. 깜빡했습니다. 죄송합니다.

공자: 방장님, 이렇게 하십시다. 그렇다고 예수 선생님께만 세 차례 주도권토론을 드리는 것도 불공정하니 이렇게 하자고요.

소크라테스: 한참 토론 열기가 타오르는데 총정리는 빠른 듯하니 오늘은 완전 자유토론으로 하면 좋겠습니다. 주도권은 해제하고 모두가 주도권을 가지고 모두가 자유롭게 질문하며 친화를 이루자는 말입니다. 선대 스승님들, 어떠세요?

석가: 아, 뭐, 제일 연장자이신 소크라테스 좌장님 말씀이니 저는 따르겠습니다. 쉬엄쉬엄 어렵게 만났는데 돌아가는 거야 오나가나 같으니 서둘 것 없이 천천히 하자고요.

소크라테스: 저는 좋습니다. 세종퇴비글방과 방장님 덕에 2,500년이 훨씬

지나 질문답변으로 교분도 쌓고 진리도 배워 저만 횡재한 것 같습니다. 하하하….

방장: 아, 그러십니까? 그럼 상의(上衣)는 벗으시고 자유롭게 시작해 주십시오.

공자: 먼저 예수 선생님이 나는 사람도 아니랬다 사람이랬다 그럼에도 아직 알아들을 수가 없습니다.

예수: 저는 뭐 산이나 바다 달이나 별이나 뜨거운 태양에 있어도 되는 무소불위 속성이 있기 때문인데 이게 무슨 말인지 모르는 것은 육체와 영체에 대한 이해 부족이십니다.

무함마드: 저는 처음처럼 경청만 하겠습니다.

공자: 저는, 어물어물하다 충분히 여쭙지도 못하고 끝날까 하여 먼저 긴급질문 드리겠습니다. 다름이 아니라 그 예수님은 결혼도 안 한 처녀가 낳았다던데 이 도대체 무슨 말입니까? 어떻게 안 밴 애를 낳을 수가 있는 겁니까? 부친 요셉과 동침도 않으셨다는 말 우리가 이해가 가게 말씀해 줘 보세요.

석가: 맞아요. 그게 알 듯 모를 듯 모르면 모르는 대로 그냥 믿는다면서 말해 보라면 말을 못 하는 교인이 많아요.

예수: 아, 하하 그렇습니다. 사람들 말에 처녀가 애를 낳아도 할 말이 있다는 그런 경우가 아닙니다. 어떻게 처녀가 낳는가? 이것을 알려면 천지 만물과 인간을 창조한, 어제 말한 창조의 믿음이 있으면 쉽습니다. 사람도 만들었는데 무정자로 못 만듭니까? 하늘땅 바다를 뭘 가지고 만들었느냐라느니, 흙으로 사람을 어떻게 만들었느냐라느니 이렇게 사람이 아는 아주 낮은 지식으로 묻다 이해가 안 가면 "에잇, 못 믿어" 이러고 돌아서면 창조를 창조라 보지 못하고 저절로 그냥 자연히… 이렇다고 단정합니다. 이것이 어렵다면 어려워요.

공자: 어려운 것을 잘 가르쳐 주는 것이 우리들이고 특히 예수님은 우리와 다른 말씀을 하시니 어렵더라도 가르쳐줘야 하지 않나요?

예수: 쉽지만 힘듭니다. 선악과를 왜 만들고 또 많은 기적은 다 원리 위반이라 하고, 또 죽었다 살아났다는 말도 이해 불가인 데다, 더 나아가 죽었다 살아났다는 부활은 말이 안 된다고 버티면 어떻게 설명을 못하니까 그저 믿어라~ 믿어라~ 믿어야 산다… 믿는 자가 복이 있고 또 믿음은 자기가 믿음으로 생기고 말씀을 들음에서 난다느니 별별 소리를 다 할 수밖에 없는 데는 그럴 수밖에 없는 이유가 있습니다.

소크라테스: 예수 선생님, 약간은 들립니다마는 저도 비슷한 경우가 여간 많지 않습니다. 철학과 사상이라고 하는 것이 말이니 글로 다 하지 못하는 것이 있어서예요.

석가: 그 말 저도 공감합니다. 깨달음을 말로 다 할 수도 없고 해도 못 듣는 사람이 많아요. 그래서 사찰이 법회로 모이고 법어를 하거든요.

예수: 선생님들께서는 제가 못 하는 말까지 들으시는 것 같아 다행입니다. 문득 이런 생각이 납니다. 성경에는 수없이 많은 비유가 있는데 갑자기 이런 비유가 생각났거든요. 부모가 나를 낳았다~ 이것은 누구나 믿습니다. 그렇지만 부모가 나를 낳았다는 증거는 자기에게는 없습니다. 제 눈으로 본 사람 한 명도 없습니다. 그럼에도 아버지라 하고 어머니라고 합니다. 왜 그럴까요?

그렇다는 진실을 부모가 말을 해줘 듣고 알고 믿기 때문에 압니다. 모태 안에 있던 것 모르고, 태내에서 세상에 나오던 핏덩어리였던 사실 눈으로 낳는 나를 본 사람 없지요? 본 사람은 아버집니다.

임신 알고 배부른 것 보았고 낳는 것 보았고 젖 먹던 것 보았고 또 보았고 본 사람들이 "너는 엄마가 낳았다" 하니까 의심하지 않고 그대로 믿어 믿음이 믿음으로 굳은 겁니다.

공자: 알아는 듣습니다마는 사람이 듣기만 해서는 어렵고 눈으로 봐야 믿고 눈으로 보고도 내 눈을 의심도 하지 않던가요?

예수: 손에 쥐여줘도 모른다는 말도 하던데 진실이 있습니다. 이 땅과 하늘과 달과 별, 이뿐만 아니라 바닷물이랑 공기, 산천초목 바위 돌 모래 한 알까지는 우주라 하는 천체(天體)를 만든 다음 이 땅 지구를 만든 후 인간을 만들어 너희들 가져라~ 다스리라~ 먹을 것들이다~, 공중 새와 밀림 속 야생동물은 물론 한 마리 벌레와 곤충을 넘어 세균까지 일체를 다 만들고 여기서 100년 1,000년 살라고 만들어 준 건데 자꾸 의심하고 따지면 어떤 심정인지 아시겠어요?

공자: 어떤 심정인가요?

예수: 그건 핏덩이 젖먹이를 보는 엄마의 심정입니다. 아직 말도 못해 옹알이를 배우는 아기가 똥오줌도 못 가리고 마구 내지르는 것을 보는 부모는 당연하다 하지 너 왜 이러느냐 하지 않잖습니까? 클 때까지 기다리는 것이 부모 맘이라면 하나님의 맘은 부모 맘보다 더 크다고만 하겠습니다.

석가: 좀 들리기는 합니다. 그럼 이것 좀 여쭤볼게요? 죄 없이 왜 죽고 그게 우리와 무슨 상관이며 이걸 믿어야 영생한다며 또 부활이 가능합니까? 아무리 설명해도 부활 승천 재림 이런 것은 이해도 안 가고 그걸 믿으란다고 믿어지지도 않는 겁니다.

예수: 클 때 어리면 쉽습니다. 빨간 꽃을 노랑 꽃이다 하면 말하는 사람이 무식자가 됩니다. 왜냐, 빨간 꽃이니까요.

이는 자아(自我)라 할 분별력이 다 커 그렇습니다. 네 엄마는 사실 엄마가 아니다 해도 미친놈 헛소리한다 하죠? 어릴 때는 너 다리 밑에서 주워왔다 하면 충격도 먹습니다. 빨간 꽃을 어릴 때 흰 꽃이라고 가르치고 듣고 배워 굳으면 빨강이 검정이 되듯 어린아이같이

순전하지 않으면 믿음도 말씀도 진리도 하나님도 모릅니다. 자기가 더 잘 안다 하고 말을 듣지 않습니다.

이런 사람들의 공통점은 책을 안 봅니다. 독서하지 않는 사람은 평생 딱 한 권만 보고 그것이 하나님 부처님 공자님 소크라테스 선생님이라고 딱 정하면 바꾼다는 것이 여간 힘들지 않습니다.

무함마드: 저는 넋이 나가 질문도 못 하고 듣기만 하는데 듣다 보니 알라신가요? 이건 너무 나가신 것 같거든요.

예수: 마호메트 선생…, 나는 선생이 말할 때는 알라가 맞습니다. 알라는 당신이 부르는 하나님이란 말 아닙니까?

마호메트: 그럼 나는 누굽니까? 하도 엉뚱하달지 너무나 다른 말을 하시니까 무지 헷갈립니다.

예수: 헛갈릴 일 없어요. 당신은 선지자(先知者)입니다. 성경에 많이 나오시는 에스겔 이사야, 신약의 세례요한과 같은 선지자 말입니다. 선지자는 맞는데 무슬림들은 은혜가 부족합니다. 적을 만들면 안 됩니다. 그것도 시아파 수니파… 선지자라면 알라라 하든 야훼라 하든 그분을 알리는 것이 사명입니다. 선지자란 말 그대로 먼저 아는 사람 아닌가요? 그럼 뭘 알았다는 거지요? 하나님은 사랑이라~~, 이건 기본이고 하나님은 원수를 사랑하라~~, 이것도 기본입니다. 미움과 적대심과 전쟁과 죽이는 것은 하나님의 뜻에 정면 배치입니다. 제 예를 들어 저는, 나를 십자가에 못 박아 죽인 로마 병정도 불쌍히 보았거든요. 몰라서 저런다~.

무함마드: 좋은 지적을 하셨습니다. 천상에서 제 기도가 그렇습니다. 하지만 제가 어찌할 방법이 없습니다. 예수 선생님이 기도해 주세요.

석가: 그나저나 저도 의문입니다. 예수 선생님 말씀 들어보니 그럼 나를 따르고 불공드리며 기도하는 불자들은 내가 뭔가 잘못 가르친 것

입니까?

예수: 아아. 아니 아니, 천만에 만만에 잘못 가르친 것 없습니다. 부처님은 중생들의 번뇌를 벗는 깨달음의 도를 통해 자비를 가르치고, 무조건 복을 받으라 하지 않고 〈복 받을 짓〉을 하라며, 복이란 거저 받는 것이 아니라 스스로 복을 지으라고(만들어내라) 하셨습니다. 그래서는 안 되니 나무와 풀, 개미랑 만물을 사랑하고 감싸라는 아주 귀한 것을 가르친 참 훌륭한 스승님이십니다. 어떤 것은 제가 미처 챙기지 못한 것을 가르치셨어요.

석가: 그럼 문제가 뭐죠?

예수: 부처님, 공자님, 소크라테스 선생님과 무함마드 선지자님, 여러 스승님들은 잘못 가르친 것 없어요. 모두가 잠언이고 전도서이며 성경입니다.

그런데 다 좋고 잘 가르치셨는데 딱 하나를 빠뜨리셨습니다. 그것은 〈하나님은 우리의 아버지시며 창조자〉라는 것과 〈하나님은 전지전능하시어 1위가 3위〉이시다는 것입니다. 인생 교육은 100점인데 영생 교육은 빠뜨렸습니다. 사이사이 꼭꼭 창조주를 말하면서 제사 드리고 불공 올리고 또 공부하게 하면서 천국을 말하시고 믿으라고 하는 뼈대를, 정신을 빠뜨린 것입니다. 그것이 믿음입니다. 사찰이고 불당 법당 전부 소유자는 창조주라는 것을 곁들여 가르쳐야 합니다. 착하게만 살아서는 영생 천국 못 갑니다. 원죄가 있어서 그래요.

방장: 와, 스승님들께서 참으로 진지하게 토론하시므로 방장도 시간이 가는 줄도 몰랐군요. 자, 차담회 때 개별 인사하시고 토론회는 전부 마치겠습니다. 감사드리고 고맙습니다. 식사 후 작별 인사는 카페에서 석별의 정 나누시기 바랍니다. 감사합니다.

공자: 잠깐, 방장님! 긴급 동의합니다.

방장: 무슨? 이제 와 무슨 의사진행 발언입니까?

공자: 그렇습니다. 끝내지 말고 현재의 시대정신이랄지, 현실 정치 경제 문화 교육 등 다양한 국가와 지구촌 문제를, 우리가 만났으니 연장 토론 하면 어떨까요?

소크라테스: 아, 저도 해온 생각입니다. 현실과는 먼 말만 하고 가기보다 국제 국내, 특히 인간 가정 출산 양육, 부모 자식, 부부 왔으니 조언을 좀 하고 가는 것이 좋다는 생각에 저도 찬성합니다.

방장: 아~ 그러시군요? 선대 스승님들 어떠십니까? 그럼 연장할까요? 부처님? 마호메드 신생님과 예수님도 좋습니까?(예. 예. 좋아요)

방장: 그럼 운영위원들하고 협의해 연장토론 상세 방법, 일정, 내용 등은 내일 연장 1회 시작할 때 말씀드리겠습니다. 하하 끝나지 않았군요. 저도 여쭐 게 있기도 하고요. 그럼 내일 다시 모시겠습니다. 감사합니다~~.♡

[상상토론] 인류4대성인 제13회
2025.6.24.화요일

연장 제1회 국제평화문제

방장: 연장 감사합니다. 운영위원과 성인 스승 다섯 분의 연장문제 회의 결과 일자와 주제를 숙의 결정했습니다.

연장 기간은 6일간(금주 토요일까지)으로 하고,

1. 국제평화문제,
2. 기후위기문제,
3. 출산감소문제,
4. 남북안보문제,
5. 가정과 부부,

이상 5가지 주제로 결정되었습니다. 계속 현대인류가 나아갈 바른 길 조언 부탁드리며, 첫 주제 국제평화문제를 제안하신 무함마드 선생님부터 시작해 주시기 바랍니다.

무함마드: 지금 인류가 가는 국제평화의 길 근본에는 각자 국익이라는 명분이 앞서 있습니다. 나 살고 너 살아라~? 생존본능이라 도리가 없다지만, 나 살자의 근본이 잘 살면서도 더 잘 살자라는 것이 문제고, 너도 살라는 근본에는 너는 개같이 살아도 된다는 인권 문제입니다.

석가: 어제도 한 말이지만 불자들의 나눔 정신은 우수합니다. 승려들은

탁발(托鉢)로 삽니다. 탁발이란 경전을 들려주며 곡식을 받는 일입니다. 아집과 아만(我慢)을 버리고 보시(布施)를 가르치면서(나눔) 스스로 물욕을 거두며 수행하는 제도입니다.

공자: 압니다. 먹고 입는 것에 빠지면 꼭 〈더더 마귀〉란 놈이 붙습니다. 더 잘 입고 더더 잘 먹고, 여기까지는 좋은데 너는 죽지 않을 만치만 줄 테니 다 내놓으라는 것이 노예로 살라는 말이 됐습니다.

소크라테스: 이것이 지금의 국제문젭니다. 잘사는 나라가 가난한 나라를 돕던 선성(善性)이 사라져 뺏기에 급급해졌습니다. 예수 선생님 의견은 어떠신가요?

예수: 공감입니다. 악을 멀리하고 선한 일을 하라고 바울시신에서도 가르쳤지만 반대로 더더 마귀들이 꼬드겨댑니다. 그 꼬드김에 지금 하와처럼 선악과를 따 먹는 현상입니다.

석가: 왜 그러도록 놔두시는 겁니까?

예수: 전에는 그러지 않았거든요. 가르치면 그 말을 들었어요. 슈바이처나 리빙스턴은 약자, 가난한 자, 잘 모르는 무식자들을 찾아 빈민국으로 가서 모진 고생에도 이를 실천했고, 잘사는 모국(母國)의 국민들(성도)은 뒷돈을 대주었습니다. 국제선교구호비라 하죠?

공자: 지금도 하잖아요.

예수: 한다고는 하지만 이해득실을 얻는 수단화가 된 면이 커요. 대가(代價)를 따진단 말입니다.

무함마드: 우리도 그래서 문젭니다. 생각해 보면 '자유의지'라고 하시나 본데 이 자유의지라는 것이 통하지 않아 전쟁 위기에 더하여, 생산 판매가 국익(우선)이 돼 버렸어요. 힘, 살상무기 생산판매, NPT(핵확산금지조약)고 IAEA도 무시하고, 예수 선생님, 왜 이게 불통입니까?

예수: 자유의지는 강하게 말할 경우 "네 맘대로 살라"는 인권입니다. 죄를 짓거나 선을 행하지 않고는 인간에게 준 자유의지에 따라 선택입니다. 그러니 옳든 그르든 자기 맘대로라는 거지요.

공자: 아니, 태초에 왜 그런 걸 만들어 줬느냔 말입니다.

예수: 이 설명이 간단치 않습니다. 선악과를 왜 만들어 죄지을 싹을 틔웠느냐는 말과 같습니다. 짧게 말하면, 진짜와 가짜를 가려낼 방법이란 뜻입니다. 그럼에도 이러하니 지금의 현실로 가 보자고요.

석가: 저는 산속 사람이라 현실은 좀 어둑한 측면이 있어서….

예수: 예. 부처님은 그러시지만, 이건 초심을 잃은 강대국 문젭니다. 동시에 미개인들의 불신 문제도 있어요. 미국만 보더라도 나누는 것 싫어하는 초심 변질 국가가 됐어요. 한 말 주고 열 섬 생겨야 돕는 것은 사업이지 순종이 아닙니다. 순종이란 물질은 주고 영혼을 건져내는 생명 구원입니다.

석가: 아니, 그럼 뭘 먹고 어찌 살라는 거지요?

예수: 안 죽습니다. 산새가 농사짓고 수출해서 삽니까? 백합화가 일합니까, 볕이 있고 물이 있고 땅이 있으면 먹을 게 제 발로 찾아와요.(만나와 메추라기) 천부께서 기르신다 했는데 인간이 못 먹어 죽나요? 더 먹으려다 죽어 심판을 받는다는 말입니다.

공자: 허허 저는 이게 말이 되나 모르겠습니다. 허허

방장: 선대 성인 스승님들! 수고하셨지만 너무 어려운 주제였던 것 같습니다.

국제평화라는 주제 자체가 그렇기도 하지만 인간 숫자 80억이 넘고, 나라도 200국가가 넘고, 민족은 5,000개나 되다 보니….

석가: (말 끊고) 방장! 아니, 벌써 마치려는 겁니까?

방장: 예. 늦어져서요.

공자: 난 별로 말도 못 했는데? 벌써? 허허

무함마드: 한마디만 더 합시다. 시방 미국이 이란 핵시설 포르도를 비롯한 세 곳을 파괴했습니다. 이란은 아직 핵실험 한 번도 하지 않았는 데 비해, 북한은 여섯 차례나 하고 50개가 넘는 핵무기를 가지고 있어도 건재한데, 문제는 중동전 재발로 국제평화는 더 나빠질 우려가 긴장하게 하고 있어요.

석가: 그러나 세계인들은 뉴스로만 보기 때문에… 뉴스가 뭐죠? 알릴 건 알려주고 감출 건 감추는 데 있어서 강대국이 열고 닫아 진실은 뉴스와 다른 게 많지 않나 걱정입니다.

공자: 한국이 걱정입니다. 이스라엘은 '모사드'라고, 한국 국가정보원 같은 기구가 있어 모사드는 적을 현미경처럼 들여다본다는데 한국은 국정원 원장 임명도 아직 못 한 상탭니다.

방장: 아, 죄송합니다. 그 문제는 글방 가족도 어지러울 것 같아 이쯤 하시고요, 내일 다른 수제로 모시겠습니다. 그럼 제가 하던 말씀 하고 마치겠습니다.

하늘에 구름 가고 바람 불고 해 지고 달이 뜨고 또 지기를 반복하노라면 새날이 오듯 꼭 좋은 날이 오되 심판 날이 잔칫날의 경사가 온다고 믿고 싶습니다.

그럼 내일은 기후위기문제를 주제로 모시겠습니다~~.♡

[상상토론] 인류4대성인 제14회
2025.6.24.화요일

연장 제2회 기후위기문제

〈기후위기 대안탐색〉

방장: 장마철입니다. 세계 모든 국가가 초긴장입니다. 낱낱 짚지 않습니다만, 금년 여름은 집중호우를 극한호우라 하던데 과연 예상을 못할 정도입니다. 잇따라 질병도 불안합니다. 소크라테스 스승님, 원인이 뭐라고 보십니까?

소크라테스: 나보다는, 믿든 않든 예수 선생님이 천지와 만물을 창조하셨다 하시니 예수 선생님 말씀부터 듣는 것이 낫지 않을까요.

예수: 아닙니다. 여기는 모두 이렇게 훌륭한 인류 4대 성인님들이 오셨는데 저 혼자 말할 일은 아닌 것 같습니다. 그냥 아시는 대로 말씀하시면 글벗들이 배울 것이 많을 것입니다. 시작해 주세요.

소크라테스: 이 문제는 사실 하늘이 하시는 일입니다. 인간은 진실 하늘이 하시는 폭우나 가뭄에 대하여는 터진 둑을 호미로 막는 것처럼 인간은 약하고 모릅니다.

공자: 하늘도 인간이 사는 모습(꼴)을 보고 불벼락도 쏟아붓지 않던가요?

석가: 우리가 성인으로 추앙은 받지만 사실 우리도 나약해요. 저는 사시사철 비가 많이 오는 곳에서 살다 죽었어요. 고행에는 몸 고생도 있지

만 비 오고 바람 불어 거역하지 못하는 환경에 순응할 뿐 막으려는 고생은 하지 않았는데 현재 우리 후대들을 보면 수행이든 기도든 우리가 막지 못할 도전 같아요. 그저 비가 오면 오는 것이고 가물면 가문 것이고, 제가 살던 북방 히말라야는 얼음산이라 눈은 와도 비는 오지 않았습니다. 그러면 그런대로, 저러면 저런대로 생기면 먹고 어두우면 나무 밑에서도 자야지 별수 있나요. 다들 고상하게 낭만적으로 잘못 보는 보리수나무 아래서의 깨달음을 얻었다는 제 본모습 실상은 말하지 않겠습니다. 낭만과는 한참 거리가 먼 얘깁니다.

소크라테스: 아니, 양반다리 척 하고 앉아계신 부처님, 그때 무슨 걱정이라도?

석가: 예. 잘못들 압니다. 그곳은 진흙탕 뻘밭이고 벌레기 날고 독사가 우글거리는 곳인데 동행 수도자가 수렁에 빠져 죽는 걸 꺼내느라 저는 사람 꼴이 아니었어요. 아차! 그때야 깨달았습니다. 산다는 것은 고생이다~, 사람답게 사는 것은 편안함과는 거리가 멀다~~.

공자: 아하, 사는 게 왜 이러냐? 결론이 뭐냐? 두 분 선생님들은 대처 불가 무방비다, 고생이다, 하시는데 저는 달리 봅니다. 인간이 인간답지 못하면 하늘이 노(怒)하신다는 것이 제 주장입니다. 노하신다는 말이 뭐죠? 가만두지 않는단 소립니다. 예수 선생님, 제 말이 가당치 않습니까?

예수: 제가 말을 하려면 글방 벗님들이 길다고 싫다 할까 짧게 하면, 지구는 제가 만들고 만물과 인간도 같아요.

인간의 죄는 창조주의 사랑을 거부하고 육신만 따르는 것을 죄(罪)라고 말합니다. 이런 죄를 보다 못해 몰살하려고 쏟아부은 것이 노아시대 대홍수라는 말 들으셨나 모르겠는데, 이 지구는 때가 되면 없앨 겁니다. 인간의 죄를 심판하는 날을 말세라 하여 그때는 지구가 사라지는 날입니다.

공자: 아, 이런. 한마디씩 하시는 말씀 듣다 보면 살기(殺氣)가 튀고, 아니, 왜 그리 험악한 말씀을 거침없이 하십니까? 예수 선생님은 자칭 '사랑'이시라면서 왜 그러세요, 겁나요 겁나. 하하 진짭니다.

예수: 아, 스승님들 죄송합니다. 그런 뜻은 아닙니다. 그래도 노아는 살려 냈어요. 노아는 모두 미쳤다는 데도 믿고 따랐거든요.(방주)

소크라테스: 노아 방주는 알지만 기후위기에 대하여 지금 우리가 너무 추상적이고 관념적인 토론을 하는 것 같습니다. 이럴 게 아니라 지금 현재로 돌아와 토론해야 할 것 같습니다. 원리원칙 원론보다 현실토론 말입니다.

공자: 찬성합니다. 쉽고 가볍게 가봅시다.

무함마드: 전쟁 중 심란하지만 저도 잠시 잊고 한말씀 하겠습니다. 전쟁은 수십 백만 명을 동시에 죽입니다. 하나 기후와 환경은 전쟁의 백배 천배로 죽습니다. 한꺼번에 다 죽입니다. 적국도 무기도 없는데 사망자는 지진 한 번에, 폭우, 질병 역시 적도 없고 아군도 없이 인명을 대량 살상합니다. 14세기에 발생한 흑사병은 2,000만 명이 죽었습니다.

석가: 코로나도 700만 명이 죽고 감염자는 7억 7,000만 명이라던데 맞습니까?

예수: 그야 인터넷 AI도 그렇다니까 뭐 정확하고 않고 간에… 기후위기에 걸려들면 지진은 수십만, 태풍도 수십만, 질병은 수십억, 역시 무섭지만, 바람도 핵무기보다 강하고, 물도 불보다 강하고, 공기(대기) 오염은 인류 전멸…. 이 또한 한순간일 수도 있습니다.

소크라테스: 아니, 그런 줄 아시고, 자신이 하나님이시라면서, 왜 그런 걸 막아 주지 않으십니까? 이해가 안 갑니다. 화나는데 참고 웃으며 여쭙습니다. 하하

석가: 저도 동감입니다. 하하 창조했다 하질 마시던지.

예수: 저도 이런 말은 지옥처럼 숨 막혀 사실 차마 하고 싶지도 않아요. 한다 한들 거꾸로 듣고 대듭니다.

공자: 아니, 그런 이상한 말씀을 하시다니, 이래도 돼요? 왜 그런 걸 막아주지 않느냐고요오~?

소크라테스: 더 깊이 따지고 싶지는 않군요. 그러니 우리끼리 대책을 생각해 봅시다. 세상 큰일 날 지경 아닙니까, 지금.

공자: 우선 인류가 위기를 알고, 하늘이 노하지 않도록 하면서, 최대한 위기를 막는 데 앞서야 한다고 봐요. 부처님은 어떻게 보십니까?

석가: 문명발달로 자연환경이 파괴되어 자연을 보호하되, 산을 허물지 말아야 합니다. 사찰은 걸어 다니고 불사(절)도 화려함보다 자연 친화적으로 가고….

무함마드: 전쟁한다고 무기만 만들고, 무한대로 원유를 뽑아내 자동차가 너무 많아져 탄소중립 마지노선이 붕괴되는 문제는 덮어놓고, 이제는 AI시대로 간다면서 전기소모 예상량이 상상을 초월하게 되면 모든 것이 기후위기 대처에 역행 아닙니까?

공자: 고생 않고 편한 것만 따라가는 못된, 바로 이 정신이 병든 탓 같습니다. 부모나 조상을 내던지고 오늘만 좋으면 내일은 삼수갑산을 가더라도 먹자, 놀자, 즐기자, 까짓거 인생 뭐 있어? 내일 지구가 망해도 사과나무를 심자는 게 아니라 지금 당장 오늘만 보는 인간 욕망병(欲望病)이 문제 같습니다.

방장: 예. 달리 답이 없으신 것 같은데 오늘 여기까지만 할까요?

소크라테스: 아닙니다. 아까 말씀하시래도 안 하신 예수 선생께 한마디 하시라 해야죠. 왜 이런 위기를 아시면서 보고만 계시는지 한마디라도 들어나 봅시다.

예수: 네, 공자님의 말씀이 제 말입니다. 부처님이나 소크라테스, 무함마드 선생 말 속에 제 말이 다 들었습니다. 다만, 왜 미리 막아주지 않느냐에는 이유가 있습니다. 군대 가면 훈련을 시키듯, 연(連)하여 경고에 경고를 하는 중입니다. 징조라고도 하는 것으로 말세가 가깝다는 경종을 울려 줄 수밖에 없습니다. 경계경보, 예고 강도는 더 무섭고 강해져 점점 더 심해질 수도 있어요. 그러니 오늘 4대 성인님들의 말씀 다들 뼈에 새기세요.

방장: 아, 네네? 참으로 소중한 말씀 주신 성인 스승님들 알겠습니다. 감사합니다~~.♡

[상상토론] 인류4대성인 제15회

2025.6.25.수요일

연장 제3회 출산감소문제

〈출산감소문제 대안〉

방장: 토론회가 연장되어 3일째를 맞은 오늘은 세계가 다 그렇지만 특히 한국의 출산율 감소가 국가소멸 위기까지 온다는 심각한 현실 문제입니다. 이 문제는 누가 먼저 운을 떼 주실까요?

무함마드: 제가 먼저 할게요. 지금 난리를 치는 출산 감소는 우리 아랍계 이슬람 국가들은 세계 상위급 출산입니다. 니제르는 7명대, 차드, 소말리아, 부르키나파소는 6명대, 예멘, 이라크, 파키스탄도 3.5명대를 낳습니다.

방장: 한국은 0.7명대입니다. 5배에서 근 10배까지 낳는다는 거네요. 한국은 꼴찌랍니다.

석가모니: 공자님! 한국은 왜 이러지요?

공자: 경제 급성장 탓 같아요. 놀기 좋고 먹을 것 많은데 왜 이 즐거운 인생을 자식들 때문에 손해 볼 필요가 뭐냐? 이게 원인 같아요.

석가: 한국 여성들만의 문제일까요? 아니면 남성들이 힘들게 애 낳지 않도록 과도한 아내 사랑 문제일까요? 소크라테스 스승님은 왜 이렇다고 보십니까?

소크라테스: 하하 제게 물으면 답을 뻔히 아시잖아요?

석가: 예? 무슨 말씀을 하시는 건지…?

소크라테스: 쉬워요. 철학이 없어 그렇습니다. 인간 창조의 근본, 왜 태어나 왜 살고 어떻게 사느냐고 하는 인생 철학이 소멸돼 그렇습니다. 예수 선생님도 한말씀 해보시지요.

예수: 죄지은 인간에게 벌(罰)로 내린 것이 출산입니다. 해산은 죗값, 형벌이라 힘들어요. 그러나 고통을 복으로, 출산을 축복으로 바꿔 주었습니다만 까먹고 몰라요. 〈힘든 만큼 행복하다〉라는 말인데 아픈 만큼 복을 주었는데도, 1절, 아픈 것만 알고, 2절, 축복은 뭉개는 근시안 말입니다. 우선 먹기 달다고 곶감 빼먹듯 먹기만 하다 보면 곶감은 누가 만들죠? 만들면서 먹어야 하는 것을 무시하므로 인간이 소멸돼 가는데도 누구 가르쳐 주는 사람도 없고 말을 듣지도 않는 현상입니다.

공자: 그러면 저쪽 이슬람 사람들은 뭘 바로 알고 많이 낳는 겁니까?

예수: 이건 나보다 무함마드 선생이 답하는 게 낫지 싶은데요.

무함마드: 인간의 본질 본성 변질, 썩은 정신병 문제 같습니다. 우리 무슬림 국가들은 순수해요. 착합니다. 자꾸 싸운다고 악종으로 보기도 하는데 진실은 순진무구합니다. 공연한 녀석 빈 라덴이니 하는 탈레반들인가 하는 녀석으로 인해 사납게 보기도 하지만 아닙니다.

석가: 아, 예수 선생님 말대로라면 아랍인들이 모범수입니까? 우수 수형자들이에요?

예수: 출산은 형벌이지만 감내하고 순종하는 것이 삶의 복과 상(賞)급으로 나타납니다. 이걸 거부하는 겁니다.

무함마드: 그럼 왜 출산의 축복을 꺼리는 건지 원인은 무엇이고 대안이 뭘까요?

소크라테스: 말씀들을 듣다 보니 답은 잘 아는 지식부재현상 같아요. 어린애들은 내일보다 코앞만 생각합니다. 내일 금덩어리를 준대도 지금 당장 곶감 한 개만 달라고 웁니다. 내일은 필요 없고 지금 곶감 한 개, 눈앞만 보는 거지요. 인생 백 년의 복? 그까짓 것 다 싫

고 오늘의 청춘, 지금 먹는 것이나 즐거운 거라면 내일은 무시하는 것 아닙니까? 책을 읽어봐야 압니다. 아니면 말을 듣든지. 영 바쁘다며 안 듣고 안 읽으니 철학이고 미래 후손 아무것도 생각지 않고, 그냥 개나 고양이를 자식처럼 엄마다~ 아빠다~, 이러면서 개만 키웁니다. 애완견이 아니고 가족보다 진해 부부에게나 쓰는 반려자라는 고상한 말을 반려견이다 반려묘다, 이러고 삽니다.

공자: 반려견이 죽으면 남편이 죽은 듯 펑펑 운대요. 그걸 부모 모시듯 장례를 치르는 값이 서울은 10kg 한 마리에 350만 원이나 든다는데 사람보다 몇 배나 비싸다고 합니다.

예수: 마땅히 사랑할 것은 사람 인간입니다. 개는 개답게 살고 사람은 사람답게, 소는 소답고 돼지는 돼지답게 살아야 하는데 개가 아프면 보험도 안 돼 부모 입원비보다 비싸다는 것은 인간들이 죄를 쌓는 겁니다. 인간을 사랑하여야 할 사랑의 원액을 개한테 줄수록 죄는 점점 더 커집니다.

무함마드: 오늘은 모처럼 저도 힘 좀 받습니다. 한국이 이럴수록 무슬림 국가들에게 배워야 한다고 봐요. 그러나 그 엄청난 대여섯 명 자녀 키운다고 아랍 여인들 고생이라며 바보 취급을 하다못해 미개인 취급을 하나 본데 등신들 깨 춤추는 꼴이라니 웃기는 일 아닙니까?

공자: 자~ 이게 이러다 마칠 일은 아닌 것 같습니다. 방장님! 바로 끝내시렵니까?

방장: 아닙니다. 저는 열청(熱聽)하는 중입니다.

공자: 그래서? 방장 생각은 뭡니까?

방장: 빠른 경제성장과 물질적 풍요라 해도 그것이 저주가 되기도 한다는 생각을 하는 중입니다. 살기 힘들다고 죽네 사네 하는 이유는 스승님들 말씀하신 〈더더병〉이라고 봅니다. 감사는 모르고 불만만 늘어가고 있습니다. 불만은 줄달아 불만을 낳는다고 배웠거든요. 반

대로 감사하면 감사의 후손들이 계속 늘어난다는 거고요.

예수: 방장 말이 맞습니다. 불평 하나는 불평 열을 낳고, 불만 역시 수백 천으로 금세 늘어납니다. 하지만 더 중요한 것은 〈사랑 오염〉 현상입니다. 사랑은 하나님의 속성으로, 주는 것이지 받는다는 것은 오염된 사랑입니다. 나(주님)를 사랑한다는 말은 인간의 말이라기보다 하나님만이 인간에게 해주시는 게 원론이고, 인간은 하나님 사랑합니다가 아니라 "감사합니다~"가 맞습니다. 비가 와도 감사, 눈이 와도 감사, 아파도 감사, 굶더라도 뭔가의 뜻을 이루려 그러실 테니, 이래도 저래도 감사함이 마땅한데도, 하나님이 지은 배필(짝)이 오면 돈 얼마나 있느냐부터 따집니다. 그리고 이어지는 말, 아기 낳기 싫다 하면 "그래 우리 둘이 강아지나 키우고 알콩달콩 살자꾸나~~." 계집이나 사내나 이러니까 저주의 작두가 정수리를 겨누고 있는 겁니다.

석가: 아하 또또, 또 무지막지 살기 독기(毒氣)가 번뜩이고 험한 말씀을… 아, 어찌 그리, 무서워요, 예수님.

예수: 무서워할 것 없습니다. 아니면 해당 없습니다. 바르게 순종하면 하늘이 무너져도 상관없는 말이고 하나님은 못 줘서 병나고 계십니다.

방장: 아~ 4대 성인 대스승님들 단 한 분도 버리면 안 될 금과옥조의 말씀만 하셨습니다. 그럼 내일 아침 다시 모시겠습니다. 편히 쉬세요~~.♡

[상상토론] 인류4대성인 제16회
2025.6.27.목요일

연장 제4회 남북통일안보문제

〈남북통일안보문제〉

방장: 세계 유일의 분단국 대한민국의 미래는 영구 분단이냐, 하나 된 통일 한국이냐, 라고 하는 민족사의 과제가 있으나 묘방을 찾지 못하고 있습니다. 오늘 연장토론 4회 차에서 대스승님들의 고견을 듣고자 합니다.

무함마드: 이게 남의 나라 일 같지 않군요. 무슬림 국가들이야말로 오늘의 토론이 유익할 수도 있겠다는 생각이 듭니다.

예수: 한국은 분단 100년도 안 됐어요. 수천 년 발바닥 붙일 곳이 없던 분단의 역사는 성경에도 많습니다.

공자: 분단과 대립과 살상, 죽고 죽이는 전쟁의 흑(黑)역사 하면 중국도 어떤 나라 못지않을 겁니다. 뺏고 뺏기고 쳐들어가 죽이고, 중국 고전에도 전쟁 이야기가 범벅 아닙니까? 후대들이 이런 전쟁 이야기가 재미있다고 병적(病的)으로 읽어대 인기가 높은 것은 웃어야 할지 울어야 할지 참 쓴웃음만 납니다.

석가: 오늘 주제를 놓고 이야기를 한다면 불교도 어디 못지않습니다. 한국의 불교 종단이 27개라는데 이건 등록된 종단을 말하고 미등록까지 조사한 결과는 482개나 된답니다. 예수 선생님, 기독교도 파가 많지요?

예수: 맞습니다. 185개 교단이라 하는데 500~1,000개 교회를 가진 교단은 15교단쯤 된대요. 교회나 사찰이 허가가 아닌 신고단체여서 기독교 교단 단체 수는 200개가 넘는다 하더라고요.

공자: 방장님! 오늘 주제가 말은 크지만 정작 남북통일이나 그에 앞선 가족통일문제, 즉 핵가족을 지나 가정이 싫다고 벗어던진 탈(脫)가족, 독신, 독거세대 증가를 비롯한 남북한 통일과 안보, 이런 이야기를 하자는 것 아닌가요?

방장: 아, 네. 그렇습니다. 방장이나 글방 가족 신경 쓰시지 말고 지금처럼 자유롭게 말씀하셔도 잘 들을 겁니다.

공자: 바로 가는 게 낫겠어요. 요즘 남북통일이란 말 아예 없어진 거 맞죠? 국어사전에 문자로만 있어서 통일하자면 대꾸도 않지 않던가요?

석가: 신경 쓸 게 많은 인생들은 웃음 속에도 근심 걱정 번뇌가 들었습니다. 웃다가도 금방 울어요. 예수 선생님, 한국의 남북한은 통일을 꼭 해야 한다고 보십니까?

예수: 땅덩어리 합치기 같은 형태적 통일은 소용없습니다. 자주통일 소리도 공허하고 신앙통일은 너무 나간 것이라면 〈민족정신통일〉이 최우선 같습니다,

소크라테스: 듣기만 해도 머리가 아픕니다. 사람의 생각이라는 것이 웃든 울든 입으로는 좋다 싫다 사랑한다 해도 그것은 다 입에서 나오는 말일 뿐, 그 진심, 생각은 통일이라는 본질이 천만 사람 각각 다르기 때문에 저도 생각 통일이 우선돼야 한다고 봅니다. 생각이 다른 사람들끼리 이러자 저러자 해 봤자 그 후 더 큰 분란만 키워요.

공자: 어렵고 공허하게 들릴까 싶은데요, 쉽게 통일하지 않아도 좋다는 여론이 문제 아닌가요?

소크라테스: 신경 쓰기 싫다는 소립니다. 못 사는 북한과 합쳐봤자 그들에게서 거두어들일 세금은 적은데 써야 할 세금은 몇 배나 된다

면 경제학에서 금하는 것 아닌가요? 돈 버리고 신경 쓰고…. 합쳐봤자 손핸데 그냥 사는 게 어떠냐는 주장, 어떻게 보시나요?

공자: 편하게 살고 싶은 편의주의와 이기주의는 안보 불안이 되어, 군대 유지, 국방비 부담, 무기 수입에 따르는 유지관리비, 이에 더하여 강대국들의 자국우선 정책이랑 수십 가지가 뒤엉켜 어떤 선택이 득이냐 실이냐에도 경제문제가 대두돼 복잡한 것 같습니다.

소크라테스: 그럼 통일은 않기로 합의가 된다면 북의 침략과 안보는 어쩌지요?

예수: 지금 딱 이 지점에서 멈춰 서서 75년입니다. 어쩔 방법을 모르니까 우선 국방 튼튼 정책으로 연간 60조 원도 넘게 쓰지 않습니까? 전쟁 없는 상태에서 수십조 원 주고 전투기 사다 유지하느라고 해마다 녹는 기반 비용과, 60만 청년들 2년씩 책 덮고 군 복무하는 손익계산서를 보면 통일이 답 같지만 잘 몰라요. 통일이 되면 첨단이다 최신이다 이러는 비싼 무기 수입 안 해도 되잖습니까? 그러거나 말거나 세계(동북아) 주도권 다툼에서 우위에 있는 미국은 최근 국방비를 국민총생산의 5%까지 올리라는 압박은 안 될 말임에도 130조 원으로 늘려 올린 국방비에서 무기 많이 사다 많이 잔뜩 쌓아 두라는 말 아닙니까?

무함마드: 아랍이나 한국이나 강대국들이 가만두지를 않고 개입하며 실리를 얻으려는 갑질이 문제입니다. 이걸 어쩌지요?

공자: 인구는 적고 의식은 없고 참. 시대의 영웅이 나와도 어렵고 김춘추 키신저도 못 푸는데, 김정은이는 썩은 유튜버처럼 이란과 러시아 이스라엘 남한 아랍 사이 대립에서 독자적 국방력으로, 누릴 것 다 누리고 있으니 민족의 적이 된 지 3대째 세습입니다,

석가: 이렇게 편쳐만 놓아서는 아무 대책도 못 낸다고 보여요. 그러니 어쩌자는 시원한 답을 듣기 원하는 글방 가족들 머리만 아프게 하는 것 같습니다.

소크라테스: 그건 아닙니다. 우선 현실 파악을 제대로 하는 것이 선결일 것

입니다. 무엇은 무엇이라고 하는 현실을 다 파악하고 나야만 어떻게 할까의 대안이 나오는 것이므로 이제껏 우리가 한 말은 다 현실 파악을 위한 실상들이라 버릴 말은 아니라고 봐요.

공자: 자자~ 그러면 이제 무엇을 어떻게 하는 것이 답인지 누가 좀 말씀해 주실 수 있어요?

무함마드: 개미한테 배워야겠습니다.

소크라테스: 아니, 무함마드 선생! 웬 개미? 거대담론 하는 데 웬 미시담론? 농담합니까?

무함마드: 아아, 아닙니다. 개미는 우리 키만치나 높고 큰 집을 짓습니다. 일사불란, 일심단결, 정신통일, 수십 백만 개미들 전체가 말이 통한다는 걸 생각 통일을 배우자는 말입니다. 하하

예수: 과하게 겁먹는 것도 안 되지만 지나치게 급히 서둘지는 마라, 이 말은 긴장을 풀라는 말이 아닙니다. 초긴장 상태 유지로 안보를 지키라는 말이며 세게 힘으로 하기보다 대화, 그 역시 서둘지는 말라는 말입니다. 때가 와야 하고 때는 옵니다. 성경들 보잖습니까. 이건 기도 유지 뜻을 포기하지 말라는 겁니다. 몇십 년 가지고? 수천 년이라도 뜻을 놓치지 않아야 해요.

무함마드: 통일 비용도 크다던데요?

석가: KDI 한국개발원 추정은 3조 5,000억 달러로, 연간 82조 원(현 국방비 65조)씩 30년간 부담해야 한답니다. 그럼 앓느니 죽지, 30년간 누구를 위해 우리가 왜? 왜? 왜? 그 짓을 왜 하느냐는 사람들이 더 많고, 통일은 돈도 돈이지만 정치적, 국제적, 주변국 관계 등, 이게 실현 가능성이 없다는 얘기를 많이 합니다.

방장: 제가 한말씀 드려도 될까요? 부처님! 다른 건 몰라도 돈 얘기는 다릅니다. 82조에서 현 국방비 62조를 빼면 20조 원으로 줄고요, 만일 트럼프가 130조 원까지를 말하는 국방비를 20조쯤 올리게라도 되면 같고요, 또 북한에서 얻는 자원이나 인력 등 부가가치를 계산하면 단순 경제 논

리만으로는 손해 적습니다. 게다가 60만 청년 2년의 효과도 있고요.

석가: 하하 방장은 통일대망론자인 것 같군요. 통일은 대박이다~. 박근혜 전 대통령 정신입니까? 하하

예수: 하늘에서 보는 한국은 통일 정신을 살려야 합니다. 같은 민족 같은 핏줄이라는 초등생들 말을 떠나, 하늘의 뜻은 서로 사랑하고 도우며 나눠 먹고 사는 것이 옳은데도 문제는 또, 나누어 주면 고마운 것을 알아야 하는데 그 돈으로 도와준 형제를 죽이자고 무기를 만들면 인간보다 하늘이 노합니다.

소크라테스: 그럼 지난번과 똑같은 질문 또 해 볼게요. 왜 하늘이 돕지 않아 분단국으로 놔두는 겁니까?

예수: 도로 뺏지 못하는 인간 사림(자유의지) 때문입니다. 심판의 날이면 다 거두어들입니다. 참는 거지요. 문제는 포기하느냐 아니냐는 건데, 한국인들마저 거의 포기 같습니다. 통일 포기思考~.

힘들고, 돈 들고, 신경 쓰인다고 통일에 무관심한데, 이런 〈정신 깨우기〉 일에 말하고 글도 쓰고 또 기도하면서 뜻을 더 키워야지만, 민족과 세계가 복되고 하늘(하느님)도 복 주십니다.

방장: 많은 생각을 합니다. 이 생각이 이러다 그치지 않고 전 국민의 지속적인 생각으로 번져 나가기 원하면서,

그럼 오늘 여기서 마치고 내일 다시 모시겠습니다~~.♡

[상상토론] 인류4대성인 제17회
2025.6.28.토요일

연장 제5회 가정과 부부문제

〈가정과 부부에 대하여〉

방장: 인류 4대 성인 스승님들 모신 토론회가 오늘 연장 5회를 마침으로 이제 마지막 시간이 되었습니다. 보내드리기 아쉬운 것은 글방 가족도 같을 테지만 방장은 눈물 납니다. 이렇게 마치고 가시면 언제 어떻게 또 모실지 기약을 못 하겠어요.
흐르는 눈물을 참으며 이제 연장 5회 마지막 가정과 부부를 주제로 우리에게 주시는 말씀 시작해 주십시오. 훌쩍훌쩍….

공자: 아니, 방장이 정말 울어요? 이번에 자리를 만들어 준 고마움은 잊지 않을 터이니 언제가 되든 만나거든 이번에 우리가 나눈 토론회 이야기로 이날을 회상해 보기로 합시다.

석가: 아니, 이 무슨 새드 무비(슬픈 영화)입니까? 눈물로 시작하자는 거예요? 하하 사실 입으로는 웃지만 진실 이 사람도 헤어진다니 마음이 무겁습니다. 저 밝았던 나이 어린 방장이 참 수고 많았어요. 신의 가피(加被)가 일생 함께하실 겁니다.

소크라테스: 허허. 이거 나라고 쇳덩어리가 아닌데 분위기가 완전 울적 모드로군요. 사람이 여기 사나 별에 사나, 현생이나 내생이나 예

수 선생님 말하듯 하면 영혼은 영원하다 하니 우리 다섯 사람은 세상 떠난 지 수천 년이 지나도 혼과 넋은 불변합니다. 만나게 된다고 믿어도 될 터이니 심히 섭섭해하지는 말자고요.

무함마드: 알라는 영원한 분입니다. 무슬림은 영생을 믿습니다. 방장도 그렇게 믿고 마지막 시간 잘 마쳐주세요.

예수: 모두들 유언 남기듯 하시는데 성경은 말합니다. 주 안에 있으면 영원하다. 살아도 주의 것이요, 죽어도 주의 것이라, 사나 죽으나 우리는 영원할 것이다. 방장, 분위기 전환시키고 어서 토론합시다. 주제가 뭐랬지요?

방장: 네, 히히 성인 스승님들 죄송합니다. 밝고 가벼운 마음으로 마지막 오늘 주제는 가정입니다. 부부 이야기입니다. 화목한 부부, 불화한 부부. 백년해로 못 하고 이혼하는 부부, 그러므로 크는 아이들이 엄마나 아빠 중 하나를 선택하지도 못하여 한 부모 가정으로 크는 아이들, 현실 가정문제가 오늘 밤도 맘을 놓지 못합니다. 해해호호… 잘 살던 부부가 난데없이 이혼하고 원수가 되어… 아무튼 심각합니다. 누가 먼저 하실까요?

공자: 이 사람이 먼저 할까요? 혼례를 따라 사는 부부라도 조선왕조 초기 법제 '대명률(大明律)'에 의하면, '처(妻)를 내보내거나 의절(義絶: 이혼)할 상황이 없는데도 이혼한 자는 장(杖) 80의 형에 처하고, 처가 칠출(七出)의 죄를 범하였으나 삼불거(三不去)에 해당하는 사항이 있는 자는 죄 2등을 감하고 다시 살게 한다' 하는데 고리타분하지요마는 들어보세요.

칠거지악은 이혼 사유였습니다. 칠출이라 함은 일곱 가지 아내를 내쫓을 사유를 말하는데….

소크라테스: 아니, 삼불거는 무슨 소립니까?

공자: 아, 그럼 삼불거(三不去)부터 할까요? 대명률이란 명나라 법전을 따온 조선 초기 법에서 하는 말로서 삼불거란 다음 세 가지의 경우는 아내를 내보내면 안 된다는 법으로서 ① 시부모를 위해 삼년상을 치른 경우, ② 혼인 당시 가난하고 천한 지위에 있었으나 후에 부귀를 얻은 경우, ③ 이혼한 뒤에 돌아갈 만한 친정이 없는 경우는 도의상 그런 아내를 버려서는 안 된다는 것입니다.

소크라테스: 아, 그 참, 인간적입니다. 한국은 지금 이런 교육하는지 모르지만 가르치면 좋겠습니다. 그럼 칠출이란 이런 일곱 가지의 경우는 아내를 버리라는 건가요? 들어보겠습니다.

공자: 쫓아내 버려도 되는 칠출(七出)이라 함은 ① 시부모를 잘 섬기지 못하는 것, ② 아들을 낳지 못하는 것, ③ 부정한 행위, ④ 질투, ⑤ 나병 · 간질 등의 유전병, ⑥ 말이 많은 것, ⑦ 훔치는 것…. 그중 ③(부정)과 ⑦ (도벽)은 누구에게나 사회 일반의 법적 범죄행위로서 인정되는 것이며, ①~⑥은 봉건적 가족제도의 필연적 요구에서 나온 것입니다.

무함마드: 그런데 이게 과연 우리가 오늘 할 말인지 안 할 말인지… 세상은 변했습니다. 반대가 됐어요. 살고 않고 이혼하고 않고의 권리가 남편보다 아내의 의사가 1%라도 더 높다고 보일 정도입니다. 우리 이슬람은 이혼을 강제로 막지 않아요. 막는다고 않고 하란다고 하는 것이 이혼이 아니거든요. 단, 우리 이슬람인들은 본성이 착해 풀어줘도 이혼하는 사람 거의 없을 정도입니다.

공자: 제 말은 했으니 그럼 이제 예수님의 가정관이나 이혼에 대한 원칙은 뭐가 있습니까?

예수: 기독교나 천주교는 성경에 말한 대로 이혼은 엄금(嚴禁)입니다. 이혼하면 안 되는 이유는 남자 아담의 갈비뼈로 하와를 지은 것이 근

본입니다. 갈비뼈 하나로 여자 둘을 만들지 않았고, 여자는 두 남자의 갈비뼈 두 개로 만들지 않았어요. 둘이 아닌 하나 한 몸으로서 최초의 부부가 가정을 이루고 번성하라는 것은 창조의 법칙입니다.

무함마드: 아니, 예수 선생님! 아무리 부부지만 싫으면 이혼하는 것 아닌가요? 매일 싸우면 그 집안 꼴이 뭐가 되겠어요. 크는 아이들 주눅 들어 차라리 이혼해 주는 것이 아이들에게도 낫지 않아요?

예수: 이슬람의 꾸란(코란)은 그게 잘못됐어요. 창조자의 뜻은 예외를 두어 상대가 간음했을 경우에만 이혼하되 이혼했으면 다시 합치라는 게 원리입니다. 재혼하지 말고 그냥 살거나 아니면 다시 합치라는 말이 맞습니다. 그런데 고놈의 자유의지가 멋대로… 자기 생각대로 이혼하는데 기독교인이 무슬림보다 이혼을 더 많이 합니다. 이게 가정의 기본 틀이 무력화된 현상입니다.

공자: 거참 툭하면 자유의지라 하시는데 그거 철회하지도 않고 문제의 뿌리가 커지니 참 나. 현대인들 이혼하는 부부 비율이 수치마다 차이가 있어 한국 1.8%로 OECD 수준과 비슷하다고는 하는데 어떤 통계는 30%라고까지 합니다. 둘 다 아니라고 보입니다. 문제는 이혼만 안 했을 뿐이지 정떨어져 그냥 사는 법적 이혼이 아닌 심리적 이혼율은 꽤 많다고 보이니 문제입니다.

석가: 오늘 주제 자체가 저하고는 배치되는 측면이 있어 말을 하기 뭣 하여 가만히 있었습니다마는, 저는 궁을 나설 때 아내와 자식들을 두고 나왔습니다. 요샛말로는 가출(家出)이고 우리들 말로는 출가(出家)입니다. 그 이유가 정정당당하다기보다는 인간의 번뇌와 고통을 어찌 사라지게 할까였지만 오늘 주제에서는 뭐라고 설명할 수도 없지만 그냥 빠지고 싶은 심정입니다. 가정이 뭐가 중요하냐~~~? 이럴 수는 없지 않나요? 하하

소크라테스: 하하 그래도 웃으시니 좋습니다마는, 진리와 정의를 위해서라면 나는 절의를 꺾지 않고 둘 중 택일하라 할 때 저는 독배(毒杯)를 택했습니다. 내 철학과 소신을 바꾸면 나는 풀려나요. 그러나 아닌 건 아니고 그런 건 그런 것이라는 철학사상은 독배를 마시는 것이 옳다고 판단한 것입니다.

예수: 그 말씀은 가정과 부부라는 오늘 주제와는 좀 다른 얘기 같은데요, 저는 이혼은 반대합니다. 싸우더라도 같이 살아라~입니다. 가난해도 병들었어도. 설사 그가 간음하여 외간 여자와 살림을 차리고 외간 남자와 간통을 했더라도 기도하고 그런 고통을 감내하며 이혼은 하지 말라는 말입니다. 호세아는 고멜이라 부르는 그 아내가 간음녀였습니다. 그를 찾으러 가서 상대 남자에게 돈을 물어주고 데리고 왔습니다.

호세아서라는 성경은 현대인의 상식으로는 이해 불가이겠지만 사람은 유혹에 잘 넘어갑니다. 하와를 보면 알지 않아요? 꼬드기는 뱀이 누구일까요? 돈일 수도 있고 정욕일 수도 있고. 사람은 누구나 이런 부족함이 있지만 사람은 회개하고 돌아설 수 있는 유일한 영적인 존재입니다.

공자: 아니, 나보다 더 보수적인데 너무 구속하는 것 아닙니까? 왜 그리 법이 강합니까? 그럼 배우자 둘 중 하나가 죽어도 안 돼요?

예수: 아, 그 말을 빠뜨렸군요. 배우자가 죽었으면 재혼해도 된다고 하였으나 뭐 꼭 재혼하여 두 집 살림을 할 게 뭐가 있겠습니까. 나이 들어 삼시 세끼 밥상 때문에 재혼한다는 것 역시 상대 남성 여성의 입장에서 보더라도 얻는 즐거움보다 잃는 피로를 비기면 얼마나 산다고… 다 늙어 이제 또 자식 낳고 살 것도 아니지 않습니까?

방장: 다섯 분의 성인 스승님~ 마칠 시간이 돼가요.

소크라테스: 벌써요? 하, 이런 이런…. 지금 후대들의 삶에서 가장 큰 병은 질병(疾病)이 아닙니다. 돈도 아니고 기후위기도 아니고 출산 국방안보도 아닙니다.

가장 큰 병은 인간성이 병드는 무개념(無槪念)병입니다. 달면 삼키고 쓰면 뱉는 감탄고토(甘呑苦吐)병이 인류의 모든 재앙을 불러옵니다.

공자: 맞습니다. 이 병을 고치지 않으면 살아도 고생 이혼해도 고생… 부자 빈자 배우고 않고보다 인간의 가장 중요한 세포가 바로 가정이고 부부문제라고 보여요. 부부가 병들면 사회가 병들고 사회가 병들면 지구가 병들어 인류 전체가 힘들어진다…. 부부를 지키고 가정을 지켜라~! 제 말 어떻습니까?

방장: 역시 공자님 말씀이십니다. 박수쳐 주세요.

예수: 마지막으로 한마디만 합니다. 실수할 수 있어요. 평생 완벽한 사람 없습니다. 부디 너그럽게 서로 사랑하고 용서하셔야 합니다. 사람은 평생 변하고 바뀝니다. 변질(變質)되지 말고 변화(變化)되십시오.

방장: 네, 아, 그럼 여기서 모두 마치기로 하였습니다마는 글방 가족들이 꼭 여쭤볼 말씀이 있다 하십니다.

마지막 인사를 나누게 될 오늘 밤 차담회에서라도 꼭 벗님들이 궁금해하시는 질문에 대하여 오늘 저녁에, 방장이 특근을 해서라도 특히, 예수님의 답변을 듣고 싶다 하십니다.

그리고 내일은 방장이 쉬는 일요일이지만 내일 아침 글방에 올려달라 합니다. 그럼 만찬 후 다시 모시겠습니다. 이따 다시 뵙겠습니다~~.

[상상토론] 인류4대성인 제18회
2025.6.29.일요일

연장 제6회 뒤풀이 차담회

※ 지난밤 만찬 후 상상토론 차담회(쫑파티)로 모였습니다. 오늘은 방장이 쉬는 날이지만 특근하여 지난밤 차담회를 통해 글방 가족들이 여쭤보라 하신 내용을 게시해 올려 드리겠습니다. 선대 인류 4대 성인 스승님들을 다시 모셨습니다.

방장: 본 토론은 전부 마쳤습니다. 말씀드린 대로 이 시간은 뒤풀이 차담회 시간입니다. 그동안 성인 스승님들의 상상토론을 어찌나 집중하셨던지 자기들도 관객 질문으로 받아 달라 하셨습니다. 시간은 짧게 하겠습니다.
그럼 글벗들의 질문은 나누어 드려 받으신 스승님께서 각각 예수님께 질문해 주시기 바랍니다.

공자: 네, 제가 받은 질문입니다. 임재한 세종시문화해설사가 이렇게 질문하였습니다. 방장에게 한 질문 같은데요, "지금 살고 있는 곳 환경은 어떤지 궁금하네요. 천당과 지옥에 갔다는 증거가 없으니까…" 하셨습니다. 상상토론 진행자 방장에게 묻기를 지금 살고 있는 곳은 어디이며 그곳 환경은? 이건 현실이 아닌 성인 스승님들을 말한다고 보이는데요, 그리고 천당이냐 지옥이냐… 증거가 무엇이냐는 질문입니다.

석가: 아니, 임재한이라면 불교 포교사 아닙니까? 시인이고요. 누구한테 물었나 하고 들어보니 이건 나에게 물은 것도 같고 잘 못 알아듣겠습니다. 나보고 부처님은 천국이냐 지옥이냐 한 건가요?

방장: 부처님… 하하 포교사가 물은 거니까 부처님께서 답하셔도 될 것 같습니다.

석가: 아, 그 이야기는 지난 6월 12일 무함마드 선생이 물으시기에 제가 이렇게 말했습니다. "육도윤회(六道輪廻)를 말하시나 본데, 육도(六道)란 지옥도(地獄道), 아귀도(餓鬼道), 축생도(畜生道), 아수라도(阿修羅道), 인간도(人間道), 천상도(天上道)를 말하며, 중생이 업(業)에 따라 이 여섯 가지 세상에서 태어나고 죽는 것을 의미합니다"라고요.

예수: 천상도라… 아, 그때 들었군요. 그때 나를 보고 잘 아시지 않느냐 하셨지요?

석가: 그렇습니다. 지옥, 아귀, 축생, 아수라, 인간, 천상… 이렇게 도는 것을 윤회라 한다는 말씀 드렸거든요.

방장: 이에 방장은 임재한 시인의 이런 질문에 대하여 이렇게 답했습니다. "아우님, 사후든 현재든 영계(靈溪)의 일은 가벼이 쉽게 초싹 말하는 것이 아니랍니다."

"말로 판단하면 애들입니다. 모르는 것은 모른다 하는 것이 아는 것이다~~, 누가 했죠? 제 글 중에도 공자, 소크라테스 두 분이 한 말입니다. 우리 할부지 어무이 예수 안 믿어 어디 갔다는 이런 말은 천역(天逆)이에요"라고요.

예수: 죽으면 반드시 심판이 있고 심판이란 마태복음 25장 비유의 말과 같습니다. 누가 천국이고 멈추지 않는 불에 들어갔고 아니고의 그 다음은 봉해져 있어 아무도 모릅니다.

혹 부부 중 아내는 천국에 가고 남편은 불속에 들어갔더라도 천국에 간 아내는 불속에 들어간 남편을 보지 못합니다.

그러나 누가복음 16장을 보면 지옥에서는 천국이 보여 그때는 회개하지만 심판은 끝났습니다. 그때가 언제냐… 기다리고 기다리고 또 기다리는 중이고 언제라는 사실도 감춰 놓았습니다.

요한계시록을 잘못 해석하면 안 되는 이유는 미리 알면 안 되는 것이고 영의 세계 실상은 믿음을 키워주기 위한 목적일 뿐이지 글자대로는 아닙니다. 글씨로 못 쓰고 말로 못 합니다. 방장이 모른다고 하는 것이 맞아요.

소크라테스: 다음은 제가 할까요? 질문이 많아서 그중 하나만 하고 다른 분들께 넘기겠습니다. 이번 글방 가족 질문은 수필가 서대화 청년의 질문입니다.

방장: 소크라테스 스승님, 청년 아닙니다. 80이 넘었어요?

소크라테스: 하하 방장 참 웃기네요, 정말. 팔십도 나이입니까. 여기 1,000살 2,000살이 넘는데 그것도 나이예요? 이곳이 몸뚱이 토론입니까? 깜빡하시나 본데 여기는 영계 토론장입니다.

방장: 아, 네네. 하하 제가 착각했습니다.

소크라테스: 어혀 말을 끊어 가지고설랑. 어디까지 했더라? 아, 이거지요? "신도림역 부근에 〈예수천당 불신지옥〉을 공갈 협박하듯 외치는 전도자들이 얼마나 많은가. 정말 그렇게 하는 것이 최선인가?" 또 묻기를 〈때를 얻든지 못 얻든지 기회만 있으면 전도하라고 하신 것 기억합니다. 그렇게 하지 않고 내 삶을 통해서 본을 보이는 방법으로 전도하는 것도 괜찮지 않을까요? 라든지…〉 이건 예수 선생님이 답하셔야 하겠지요?

예수: 질문이 평이한 듯하지만 맥을 콕 짚어 잘 잡아낸 질문입니다. 답은 자기가 했군요. 말로 하는 전도가 있고 행동으로 하는 전도가 있어서 둘 다 옳니 그르니 하기보다는 후자가 바람직합니다. 말은 글한테도

집니다. 물론 말은 필요하지만 조금만 더 나가면 광신(狂信) 맹신(盲信)이 돼 버립니다. 광신은 알 테고, 하하 참 맹신도 아는 거지요?

방장: 교회가 왜 저런 노상 전도를 부추길까요?

예수: 그건 나름의 성도 훈련일 수도 있지만 저런 전도 방법은 최초 첫 선교사들이 각도를 잘못 잡은 측면도 있습니다. 전도란 진지한 대화로도 부족할뿐더러, 한두 마디는 고사하고 한두 달 동안 자세히 들어봐도 그에게 씨앗이 트일지 말지 몰라 교회는 6개월의 장기간 학습교인과정을 거쳐 철저한 자료를 통해 가르쳐도 쉽지 않습니다.

방장: 저런 거 뜯어말려야 하나요?

예수: 거참 방장답지 않은 질문을 합니다. 그런다고 말을 듣겠어요. 자식도 못 이겨요. 하하 뭐 싸우고 싶으면 그래 보시던지. 하하

공자: 아, 제 차롑니까? 아, 그렇군요. 경기도 남양주에 사시는, 에~~ 글씨가 작아서… 아, 같은 이름이군요. 서대화 청년 맞습니다. 이번 질문은… 좀 긴 내용이군요. 그냥 원문대로 읽어서 질문에 갈음하겠습니다.
"또 한 가지, 십일조 안 내면 정말 도둑질하는 거 맞나요? 복 내려주지 않습니까?" 이게 첫 질문이고요. 다음은
"우리는 하나님 앞에서 영원한 어린애, 천둥벌거숭이이니 모르는 거, 궁금한 거 물어도 흉이 안 될 거예요…." 아, 이건 질문은 아닌 것 같고요. 예수님! 잘 들으시는 거죠? 답하실 질문입니다. 에 또 서대화 청년은 아주 좋은 기회 만드신 방장께 다섯 분 성인들께서 스마트폰에 다 기록해 놓고 다음 세상이 있든 없든 보상해 주실는지도 모르죠…. 어, 이것도 방장과의 사담인 것 같군요. 다음은… (혼잣말=어? 질문지가 2장인가?) 아, 이 말은 첫 질문지에 있는 말 같은데 이건 이따가 말씀드리기로 하고 자~~ 이번 질문은 십일조와 도둑질인가… 이것이로군요.

예수: 청년이 수필가여서 그런지 질문도 참 참합니다. 아무튼, 십일조는

수입의 10분의 1을 말하지만 성경이 그렇게 가르치고 있고 교회도 그래야 운영을 하니 드려야 합니다. 말라기 선지자는 방장처럼 세게 말했습니다. 특히 말라기서 3장 8~9절은 험악합니다.

공자: 또 살기(殺氣)가 튑니까? 하하

예수: 살기…? 아, 글쎄요. 하여간 들어보십시오. "사람이 하나님의 것을 도둑질할 수 있느냐?" 십일조 얘깁니다. "그러나 너희는 나의 것을 도둑질하고서도 '우리가 어떻게 주의 것을 도둑질하였습니까?' 하고 말한다." 모른다는 말입니다.

"너희는 나에게 돌아올 십일조와 예물을 도둑질하였다. 너희 온 나라가 나의 것을 도둑질하였으므로 너희가 저주를 받았다…." 어때요?

공자: 이건 피가 튄다기보다는 침이 튀는 듯 게거품을 무는 듯 들립니다, 하하 죄송합니다, 예수 선생님~.

예수: 괜찮습니다. 그런데 이 말은 말 그대로 하면 인간은, 교인들 아마도 절반? 아니, 거의 대부분 도둑놈일지도 모르지요?

방장: 아, 그 깊은 뜻 저는 짐작됩니다. 우리 글방이 글쓰기공부 하라고 공부방을 열면서 성경 잠언의 말씀대로 "돈이 있는 곳에 네 마음이 있다" 하여 교재비 수강 지도비로 월 30만 원씩 내라고 하였습니다. 돈이 아까워 안 내는 사람은 공부할 마음이 없는 사람이라는 등….

예수: 그만그만.(말 끊고) 방장이 글 가르쳐 돈 벌자는 마음이 아니라 제대로 배운다는 마음 여부를 판단하기 위해서였지요? 마음이 오라는 것이지 돈이 오라는 것이 아니다~~~? 맞아요?

망장: 아니, 왜 말을 끊으시나 했더니 과연 입 떼기도 전 무슨 말 할지도 아신다 하시더니 예예. 예. 예수님 그렇습니다. 가르치자니까 우선 마음을 뺏어야 하는데 마음 자세가 되고 않고는 돈에 불어 있거든요.

예수: 서대화 청년의 질문의 답이 이로써 됐지 싶습니다. 하나님은… 방

장도 부자라 하던데. 진짜 하나님은 우리 코 묻은 돈 뺏어 뭘 사서 자시겠습니까? 금을 삽니까, 옷을 삽니까? 예배당은 내 집이 아닙니다. 내 몸은 성도들입니다. 이 말이 하나님의 말씀이에요.

십일조를 왜 내라 하느냐? 말라기 선지자는 왜 게거품을 물고 침이 튀게 외쳤느냐??? 답은 마음을 받으려면 돈을 가져오라 하고 가져오나 안 오나를 보고 1차적으로 판단합니다.

도둑놈은 맞는데 틀립니다. 그 말은 '가정(假定) 명사'입니다. 도둑으로 말해야 알아듣고 돈을 가져도 오겠지만 시답잖은 소리고. 본질은 "믿음을 가져오라"는 뜻입니다.

돈 가고 믿음 가는 사람도 있고, 믿음 가고 돈이 가는 사람도 있습니다. 둘 다 맞지만 본질은 해가 뜨나 지나 꽃이 피나 지나 눈이 오나 비가 오나 병들고 아프고 가난하나 부하나… 우리는 사나 죽으나 주의 것이라는 것을 알면 그 모든 재물을 하나님이 주신 건데, 10에 2조 5조 9조라도 못 하겠습니까? 입 씩 닦는 자는 믿음도 깡통이다~~~. 끝….

(일동 박수 박수…)

방장: 아, 성인 스승님들 어떻게 헤어져 드릴지, 요 며칠 전부터 눈물이 나려고 하였는데… 아참, 공자 스승님~, 그 서대화 수필가가 한 말 하나 남기신 게 뭐예요?

공자: 아하, 깜빡 잊을 뻔했습니다. 자~ 서대화 청년이 첫 질문글에 쓴 말을 읽어 드리겠습니다.

"금과옥조의 명언, 더 언급하실 줄 알고 기대합니다. 곁들여 성인 스승님들의 잠자리, 먹거리, 간식, 음료수 등 준비는 잘 되었는지 그것도 걱정됩니다."

일동: 와! 한 번 더 박수 박수··· 와! 참 착한 청년이네···.

방상: (눈물이 흘러 목이 메어) 감사합니다···. 잊지 않고 꼭 다시 모실게요···. 감사합니다. 사랑합니다

天孫拜禮 24편

한민족 문인 · 학자 28인 단군성조 알현(謁見禮)

天孫拜禮 1
2025.7.28.월요일

배례자 소개

※ 천손(天孫 · 천광노)이 진행하는 한민족 기록성현 스물한 분의 단군 성조 알현(謁見 · 뵙다)을 시작합니다. 『2025 '광복 80주년'』 특집입니다.

친견(親見)은 후손들, 기록성현(聖賢)이 배례(拜禮)와 자기를 소개하면, 단군 성조의 아들 홍익(弘益 · 가상 인물) 할아버지께서 받아주시는 형식입니다. 이는 하나님의 아들 예수님을 뵙듯이 기도하는 형식으로 단군 성조는 『하나님과 동격』으로 모십니다. 수배(受拜 · 절 받음)는 단군 성조의 아들 『홍익 · 예수님 격』 선조부님이 받으십니다.

'홍익(弘益)'은 가상 인물이며, 선조부님이시고, 진행자는 천손 '천광노'로 계손(季孫 · 막내 손자)입니다. 스물한 분은 모두 한민족정신 중 기록정신으로 우리 글방이 모실 천손민족 대한민국 역사의 실존 문인들이시며 글방 가족을 대표합니다.

총 제4부작 6회씩 24회로 올릴 이 배례는, 앞선 인류의 4대 성인을 모셨던 〈상상토론〉처럼 소개 후 질문 답하는 작문법으로, 연설이나 강의는 아닙니다.

경건히 동참해 주시기 바랍니다. 먼저 천손 천광노 홍익 선조부 앞 인사 올립니다.

홍익: 오~ 호(號)가 퇴비(堆肥)라고?

천손: 네, 선조부 할아버지 '거름'이란 뜻입니다. 필명이 퇴비입니다.

홍익: 거참 별나다. 그래 올해 몇 살?

천손: 7학년 8반입니다. 선조부님!

홍익: 허 녀석 참. 미국에나 7학년이라 하지 않니?

천손: 하하 넘어가 주세요, 선조부님~.

홍익: 그래. 그런데 뭘 어쩌라고 나를 오시라 그리도 애원을 한 것이냐?

천손: 저부터 큰절부터 올리고요(큰절 · 올린 후), 모신 이유는 여기 뵙고 싶다는 선조부 할아버지의 후손들이 무~자게 많습니다. 제가 막내니까 빠르다고 집사(執事) 하라 하셨습니다.

홍익: 그래. 왜 천손인지는 알겠고 성(姓)도 천(千)가라면서?

천손: 성도 성(姓)이지만 저는 단군 성조의 천손이라는 것이 너무 좋아 이 책 제호도 『천손문학』이라 했어요.

홍익: 야야, 내가 이 말은 안 하려다 하는데 네 중시조는 중국서 온 지 428년이고 나는 4,340살인데 너도 단군 성조의 직계 천손이냐?

천손: 저도 단군 할아버지와 홍익 선조부님 손자 맞아요. 진짜 천손 중 천손입니다이잉ㅇ잉ㅇ.

홍익: 아니, 왜 그래. 누가 아니랬어? 그래. 너는 끝동이 『막내천손』이다. 인정할 게 징징거리지 마라.

천손: 저는 명나라 장군 제 중시조 할아버지의 16대손입니다. 제 모친은 순흥 안(安)가입니다. 피가 열여섯 번 섞여서가 아니라 저는 글쟁이입니다. 성경만치 제 골수를 채우고 핏속에 가득한 것이 천손사상(天孫思想)입니다. 아이고. 그런 말씀은 그만… 몸도 몸이지만 정신(精神) 하면 천손정신전령자 자칭 오래입니다.(또 징징)

홍익: 그래그래. 알았으니 그만하겠는데 그 정신이라는 말이 맘에 든다.

같은 피가 흘러도 삐딱한 녀석들 많아 속이 끓었는데 하하 막내천손 손자를 보니 좋다.

천손: 히히. 자, 그럼 시작하겠습니당ㅇ~~.

홍익: 아, 막내천손! 나대지 말고 묻거든 그때 대답하면서 천천히 하자. 천손이고 천가라면 천이 둘이니 천천히가 좋지?

천손: 천천히…? 아하, 한문으로 쓰면 天千熙인가요. 히히~.

홍익: 자, 그만 까불고 그래 이 자리에 누구를 오라 하였느냐?

천손: 선조부님 1군(群)부터 3군(群)까지는 스물한 분입니다.

홍익: 아니, 4군까지 스물여덟이라 안 했어?

천손: 맞고요, 먼저 3군까지 스물한 분 존함만 말씀드리려 해도 한참 걸립니다. 차츰 제가 모실 때 만나시고요, 우선 합동 배례(인사)부터 받으시는 게 좋겠어요.

홍익: 그래라. 허 녀석, 아무튼 낭랑하니 밝아서 좋구나.

천손: 히히. 자, 그럼 이제 기록성현 일동 합동 알현 순서입니다~~. 일어서 주십시오. 국표(國表)로 모시는 국조 단군왕검(檀君王儉)의 차남 〈홍익 · 弘益〉 선조부님이십니다. 일동 기립, 경례~!(바로 · 착석)

홍익: 아, 이거 정신이 없구먼… 하여튼 모두들 반가우이….

천손: 하하 예. 그러면 이어서 [제1군]에 속한 성현님들부터 제가 성함만 소개 말씀 올리겠습니다. 호명하거든 잠깐씩 일어서 주십시오.
제1군은… 백제 왕인 박사님, 고구려 이문진 태학사님, 신라 설총 성현님, 신라 강수 성현님, 신라 최치원 성현님, 후백제 최승우 성현님… 이상이 제1군입니다. 앉으시고요.

홍익: 그래 좀은 알 만하다만 정신이 없다.

천손: 하하 이어 다음은 [제2군]입니다. 고려 말 삼은 중 목은 이색 성현님, 야은 길재 성현님, 포은 정몽주 성현님, 조선 세종대왕님, 퇴계

이황 성현님, 토정 이지함 성현님, 율곡 이이 성현님, 구암 허준 성현님, 조선증장(拯將) 사암 천만리 장군님….

홍익: 그래그래. 모두 편히들 앉고 이야기는 좀 천천히(天千熙) 해 보자. 저러다 막내천손 숨 넘어갈까 걱정이다. 천천 찬찬히 해.

천손: 예예. 다음은 [제3군]입니다.(느릿느릿) 다산 정약용 선생님, 월남 이상재 선생님, 호머 헐버트 선생님, 유길준 선생님, 주시경 선생님, 김두봉 선생님, 이어령 평론가님… 이상 총 스물한 분입니다.(박수~)

홍익: 아니, 제4군까지라며 끝이냐?

천손: 네, 제4군은 아직 도착 전입니다. 곧 올 거예요.

홍익: 누군데 지각이냐. 이런, 이런….

천손: 제4군은 여성 문인들입니다. 여자들은 어딜 한 번씩 가려면 꼭 늦는다니까요.

홍익: 오호라, 아, 여자들이야? 하하 늦을 만하다.

천손: 아마노 한참, 어쩌면 며칠 늦을 것 같습니다.

홍익: 그건 계손(후손 중 막내)이 알아서 하는데 나야 막내천손이 까불어도 이쁘지만 좀 천천히 점잖게 하거라.

천손: 히히. 네네. 홍익 선조부님… 자, 그럼 성현 1군으로 올해 1,000세 이상 연세가 많은 선조님들부터 자기소개와 질문하시고, 홍익 선조부님은 고령이시기 때문에 질문답변 시 특별주문 제작한 의자에 누우시기도 하시는 등 편히 질문 받고 답변하셔도 된다는 말씀 올립니다. 그리고요 ㅎ~ 점잖게 할게요.

홍익: 아니, 꼭 그러라는 건 아니고… 원래 아비는 봐주는 것도 형들은 야단을 치는 거거든. 그렇단 소리다.

천손: 네네. 할부지 알았고요, 모신 특수 주문제작한 선조부님 자리는 누우셔도 다 보이게 만들었다는 말씀 또 드리고 시작하겠습니다. 질

문은 각 군(群)별 초청받은 분들과 자유롭게 하시되, 기억해야 할 것은 홍익 선조부님께 예례 후 아뢰고 선조부님의 말씀을 듣자는 것이 토론의 기본 방향이라는 말씀을 드립니다. 자~ 그러면 홍익 선조부님은 우리에게 하대(下待)를 하십니다. 경청 바라며, 스물한 분은 극진한 경어를 쓰셔야 한다는 것도 알려 드립니다. 후손인 독자와 글방 가족 모두 박수로 맞으십시오.(박수~~) 네, 감사합니다. 먼저 선조부님의 자기소개 말씀부터 듣고 하시기 바랍니다.

홍익: 아, 반가우이. 나는 홍익이라 하이. 국조 단군 할아버지의 차남이야. 단군 할아버지는 4,358세이시고… 아, 내가 누군지들은 아나?(조용…) 허허. 유독 나만 '가상 인물'이라 하네. 우리 역사에 나는 실존했던 인물이 아닐세. 특별히 모신다 하여 온 나는, 고조선을 세운 국조(國祖) 단군 아버님의 둘째 아들일세.

우리 건국신화에도 나는 없어, 한국사 연표(年表)에도 없네. 단, 교육기본법 제1조 2항에만 내 이름자가 있지. 『경천애인』은 형님이시고 『홍익인간』이 난데 내가 둘째야.

나는 단군 성조 아버님을 대신해 왔네. 아버님은 하늘의 성신(聖神)이시라 오실 수 없고, 대신 가거라(예수처럼) 하여 글방운영위원이 단군 할아버지 대신 오시라 해 왔으니 아버님의 분신(分身)이지만 일체(一體)라고 봐도 되네.

형님 경천애인은 〈하늘을 경배할 것〉, 이어서 〈사람을 사랑하라〉는 뜻일세. 사람보다 하늘을 나중에 알고 모시면 잘못이란 뜻일세. 경천애인 다음이 바로 내 본명 『홍익인간 · 弘益人間)』일세.

첫째로 경천 하였으면, 둘째는 애인(愛人 · 사람 사랑)일세. 사람을 사랑할 줄 안다면 말이야, 잘들 들어. 이제는 사람 중 꼭 내 아들딸 가족만이 아니라 널~리, 인류 전체까지의 사람들을 〈이롭게 하는 사람이 되라〉는 홍익(弘益)이 바로 국조 단군 성조 아버님의 가르침 일세…. 이봐 막내천손! 이러면 내 소개가 됐나?(일동 박수와 경례)

천손: 아, 네네… 잘 하셨습니다. 모두 잘 알았을 것입니다. 하하~. 이로써 가상토론에서 가상 인물로 설정해 모신 것도 잘 이해가 되었을 것입니다.

오늘 모신 홍익 선조부님은 올해 4,340세로 단군 할아버지가 18세에 낳으셨습니다.(가상) 우리에게는 건국신위(神位)가 되십니다. 그러면 홍익 선조부님을 통해 시조(始祖) 겸 국성조(國聖祖) 단군 할아버지를 뵙듯 하고 예를 차리며 홍익인간다운 정신으로 마음밭을 갈게 하는 시간 되시기 바랍니다.

홍익: (빙그레 · 끄덕끄덕)

천손: 자~ 그러면 이제부터 연장 성현님들 순서로 배례 올리고 여쭈십시오. 긴장 풀고 편하게 여쭈세요. 자기소개와 질문, 토론참여자가 많으니 한두 가지씩만 여쭙기 바랍니다. 인사와 질문 순서는 1군 왼쪽 연장 성현님부터입니다.

왕인: 토론 1군(群) 좌장 백제의 문인(文人) 왕인 인사 올립니다. 올해 1,650살입니다. 박사라고도 부르지만 국내보다 섬나라 일본으로 가 국내에는 거의 기록이 없습니다. 몽매(蒙昧)한 섬사람들에게 천자문을 가져가 가르치며 거기서 세상을 떴지만 단군의 자손으로 저도 천손입니다. 오늘 영령(英靈 · 영혼의 높임말) 전에 머리 숙여 큰절 올리며 여쭙겠습니다. 우리 시조 할아버지 건국신화에 나오는 웅녀모(熊女母)가 궁금합니다.

홍익: 오오오. 그럼 일본에서 왔나? 같은 핏줄이라며 어째 일본으로 갔어?

왕인: 우리 민족은 다 똑똑해요. 당시 일본인들은 칼이나 차고 찌르는 것만 알지 무식했습니다. 홍익 선조부님 뜻은 모르기 때문에 야만인

같은 저들도 가르쳐야 한다는… 저에게도 홍익인간 정신이 있기 때문입니다.

홍익: 그래그래, 나무란 게 아니고 물어본 거다. 아참, 질문이 뭐였지? 아, 웅녀모?

천손: 아, 홍익 선조부님, 그런데 왕인 박사님! 제1회를 마쳐야 하겠습니다. 이어서 내일 계속해 주십시오. 홍익 선조부님과 성현님들 침소가 어떠실지 모르겠으나 편히 주무시고 내일 뵙겠습니다.

홍익: 그래? 마치기 전 막내천손에게 하나 묻겠네. 대체 사람이 이리 많으니 누가 누군지 먼저 나이하고 이름 자세히 말해 주지 않겠나?

천손: 아, 네네. 연세를 빠뜨렸네요.

[제1군] 왕인 · 1,650살. 이문진 · 1,448살. 설총 · 1,370살. 최치원 · 1,168살. 최승우 · 1,135살

[제2군] 이색 · 697살. 정몽주 · 688살. 세종 · 678살. 길재 · 672살. 이황 · 523살. 이지함 · 508살. 이이 · 489살. 허준 · 486살. 천만리 · 460살

[제3군] 정약용 · 263살. 이상재 · 175살. 유길준 · 169살. 헐버트 · 162살.주시경 · 149살. 김두봉 · 136살. 이어령 · 92살…입니다.

홍익: 그래그래. 막내라고 너무 까불지 말고 잘해….

천손: (힘없이)네에~. (힘차게) 다시 한번 기립해 주십시오~~.

전체 기립~! "일동 배례…." "바로…." 내일 뵙겠습니다~~!

天孫拜禮 2
2025.7.29.화요일

왕인, 이문진 배례

천손: 홍익 선조부님 알현 두 번째 날입니다. 어제에 이어 왕인 박사님 말씀 올리십시오.

왕인: 네, 저는 일본에 갔어도 단군의 자손 천손이라는 걸 잊지 않으면서도, 일본 역사를 보니까 무식한 듯하면서도 빼깁니다. 자기네 역사는 크게 신석기 시대, 야요이 시대, 고대, 중세, 근대, 현대로 구분된다면서, 일본 역사 시작은 신석기 시대인 조몬 시대(BC 13000년경~BC 300년)부터라고 너스레를 떱니다. 우리는 기원전 2333년이니까 그들보다 10,000년 뒤진다고 해 제가 대응할 말이 마뜩잖을 때가 있었어요.

홍익: 그 녀석들 다 뻥이다 뻥. 그럼에도 지금도 국사 교과서에 같은 뻥을 쳐대. 자기들은 섬나라지만 하늘로부터 내려왔다며, 아마츠카미 아마테라스 오미카미(天照大神 · 天照大御神) 어쩌고 하는데 근거는 아주 허술해. 하늘 여신이 건국신화라고? 껄껄~ 그걸 믿느냐?

왕인: 선조부님! 천자문도 모르고 글자도 없던 미개인들이 표류민으로 사는 주제에 저들은 왜 저렇다고 믿는 걸까요?

홍익: 모르면 꿈을 현실로 믿고, 꿈에 본 것 그대로 딱 믿는 게 사람이야. 그렇더라도 대명천지 문명시대를 살고 국민소득이 저 정도면 알

만한데도 저러니 2의 왕인을 보내든지 하여, 꿈을 깨워줘야 하는데 그냥 놔둬 버리거라.

왕인: 그럼 그들은 그런다 치시고, 우리 것이나 잘 알아야 할 것 같아요. 여쭈운 웅녀모라는 진실은 뭐예요?

홍익: 하하 일본이나 우리나 그건 신화(神話)일세. 일본처럼 건국신화라고 펼치라면 우리는 환국, 배달국, 그 얼마든지 올릴 수도 있지만 우린 오롯이 우리 겨레 얼만 말하자니까 웅녀모가 나온 걸세. 이게 건국신화거든. 박사니까 신화는 설화(說話)라고도 하는 건 알지? 설화가 무엇인가? 『있지도 아니한 일에 대하여 사실처럼 꾸며 말함… 또는 그런 이야기』 이게 신화와 설화야. 문학에서는 각 민족 사이에 전승되어 오는 전설, 민담 따위를 통틀어 이르는 말이거든. 이걸 알면서 묻나, 모르고 묻나?

왕인: 예. 알기는 좀 알지만 자주 헤맵니다. 그럼 마늘이니 쑥이니 웅녀, 곰, 이것 믿지 말아야 할까요?

천손: 왕인 박사님, 이쯤에서 다음 분 인사 올리고 질문하라 하시지요. 우선 인사례(禮)니까요. 시간은 많습니다. 다음 이문진 태학사님~ 인사 올리고 여쭈세요.

이문진: 홍익 선조부님 큰절 올립니다. 저는 1,448살 된 고구려의 문인입니다. 저도 단군 할아버지의 자손입니다.

홍익: 여보게 막내천손~! 질문을 네댓 번씩은 하게 두게나. 누가 왜 한두 마디씩만 하라고 정했나? 어이?

천손: 아, 예예. 홍익 선조부님, 그리하겠습니다.

홍익: 그래… 아, 왕인에게 답 못 한 건 다음에 누가 묻고. 어이! 내 나이가 사천삼백마흔(4,340) 살이고 백제 왕인은 1,650이고, 자네는 이문진? 1,448살이라면, 그런데 왜 4,000살 3,000살짜리 손(孫)들은

어디 가고 반에 반이나 잘려 나가 1,500살도 안 된 자네가 먼저 나온 이유가 뭔가? 그것부터 말하게.

이문진: 예. 선조부님. 고조선이 한(漢)나라에 망하고 뿔뿔이 흩어져, 북으로는 북부여 옥저, 그러다 남으로는 진한 변한 마한 삼한인(三韓人)으로 살던 2,200여 년간은, 전쟁과 기근 때문에 공부를 못 해 이렇다 할 학자(文傑)가 나오지 않아 그렇습지요마는, 저는 고구려 영양왕 때 태학사를 지냈으며,(생몰 미상) 영양왕 11년(AD 600) 왕명으로 〈유기 · 遺記〉 100권을 재편찬 〈신집〉 5권을 썼는데, 전해오지는 않아도 그건 사실입니다. 왕인 박사는 저보다 102살이나 연상인데 왠지 일본으로 가셔가지고 글을 써 책을 낸 것은 제가 우리 민족 중에는 처음이었던 것 같습니다. 정확한 것은 이제 저도 확인이 잘 안 됩니다. 선조부님!

홍익: 오, 그래? 글이 바로 홍익일세. 아버님이 내게 하늘을 섬기고 사람을 품으라며, 경천애인(敬天愛人)이 잘 되었으면 널리 사람들 모~두를 이롭게 하라고 홍익(弘益)이라 하셨는데 홍익에는 쌀과 보리도 좋지만 더 좋은 것은 『가르칠 글』을 쓰는 걸세. 그래 궁금한 게 뭔가? 더 물어봐.

이문진: 예. 앞서 왕인 박사가 여쭙다 만 건국신화 말입니다. 저는 그게 꾸민 거다~ 이러고 말고는 싶고 그러기도 하거든요. 그런데 달리 해줄 다른 말이 없어요. 아니라도 좋으니 그 설화의 진실은 뭐예요?

홍익: 진실은? 한마디로 "아니다"일세. 사람이 어찌 알에서 나오고 돌에서 나오고 바가지에서 나오다니 다 그냥 하는 소리야. 다리 밑에서 주워 왔다는 등 웃자고 농(弄)친 말이 어른거리다 그대로 굳어버린 걸세.

천손: 홍익 선조부님~ 무리하지 않으세요? 이만 쉬셔야겠습니다. 글방

가족들이 글이 길면 바쁘다고 짧게 써달랍니다.

홍익: 뭣이?(버러럭~@) 아, 이게 길대? 헛 참….

정약용: (살짝이) 아이쿠 막내천손 아닙니다. 저는 넋 나간 사람이 됐어요. 이런 기회는 수십 백만 년이 가도 없을 것 같아 너무 좋습니다.(들은 사람 공감. 끄덕끄덕)

천손: 예예. 우리는 천손(天孫)이다~ 어째서 천손(하늘의 아들 딸)인가~. 그럼 선조부 홍익 선조부님의 다음 말씀을 기다리면서 이번에는 설총 성현님 배례와 질문하실 건데 이문진 성현님도 이어지는 홍익 선조부님의 답변 말씀 귀담아들어 주시기 바랍니다.

홍익: 천손 막내 애쓰네. 암~ 그래야지. 이문진도… 다들 자식 낳고 기르느라 바빠 이런 데는 무관심인데 막내천손은 기특하이. 암만, 나이 들면 이래야 해. 철이 들어야 부모도 알고 하늘도 알고 싶다는 것은 철이 났단 소리지. 잘하는 일이야. 칭찬일세.

천손: 예예. 감사합니다. 그럼 이문진 태학사 성현에게 하시던 말씀 계속해 주세요.

홍익: 길다 짧다 하지 말고 바쁘단 말 하지 말고들 듣게.

이문진: 저는 밤새우셔도 졸지 않을 겁니다. 홍익 선조부님.

천손: 아하, 시간이 너무 늦었습니다. 이문진 태힉사님, 내일 하시지요. 선조부님도 쉬셔야 하십니다./ 2회 끝.

天孫拜禮 3
2025.7.30.수요일

신화 아닌 인간 근원

천손: 천손 배례 세 번째 시작하겠습니다. 스물한 분의 글 성현님들을 모셨지만 모두 좋아하시니 참 감사하고요.(현실로는 모실 수도 없으나 만일 현실로 모신다면… 어떨지 감당될지 모르겠습니다)

자, 그럼 이문진 태학사님과의 알현 계속해 주세요.

이문진: 집중하오니 편하게 말씀 내려 주세요. 선조부님!

홍익: 그러세. 그럼 어제 하던 말 계속하지. 사람은 무생물에서 나오는 것이 아니야. 정자가 있고 난자가 있어야 해. 아무튼 내 어려 단군 아버님께 듣지 못한 이야기인데 나도 전해줄 말이 별로 없어. 그러다 이제는 알쏭달쏭하다… 모르니까 하는 말이므로 설화가 신화가 돼 건국신화라고 하는데 이건 정사(正史)가 아닐세. 한데 사실이 아닌 것이 설화가 된 이야기를 보면, 잘 들어~. 아버님 단군은 '환웅' 할아버지의 아들이시고, 환웅은 하늘에서 내려온 '환인'(天人) 조부님의 아들이라 하는데 들어보게, 환웅 조부님에게 반한 호랑이와 곰이 있었대. 그들이 사람이 되고 싶다 애원하기에 굴속에 들어가 100일 기도를 하되, 쑥(文草 · 문초)과 마늘(大蒜 · 대산)만 먹고 100일을 견디면 사람이 될 것이라 했더니, 호랑(虎狼)이는 중간에 못 견디겠다고 그만두었으나, 곰(熊)은 100일을 잘 견뎌 사람이 되었는

데 얼마나 예쁜지 환웅 할아버지가 아내로 삼아 웅녀(熊女)라 부르고 아들을 낳으니 단군 아버님이시다~~, 뭐 이러는 것 말이지?

이문진: 예예. 맞습니다. 왕인 박사님도 그걸 여쭌 거였어요.(왕인 · 끄덕끄덕)

홍익: 곰, 쑥, 마늘… 여보게들. 이게 말이 되나? 학교에서 아이들을 가르치려면, 자기도 모르니까 그냥 이런 이야기도 있다~~~는 정도로만 말하고, 반드시 "신화다~ 설화다~" 하지?

이게 뭔 소린가? 진실은 모른단 말 아니야? 일반적으로 알려진 단군신화의 내용은 1281년 고려의 승려 일연이 쓴 '삼국유사'를 첫 근거로 하는데, 문헌마다 신화 내용에는 조금씩 차이가 있어. 당장 삼국유사 이후 10년도 지나지 않은 6년 후 1287년에 쓰인 제왕운기(帝王韻紀)에서는 곰과 호랑이가 쑥과 마늘을 먹는 이야기가 등장하지 않아서, 당시까지도 신화의 내용도 완전히 정립되지 않았음을 보여주네.

천손: 네, 태학사님, 이쯤 하고 다음에 또 하시지요. 그럼 연장 순에 따라 이번에는 설총 성현님 인사 올리고 여쭤 주세요.

설총: 선조부님! 저는 신라 원효대사의 아들 聰智 설총(薛聰)이라 하옵니다. 인사 올립니다. 나이는 1,370살입니다. 질문 있어요. 그럼 나라의 시작이나 인간의 시초가 뭐예요? 지금 글방 가족들, 속으로는 궁금해도 참고 있어요. 글방 방장에게 물은들 뭘 알며, 우리 스물한 명 학자로 존경받는 문인들도 어물어물 대답을 못 합니다. 이건 저도 마찬가지라 이쪽 전원(두뇌 · 뉴런)을 뽑고 다른 쪽 학문만 해 그렇습니다. 홍익 선조부님께 듣고 기준을 삼으려고요.

홍익: 기특하다만 나도 사람이다. 사람은 어디서 누가 짓고 후손들을 낳는가… 남녀는 누가 그렇게도 잘 만들었는가… 사람은 어째서 여자가 낳는가… 이건 나도 만점 못 맞아. 그러나 알기는 안다. 아는

데도 말로는 삼 년을 해도 다 못 하고 알아듣지도 못한다. 그래서 〈하늘〉이라고 하고만 만다. 그러니까 우리는 『천손이다』라고 말한다. 천손이 뭔진 알지? 〈하늘의 아들딸〉이라는 뜻이야. 단군 아버님이 경천애인이라고 하신 그 경천이 천손이라는 뜻인데, 어려서 그때 나는 그 말을 못 알아들었다. 하늘의 아들? 이게 뭔 소리지? 난 아버지 아들인데 곰의 딸이란 말이야? 정말 어려웠다네.

설총: 선조부님! 그런데 지금 지구인 82억이 찾고 찾아 인간의 뿌리를 알아냈다고 학술지에 많이 올라와요. 다 볼 수도 없이 많습니다. 이 사람 이 말 하고 저 사람 저 말 하는 학자 박사 교수들이 엄청나요? 홍익 선조부님께서 정리를 좀 해 주세요.

홍익: 하하 설총아! 참 똘망지고 예뻐. 대견하기도 하고. 그런데 말이다. 백 마디 천 마디가 다 가짜야, 가짜.

그렇지만 단 하나, '방사성탄소연대측정법'이라는 방법으로 인간의 역사를 연구한 것은 나도 믿는다. 이를테면… 좀 길더라도 들어라. 듣는 것이 공부라는 건 알지? 읽는 것이 듣는 거다.

※ 서울=연합뉴스: 신유리 기자= 1974년 에티오피아에서 발견된 사람 모양의 뼈 무더기. 〈320만 년 前 인류 '루시'를 아시나요 · 기사〉 키 107㎝로 추정되는 여성 유골은 '루시'라는 이름을 얻고 320만 년 전 지구에 살았던 '최초의 인류'로 등극했다. 루시는 '최초의 인류'라는 타이틀을 20여 년간 유지하다 1994년 발견된 '아르디' 화석에 자리를 내줬다.(유골은 에티오피아 국립박물관 전시 중)

※ 같은 에티오피아에서 발견된 첫 인간 '아르디'는 440만 년 전 지구에 살았다고 추정돼 루시보다 120만 년 앞선 조상으로 등극했다.(AI/ 학명은 Ardipithecus ramidus) 1992년 12월 20일, 캘리포니아대학교 교수 팀 화이트가 에티오피아 아와쉬강에서 발굴했다. 이 화석은 두 발로 걷는 모습, 그리고 인

간의 진화에서 중요한 단계인 '바닥유인원' 단계와 관련된 특징을 보여준다.

※ 위키백과/ 공주시 석장리는 약 〈70만 년 전〉 구석기시대부터 사람이 살았던 곳으로, 공주 금강 변에 위치한 유적지다. 이 유적은 1964년 처음 발굴 조사된 후 13차례에 걸쳐 발굴이 진행되었으며, 한국 최초로 구석기 유적으로 밝혀진 곳이다.(단군신화 이후 시기)

※ 흥수 아이/ 1982년 12월~1983년 1월 충청북도 청주시 상당구 문의면 노현리 시남부락 두루봉에 있는 여러 동굴 중 두루봉 조사의 10차 발굴로 이루어진 '흥수굴(興洙窟)'에서 발굴되었다. '흥수굴'이라는 이름은 당시 제보를 한 두루봉 현장의 한홍 문의광산 김흥수(발굴자 · 金興洙)의 뜻을 기리고자 우리나라에서는 처음으로 사람 이름을 유적 이름에 명명하였다. 두루봉 동굴군에 속해 있는 이 굴은 완전한 사람 뼈와 석기 · 동물화석이 발굴된 가장 이상적인 문화 성격을 지닌 동굴 유적이다. 흥수 아이는 체질상 특징으로 보아, 약 〈4만 년 전〉에 살았던 '늦은 시기의 현생인(Homo sapiens)'에 속한다. 이 화석에 대한 연구가 더 진행되면 구석기인의 이동과 우리 조상의 기원에 대한 의문을 풀어줄 수 있는 고리가 될 것으로 여겨진다.(단군신화 이후 시기임)

※ 경향신문/ 충북 청원군 옥산면 소로리에서 대략 〈1만 5,000년〉 전으로 연대 측정된 세계에서 가장 오래된 볍씨가 발견됐다.

자~ 이게 다 뭔가? 단군 아버님 계시기 수십만 백만 년 전에도 사람이 살았다는 증거지? 우리 겨레는 그 후 4,358세 단군 아버님이 이 나라(조직되정부)를 세우신 것이고….(일본 신화 이전 우리 국가 성립 전?)

설총: 선조부님~ 하하 절반은 알고 절반은 모르는 것입니다. 한데 안다 한 것은 아는 게 아니었습니다. 알면 가르칠 만큼 자세하게 알아야 아는 거라는 게 글방 방장 말인데요, 선조부님 말씀 들었어도 매듭을 짓지 못할 것 같아요. 그럼 과연 태초의 인간은 웅녀도 아니고

쑥이나 마늘은 근처도 안 간 전설 따라 삼천리 같다 치시고, 그러면 진실 국조(國祖) 단군 할아버지는 누가 낳았나요?

홍익: 허허. 이 녀석 보게. 단군 성조는 하늘이신데 무슨 낳고 말고가 어디 있어? 환웅(만은)이란 전설이지… 한데 내가 그걸 알 거라고 묻는 거니? 모를 거라고 묻니? 하늘은 나도 손바닥만치나 알지 전부다는 알아도 모른다 해야지 그리 간단치 않아.

설총: 아, 저는 다음 분께 넘겨야 인사를 받으실 텐데 이를 어쩌지요? 어이~, 최치원 아우님~, 아우님이 더 여쭐 수 있어요?

최치원: 네, 스승님. 신라 손 孤雲 최지원(崔致遠)입니다. 올해 1,168(857년생)살이고요, 설총 스승님보다 202년 연하이며 나름 문인(문장가 · 학자)으로 인정받는 후손입니다. 큰절 올립니다. 하온데 저보다 연장 강수(强首) 스승님이 계신데 제가 먼저 뵈어도 돼요.

천손: 아하, 강수 석우두(昔牛頭) 성현님 말씀 하시나 본데 조금 전부터 안 보이셨어요. 이따가 보이면 그때 하시라 하든지 하고 그냥 알현하시지요.

홍익: 아, 이거 상견할 손들이 많구먼, 하하(흡족해하시다) 막내천손~ 그런데 나 이렇게 좋아해도 되나?

천손: 하이고 홍익 선조부님, 21명은 퍽 줄인 겁니다. 이 토론회 더 내려가면 어떨지 모르겠습니다만, 진실 어느 성현 누구를 모실지로 한 달은 걸렸지만 그래도 빠트리면 안 될 분들이 더 많아 글방운영위원들도 애를 먹었습니다.

홍익: 그러면 왜 여자는 아직도 안 오나?

천손: 아, 네네. 다음 시간에 말씀드리겠습니다. 오늘은 또 마칠 시간입니다. 그럼 오늘 밤도 이 기쁜 마음으로 편히 쉬세요./ 3회 끝.

天孫拜禮 4
2025.7.31.목요일

설총부터 이색까지

천손: 늦어도 오실 여성 문인들도 많아요. 특히 설화 속 웅녀가 아니라 천손의 자녀를 홍익인간으로 길러낸 여성들이 많이 계십니다.

홍익: 그럼에도 이렇게 줄여도 돼?

천손: 아닙니다. 아직 오시지 못한 제4군으로 차후 꼭 모실 겁니다. 그때는 현대인 엄마를 '워킹맘'이라고들 부르는데 아이들을 이렇게 키워도 되나, 안 되나…의 극단적보다는 피차 토론 자리로 어머니들만 따로 모실 겁니다. 그때까지도 선조부님 계속 계셔야 합니다.

홍익: 허, 또 온다? 그럼 28명? 30명?… 그러지 뭐. 좋아. 막내천손이 알아서 하고 여보게 최치원! 말해 보게.

최치원: 네, 제가 강수(强首) 스승님을 대신한 말씀부터 올릴게요. 강수 스승님은 한국 최초로 필명(筆名), 호(護)를 쓴 스승님입니다. 연세는 설총 스승님과 비슷(생몰 불명확)하시고 본명은 석(昔)씨, 자는 우두(牛頭)라 했고 강수라는 호는 태종무열왕이 내렸습니다.

천손: 그럼 제가 쓰는 호 퇴비는 갓난아기라는 뜻인가요? 하하

최치원: 아, 어렵니다. 맞고요, 선조부님께 말씀 올리겠습니다. 소손이 태어나기 약 230년 전… 설총 스승님이 태어나시기도 13여 년 전, 고구려 소수림왕 2년(372)에 이미 불교가 들어오고, 그 후

당시 신라도 불교가 국교가 되어 가는 중이었어요.(원효대사 · 설총 아버지)

고승 혜초(慧超) 스님은 8세기(소수림왕 400년 후) 신라 승려셨는데, 인도 여행을 다녀와 "왕오천축국전(往伍天竺國傳)"을 썼습니다. 혜초 스님은 15세에 중국으로 건너가 19세에 인도 여행을 시작하여 4년간 인도와 중앙아시아를 여행하며 불교 성지를 순례하고, 그 경험을 기록한 것이죠. 왜 그리 멀리 갔느냐 하면, 생로병사(生老病死)의 첫째 〈태어남〉을 찾아간 것 아닐까요?

홍익: 아아 그래? 혜초도 내 손(孫)일 건데 왜 강수도 안 보이고, 그나저나 치원이~, 네 뭔 소린지는 알아들었네. 그에 대한 내 답은 이미 말하지 않았는가?

최치원: 아닙니다. 언제요?

홍익: 허허. 졸았나?

최치원: 졸다니요. 졸음이 올 턱이 없습니다. 말씀 안 하셨어요.

홍익: 허. 이 사람 보게. 또 말해야 알겠어?

최치원: 예예. 다시 말씀해 주세요.

홍익: 그래 다 했던 말인데 또 한다. 우리는 어디서 왔고 우리를 낳은 분은… 단군 아버님께서 말씀하셨다. 경천애인(敬天愛人)… 하늘의 후대 천손(天孫)이라 하여 우리는 하늘에서 온 자손 천손(天孫)이다….

천손: 최치원 성현님! 맞아요. 이미 하신 말씀 맞아요. 인류는 누구나 다 다 천손이라 하셨어요.

최치원: (어? 그런가? 언제…)

천손: 자~ 그럼 여기서 제1군 다음은 후백제 문신 재와(睟窩) 1,136세 최승우 성현님 모셔도 될까요?

최치원: 아, 막내천손! (I~C~)왜 나만 일찍 마치라는 거요오~?

천손: 아, 제가 타임워치를 깜빡 안 눌러서 죄송합니다.

설총: (혼잣말) 타임워치? 이 사람 지금 어디 말을 쓰지?

최승우: 예. 감사합니다. 홍익 선조부님, 최승우 인사 올립니다. 여쭈어볼 말씀 있지만 저는 뒤 분에게 양보하겠습니다. 저는 후백제 사람이고 견훤(甄萱)의 스승이었고 저술로는 사륙변려문을 모은『호본집』5권이 알려졌으나, 오늘날 전하지도 않아요. 나중에 또 여쭙겠습니다.

홍익: 그래? 그럼 그러시게.(혼잣말 · 어디가 아픈가?)

천손: 네, 그러면 여기까지로 1,000세가 넘은 1군 성현님들 마치고 이어서 제2군 배례 계속하겠습니다. 제2군은 400세에서 700세까지 성현님들께서 선조부님을 뵐 순서입니다. 첫 번째로는 포은(圃隱) 이색 성현님 차례입니다.

이색: '홍' 자 '익' 자 선조부님을 뵙습니다. 소손은 고려 말 문신 포은 이색(李穡)이라 하옵고, 올해 697살이며 제2군 좌장입니다.

홍익: 오호 이색… 그래 이름은 들어본 것 같다. 한데 나를 '홍' 자 '익' 자 선조부님이라 하다니 어인 연고뇨?

이색: 부모나 조상의 휘(諱)는 어렵게 불러야 한다고 배운 대로 모셨습니다.

홍익: 아, 누가 그리 가르치던고? 공자?

이색: 아닙니다. 李 자 곡(穀) 자 부친께서 저를 이제현 스승님께 수학하라 하셔서 스승님께 배웠습니다.

홍익: 이제현이 누구냐?

이색: 고려 후기의 시인 · 문신 · 성리학자 · 역사학자 · 화가이신데 특히 제 스승님이십니다.『익재난고』와『격물치지 · 사물이치탐구』를 최초로 도입하고 첫 성리학을 받아들이기도 하셔서 부친과 저, 2대에

걸쳐 스승으로 모신 분이십니다.

홍익: 알 것도 같은데 잘 모르겠구나. 그런데 고려에는 해좌칠현을 자처하는 이인로, 임춘, 이규보 등 뛰어난 문장가이자 학자가 많은 걸로 아는데 오늘은 아니 왔느냐?

천손: 아, 죄송합니다. 초청 성현 명단에 있었으나 모시지 못했습니다.

홍익: 이규보는 보려나 했더니.

이색: 저희 삼은(三隱)이 과대평가를 받은 것 같습니다.

홍익: 그래 됐고, 이색 자기를 소개해 봐.

천손: 선조부님 시간이… 마쳐야 합니다. 편히 쉬시고 다음 시간에 봬요./ 4회 끝.

天孫拜禮 5
2025.8.1.금요일

삼은과 고려의 문인들

천손: 포은 이색 성현님, 하시려던 말씀 계속해 주십시오.

이색: 네, 저는 고려 후기 대사성, 정당문학, 판삼사사 등을 역임한 문신, 목은 이색입니다 올해 697살이라는 말씀은 드렸고요, 400살에서 700살 사이 제2군 좌장입니다.

홍익: 오호라 백제 최승우가 1,135살이라더니 697살이면… 가만있자 697살이면 438년이 훌쩍 갔구먼, 후백제라면 왕건이 고려를 개국하고도 어언 아, 그 400년이 넘도록 어째서 문인들이 그렇게도 안 나왔던 건고?

이색: 아닙니다. 많은 분이 계시기는 했습니다. 최충, 김부식, 이규보, 황희… 또 오늘 뵈러 오지는 않았지만 제가 1328년에 태어나고, 9년 후, 선조부님 뵈오러 오지는 않은 1297년생 백운경(白雲坰), 또는 백운경한(白雲景閑) 스님도 계시기는 했는데 글방운영위원회가 다 모시지 않았을 뿐입니다. 백운경한 스님은 그의 저서 '백운화상초록불조직지심체요절(白雲和尚抄錄佛祖直指心體要節)', 줄여서 '직지심체요절(直指心體要節 · 1377년)'은 현존하는 세계 최초의 금속활자본 발명으로 모든 활자 인쇄기술 발명으로 세계 최초로도 유명합니다. 선조부님!

홍익: 아니, 막손! 김부식은 삼국유사를 쓰지 않았나? 또 이규보는 동국이상국집, 국선생전, 백운소설, 미인원, 서사시 동명왕편이랑 대단한 문장가로 아는데 오늘 왜 부르지 않았어?

천손: 고려는 이루 헤아릴 수도 없이 많은 문인을 배출하여 지금 '코리아'라는 나라 이름도 고려(高麗)라는 뜻입니다. 과연 "높고 우아하다"는 뜻일 정도로 고려는 고려 인물만으로도 끝을 못 볼 정도로 많아 고려 문걸 선정이 가장 힘들었습니다.

이색: 막내천손! 그럼 차라리 우리를 빼지 그랬어?

방장: 아닙니다. 삼은의 좌장이시고 이색 성현님은 당시 최강국 원나라 과거 시험에서 차석(세계 최고 문인이나 외국인이라고 차석)으로 합격한 분이십니다. 정말 고려 말기 대학자로, 성리학을 연구하시고 후학 양성에 힘써 특히 정몽주, 정도전 등 유명 학자들이 제자였기에 그럴 수 없습니다.

홍익: 아, 그렇구먼. 결국 그 많은 조선의 선비들이 다 이색의 줄기에서 뻗어 났으니 천손이나 운영위원이 모시기가 힘들었겠네그려.

천손: 그렇습니다. 그럼 三隱의 좌장 목은(牧隱) 이색, 포은(圃隱) 정몽주, 야은(冶隱) 길재 성현님 같이 뵈시오면 좋겠습니다. 야은 성현님부터 시작해 주세요.

길재: 선조부님! 소손 배례 올립니다. 목은 스승님 제자 25년 연하의 672살 야은 길재입니다.

정몽주: 저는 포은(圃隱) 정몽주입니다. 688살이고요. 지금까지 홍익 선조부님 말씀 잘 들었습니다.

홍익: 오~! 목은 야은 포은… 고려 말기 한민족의 정신 줄을 이어왔던…? 그래 특별히 물어볼 것 있는가? 목은이 먼저 묻든지….

이색: 1,000살이 훌쩍 넘으신 제1군 성현님에게 하신 말씀 잘 들었습니

다. 우리 2군의 예례를 마치면 200살대 후손들 인사 올린 다음 각각 군별 여성 문인들 토론이 있답니다. 그때 또 여쭙고 말씀 듣겠습니다.

홍익: 그러시게. 이번 토론회에서 고려의 부르지 못한 후손들이 너무 많은 것 같아 아쉽지만 이것도 욕심이려니 해야지 어쩌겠나. 하지만 우선 목은에게 하나 물어보겠네. 만나보면 알겠지만 지금 우리의 아래 지금의 후손들 읽고 쓰는 기록정신은 어떤가? 고려 때만 못한가?

이색: 이따 뵈올 3군 때까지만 해도 그만했어요. 그러나 지금 현재는 독서의 맥이 거의 끊겼다고 보일 정도입니다.

홍익: 아, 그래? 뭐가 문젠가?

이색: 아, 이건 야은이 먼저 말씀 올리면 어떨지.

길재: 네, 저는 고려가사라고 알려진 제 글을 그대로 본떠 지은 조선 중기 송강 정철의 시조를 아뢸까 합니다,

※ 아버님 날 낳으시고/ 어머님 날 기르시니/ 두 분 곳 아니시면 이 몸이 살았으랴./ 하늘 같은 은덕을 어디에다 갚사오리… 이런 시조를 썼거든요. 고려가사 판박이에요. 그런데 지금은 효(孝)도 효지만 책을 읽지 않습니다. 그러니 누가 시를 쓴들 독자가 없어 큰 문젭니다. 〈두 분 곳〉이란 〈두 분 만〉이며 곧이란 부모님을 가리킵니다.

이색: 포은! 날 보시게 송강 정철의 시조 원문 좀 올려드려 보게.

정몽주: 아, 네네. 父兮曰我生/母兮曰我養/如非我父母/此身豈生長/如天此恩德/於何報髴髣(부혜왈아생/모혜왈아양/여비아부모/차신개생장/여천차은덕 어하보불방)이옵니다.

홍익: 오호라~ 신통하이… 그래서 지금 달리 물어볼 건 없나?

이색: 예. 선조부님! 그런데 우리 민족은 글을 잘 쓴다는 자부심이 있습니다. 이렇게 글을 잘 쓰는 게 선조부님이나 단군 할아버지로부터 받은 유전자가 맞나요?

홍익: 내 낳던 4340년, 그때 우리는 글자가 없었지. 고조선 망국 후 청동기 시절 즈음 죽간(竹簡)이 나온 건 알지? 죽간이란 처음 중국에서 아직 종이가 없을 때 대나무를 갈라 엮어 쇠 불꼬챙이를 달궈 거기다 글자를 쓴 걸 말하는데 그 역시 오랜 후 이야기고 그때는 말(語)만 있었지.

길재: 선조부님! 글방 벙징 천손 밀이 글자는 말(언어)부터랍니다. 글자가 뭣인가 하면 말을 그려내는 그림이랍니다. 그러니까 〈말 즉 글〉이라던데 그럼 우리는 첨부터 말이 좋았다는 건가요?

홍익: 암만… 말이 나쁘면 글은 좋으려야 좋을 수가 없지.

정몽주: 나중에 드릴 말씀이지만 '이방원'이라고 하는 그는 말이 좋은 듯해도 행동은 잔혹했어요. 말이 아무리 좋은들 행동과 다르면 사람을 죽입니다.

홍익: 말은 생각에서 나온다 하지 않았나? 말이 나쁜 것은 생각이 바르지 않기 때문 아니야? 그러니까 사람은 바르고 착하게 살아야 한다는 게 글방 방훈이라던데….

이색: 아무리 머리가 좋아도 좋은 머리일수록 나쁜 데 쓰면 나쁜 머리만 못하다고 보여요.

홍익: 좋은 머리 소용없을 수도 있네. 좋아도 게으르면 좋으나 마나야. 글이란 꾸준함이지. 꾸준함이란 것은 글에 대한 이해가 앞이야. 글이 민족정신이며 나에게는 글 유전자가 있다는 자존감이 있어야 써. 아까 말한 김부식이나 이규보 그들이라고 놀기 싫었겠어. 아참, 그

누구더라, 아, 이조년(李兆年)도 고려 사람이지, 아마?

이색: 그렇습니다. 올해 756살입니다.

홍익: 그가 쓴 다정가(多精歌)라든가 하는 시(詩) 말일세. 그것 누가 독송해 보겠는가.

길재: 네, 제가 하겠습니다.

홍익: 그래 봐.

길재: 이화(梨花)에 월백(月白)하고 은한(銀漢)이 삼경(三更)인 제/ 일지춘심(一枝春心)을 자규(子規)야 알라마는/ 다정도 병인양 하여 잠못 이뤄 하노라.

홍익: 그래그래. 맞다. 나는 이 시가 왜 그리 좋은지 몰라. 정(情)이 많은 것도 병(病)? 하하하 맞아. 우리 천손들은 정이 많지.

천손: 선조부님과 목은 성현님! 오늘은 여기까지만 하고 내일 하시지요. 아직 2군 성현님 여섯 분이나 기다리십니다.

홍익: 아니, 2군이 그렇게 많아? 누구야.

천손: 예. 말씀드린 대로 退溪 이황(523세), 土亭 이지함(508세), 栗谷 이이(489세), 龜巖 허준(486), 思庵 천만리(460)… 2군(群)이 많습니다.

홍익: 그래. 내일 하자고./ 5회 끝.

天孫拜禮 6
2025.8.2.토요일

고려의 교육

천손: 한민족기록성현 정신토론회 제6회를 시작하겠습니다. 선조부 홍익 할아버님을 모시고 우리 민족의 기록정신을 다시 새기고, 글은 왜 써야 하는가를 다시 배우는 여섯 번째 시간입니다. 선조부님! 모시는 동안 강녕하시기 기원하오며 어제에 이어 계속해 주시기 바랍니다.

홍익: 나는 괜찮네. 내 걱정은 안 해도 되나 저 아래 정약용 유길준 등 어린 후손들이 힘들까 걱정일세.

정약용: (큰 소리로) 아닙니다~! 저희들은 젊습니다. 그리고 이렇게까지 유익할 줄 모르고 와, 횡재하는 중입니다.

유길준: 저는 일찍 세상을 떠나 눈도 밝고 귀도 짱짱합니다. 무엇보다 엄청 재밌습니다.

정약용: 저는 75살에 세상 떠나기까지 유배지에서만 20년 가까이 살았어도 줄곧 글만 썼더니 총기 하면 한 총기 합니다.

홍익: 머? 총기는 설총이 호로 쓰지 않았던가?

설총: 하하 선조부님, 제 호는 총지(聰智)였어요. 히히.

홍익: 녀석아, 비웃지 마라. 절반은 맞았어. 하하하 그런데 저기 저 녀석은 또 누구라고?

주시경: 예. 유길준입니다.

홍익: 알았는데 막내천손 말이야. 이번에는 제3군 누구?

천손: 아직 2군입니다. 300살 밑으로 내려가기 전 지금은 523살부터 460살까지 여섯 분 지난 다음 460살 지나야 3군 263살 정약용부터 이하 92살 이어령까지입니다. 자, 그럼 퇴계 이황 성현님 배례 올려주세요.

홍익: 아, 잠깐… 그러기 전에 나는 고려가 아쉬우니 이색이 하든 길재가 하든 고려 문인들 이야기 좀 더 해보고 가자고.

이색: 예. 알겠습니다. 야은(冶隱)이 말씀 올려 주시겠어요?

길재: 예예. 야은입니다. 우리 고려 하면 금속활자로부터 온통 〈글의 나라〉입니다. 먼저 아까 말씀 나왔던 이규보(李奎報) 스승님은 올해 856세십니다. 고려 중기의 대표적인 문인으로, 뛰어난 문장력과 시로 유명합니다. 우리역사넷에 따르면 그는 무신 정권 시기에 활동하며 다양한 관직을 역임했습니다. 한국민족문화대백과사전에서 확인 가능합니다.

홍익: 그의 문집이 있던가?

길재: 이규보(李奎報)의 대표적인 작품으로는 시문집인 『동국이상국집(東國李相國集)』과 서사시 『동명왕편(東明王篇)』 등이 있고요, 이규보는 2천여 수의 시를 남겼으며, 이 중 260여 수를 가려 뽑아 『동명왕의 노래』라는 시집으로 엮었습니다. 그는 시 평론 백운소설, 가전체 작품으로 국선생전, 기행산문 남행월일기 등을 남겼습니다. 동명왕편은 고구려 시조 동명왕의 이야기를 다룬 서사시로, 이규보의 대표작 중 하나입니다.

홍익: 이 사람 길재 말이야 그건 아까 목은 이색이 했던 말 같네. 그 말 말고 또 있지 않나? 어이 막내천손~!

천손: 아, 네. 홍익 할부지, 지금 저 부르셨어요?

홍익: 그래그래. 그런데 막내는 왜 처음에는 꽤나 까불어대더니 막상 성현들을 만나니까 왜 기라도 죽어?

천손: 아, 그렇지 않습니다.

홍익: 그럼 시작하면서 까불었으니 이제 막내천손이 고려와 글 이야기라든지 뭐 아는 게 있으면 한번 말해 봐. 길어도 괜찮아. 하하 저것이 막내라니 참.

천손: 네, 그러면 저는 한국 역사에서 학교라는 것 첫 시초가 어떤 건지 말씀 올려드려도 돼요?

홍익: 고려 조선 아니고 꼬마리 대한민국 학교 시작 말이냐?

천손: 아닙니다. 고려 때예요.

홍익: 그래. 해봐.

천손: 우리 천손 한민족 최초의 학교는 고려에서 시작되었습니다. 이때 시작한 학교를 국자감(國子監)이라 부릅니다. 수도 개경에 설치되었던 최고 교육기관으로 고려 성종(981년 8월 16일 즉위) 때 처음 설립되었고, 유교 경전을 가르치고 과거시험을 준비하는 곳이었습니다. 교육 내용은 유교경전(주역, 상서, 시경, 예기, 춘추)과 역사서 등을 가르쳤어요, 특히 과거 시험 과목들을 중점적으로 교육했습니다. 이는 당나라의 국자감을 모델로 한 것이었습니다. 고려 후기 국자감은 성균관으로 명칭이 바뀌었다가 다시 국자감으로 되돌아오기도 했습니다. 조선시대에는 성균관이 국자감의 전통을 이어받았습니다.

국자감에는 또 국자학, 태학, 사문학, 율학, 서학, 산학 등 6개의 전문 강좌가 설치되어 있었습니다. 국자감은 고려시대 최고의 교육기관으로서, 지방의 향교와 비교했을 때 교육 수준과 위상이 훨씬 높았습니다. 후에는 성균관으로 명칭이 변경되기도 했습니다.

국자감이라는 이름으로 정식으로 설립되기 이전 태조 때부터도 국학(國學)이라는 이름으로 최고 교육기관이 있었습니다. 고려 후기 국자감은 몇 차례 개칭되었습니다. 1275년 충렬왕 때 다시 국학으로 개칭하였고, 이후 성균감(監), 성균관(館) 등으로 불리다 공민왕 때 다시 국자감(國子監)으로 돌아왔습니다.

결론적으로, 국자감은 고려 성종 때 설립되었지만, 그 이전부터 국학이라는 이름으로 최고 교육기관이 존재했으며, 이후 다양한 명칭으로 변경되기도 했습니다. 국학은 또 유학(어린이) 교육뿐만 아니라 무예 교육도 함께 실시하여, 문무 양재를 함께 갖춘 인재를 양성하고자 했습니다. 이는 고려 국학의 독특한 특징이었습니다.

수도 개경(開京)에 국자감이 있었다면, 지방에는 향교와 서당 등의 교육기관이 있었습니다.

홍익: 아니, 우리 막내천손 막둥이가 이렇게나 교육에 관심이 많았어? 신통방통이 이 말이구나. 하하

천손: 할부지 아니에요. 찾아보고 안 거예요.

홍익: 안다. 검색인가 하는 놈은 묻기를 잘 물어야지 답을 바르게 주거든. 아무튼 웬 교육에 그리 관심이 많은고?

천손: 근데도 저를 보고 미쳤다는 이들도 많아요.

홍익: 어느 놈이 그래? 똘똘하기만 한데… 그딴 소리 신경 쓰지 말고 아예 코드까지 뽑아버려.

천손: 아니에요. 뽑으면 안 돼요. 할부지. 글에 미쳤다니까 좋은 것 아닌가요?

홍익: 뭐라? 글에 미쳐 좋아? 하하 그렇다면 미친 게 아니지.

정약용: 선조부 할아버지! 저 정약용인데요, 글에 미친 건 제가 앞서는 것

같습니다.

홍익: 아니, 자네는 3군 정약용?

정약용: 예. 선조부님. 저는 막내천손보다 더 미쳤어요.

홍익: 막내보다 더? 저게 무슨 소리냐?

천손: 아, 맞습니다. 이따가 뵙게 될 제3군의 좌장인데 다산 정약용 성현님은 써낸 책이 493권이나 되고 이 많은 책을 전라도 강진에 유배가셔서 18년 만에 다 쓰셨을 정도십니다.

홍익: 아니, 18년 만에 493권이면 1년에 몇 권씩 쓴 것이냐?

천손: 그건 제3군 뵈실 때 말하실 거예요.

홍익: 아, 고러 고러 했더니 날고 긴다에서 나는 놈 위에 더 높이 나는 녀석이 정약용이었구나./ 6회 끝.

天孫拜禮 7
2025.8.4.월요일

이율곡과 이퇴계

천손: 홍익 할아버지, 어디 불편하지는 않으셨어요? 잘 드시고 편하게 주무셨고요?

홍익: 그래. 알았는데 방장 말이야. 이번에는 3군? 누구라고?

방장: 아닙니다. 아직 300살까지 내려가기 전, 지금은 523살부터 460살까지 여섯 분 모신 다음에 460살 천만리를 지나야 3군 263살 정약용부터 이하 92살까지입니다. 하하 그럼 2군 조선조 퇴계 이황 성현님 인사 올려주세요.

홍익: 그래? 이색 말이야. 말고 혹 고려에 또 누구 없나?

이색: 네, 여러분이 계십니다만 두 분만 말씀드리면, 김극기(金克己) 스승입니다. 고려시대의 시인으로, 섬세하고 유려한 시풍으로 알려져 있습니다. 최충(崔沖) 스승님도 고려 전기의 문신으로, 뛰어난 학문과 문장으로 명성이 높았습니다.

홍익: 오~ 아쉽지만 이쯤 하고, 그래 다음 이황이라 했던가? 나오시게.

이황: 예이~ 523살 이황이라 하옵니다.

홍익: 왜 호를 빼나?

이황: 예이~ 퇴계(退溪) 이황이옵니다.(조용…)

홍익: 아니, 왜 말을 않는가? 자기소개를 해야지.

이황: 아… 가위가 눌려… 막상… 입이 안 떨어져서요.

홍익: 허허. 내가 무슨 귀신이냐? 나는 악귀도 아니고 너희 몸과 같은 조상이야. 왜 그리 벌벌 떠는 건가? 제자들에게도 그랬어?

이이: 아, 선조부님, 잠깐 쉬라 하고 제가 말씀 올려도 될까요?

홍익: 그래? 네가 누구더냐?

이이: 저는 523세이신 이황 스승님의 34살 아랫사람 489살 율곡(栗谷) '이이'라 하옵니다.

홍익: 오, 넌 당찬가 보구나. 하하

이이: 저는 통하든 않든 십만양병설도 거침도 겁도 없이 화끈하게 내지르듯 했습니다.

홍익: 그래 당차 좋다만 그래서 이황 대신 말하려고?

이이: 네이… 퇴계 이황(李滉) 스승님은 많은 제자를 양성하여 조선 성리학 발전에 크게 기여했습니다. 도산서원을 설립하여 학문 연구와 제자 양성에 힘썼으며, 특히 이황 스승으로부터 편지를 100통 넘게 받은 제자는 이정, 정유일, 월천 조목 등이 있습니다. 완전 글쟁이셨는데 이들 네 사람의 제자 말고도 1,000통도 넘습니다. 모두 스승의 마음과 정성이었어요.

홍익: 그럼 자네는 뭘 했나?

이이: 퇴계 스승님 이야기 좀 더 하고 말씀 올리겠습니다. 퇴계 스승님은 학문 연구와 제자 양성에 힘쓴 조선의 대표적 인물입니다. 관직보다는 고향에 머물며 학문 연구와 후학 양성에 전념했습니다. 만년(晩年)에 학문 연구와 제자 양성을 했던 곳이 바로 도산서원(陶山書院)입니다. 원래는 서당이었거든요. 도산서당을 기반으로 확장되어 서원으로 발전했습니다.

홍익: 아, 귀한 후손이로고. 이황! 정신 좀 났어?

이황: 예예. 선조부님. 이제 좀 진정되었습니다.

홍익: 그럼 율곡이 퇴계를 말했으니 퇴계는 율곡을 말해 보게.

이황: 예. 그리하겠습니다. 율곡 이이… 그는 임진왜란 발발 10여 년 전에 이미 일본의 정세변화를 예견하고, 국가의 안위를 위해 10만 명의 군사를 길러야 한다고 주장했습니다. 하지만 당시 조정에서는 그의 주장을 받아들이지 않았고, 결국 임진왜란이 발발하면서 그의 예견이 현실로 확인되었습니다. 이 사건은 조선시대의 대표적인 위기 대응 실패사례로 꼽히며, 그의 사상과 함께 후대에 큰 교훈을 남겼습니다.

홍익: 이이는 무슨 책을 썼지?

이황: 네 율곡전서(栗谷全書)는 이이의 시와 산문을 엮어 1814년에 재간행된 문집입니다. 율곡집(栗谷集)은 1611년에 처음 간행된 문집으로, 시집 1권과 문집 9권으로 구성되었습니다. 또 율곡선생문집(栗谷先生文集)은 『율곡선생전서』로도 불리며, 1682년, 1742년, 1749년 등 여러 차례 간행되었습니다.

홍익: 여보게 이이! 이제 자네가 말해 보게.

이이: 예. 저는 이기지묘(理氣之妙) 사상으로 우주와 인간 존재를 리(理, 본체)와 기(氣, 현상)의 관계로 설명했습니다. 이(理)와 기(氣)는 서로 떨어질 수 없는 관계이며, 조화와 균형을 통해 세계가 운행된다고 보았습니다.

이는 주자학의 이기론을 바탕으로 하면서도 저만의 독창적인 해석을 가미한 것입니다. 어린이를 위한 교육 지침서인 『격몽요결(擊蒙要訣)』도 저술하여 유교적 가치관을 확립했습니다. 처음 글을 배우는 아동과 초학자들이 학문의 방향을 설정하고 올바른 길을 걸을 수 있도록 돕기 위함입니다.

홍익: 그래. 그 주요 내용이 무엇인고?

이이: 유학의 기본 원리, 수양 방법, 인간의 도리 등을 설명하며, 특히 인간의 본성을 강조하고 성인이 되는 것을 목표로 썼습니다.

천손: 두 분 성현님, 이쯤 하시고 시간은 또 드리겠습니다. 그럼 인사례가 더뎌져 다음은 율곡 성현님보다는 27년 연장자 508세 토정 이지함에 이어, 구암 허준, 사암 천만리 성현님 순서로 가겠습니다. 먼저 토정 성현님 예를 올려주세요.

이지함: 예이. 홍익 선조부님 문안 올립니다. 508살 토정 이지함이라 하옵니다. 저는 앞에 뵈오신 목은 이색의 후손 한산이(韓山李氏)가입니다.

이색: 토정! 내 그건 알고 왔네. 아래 3군에도 후손이 와 있다지?

이지함: 그러하옵니다. 월남(月南)이라고 이상재가 와 있습니다.

홍익: 그래. 자네를 소개해 봐.

천손: 아~ 선조부님, 오늘 늦었습니다. 여기서 마치고 내일 모셔야겠습니다. 선조부 신위님 편히 쉬시고 성현님들 내일 뵙겠습니다./ 8회 끝.

天孫拜禮 8
2025.8.5.화요일

슬피 우는 허준

천손: 天孫,韓民族聖賢21人記錄精神討論會8回가 시작되었습니다. 그럼 바로 시작하겠습니다. 토정 이지함 성현님 하시려 하신 대로 자기 소개 계속해 주세요.

이지함: 저는 조선 중기, 역학, 의학, 천문, 지리 등 다양한 분야를 배웠습니다. 화담 '서경덕' 스승님 문하에서 학문을 배우고, 현실 문제 해결에 관심을 가졌습니다. 화담 스승님은 성리학보다는 실생활과 밀접한 분야, 예를 들어 농업, 상업, 사회, 복지 등에 관심을 갖고 실천적인 학문을 추구했습니다. 저 또한, 토정비결이라는 점술서를 저술했(다고 알려져 있)습니다.

홍익: 공부를 토굴 속에서도 했나?

이지함: 저의 호 '토정(土亭)'은 마포 강변에 흙으로 지은 토굴에서 생활한 데서 유래했습니다. 저는 현실 참여적인 실학사상을 지녔으며, 가난한 백성을 구제하는 데 힘썼습니다.

홍익: 그때 쓴 토정비결은 이지함이 썼다 아니다 하던데 배운 것은 족히 그런 책을 쓸 만도 하구먼.

이지함: 저도 퇴계처럼 을사사화로 친구와 장인이 연이어 죽임을 당한 후, 서울 마포 강가에 토굴을 짓고 생활하기 시작한 겁니다.

토굴은 검소하고 청렴한 삶의 태도를 보여주는 동시에, 백성들과 함께하려는 의지를 상징합니다. 토굴에서 점술과 학문을 연구하며 백성들의 삶에 관심을 가졌고, 빈민 구제사업을 펼쳤습니다. 진부(眞否)를 떠나 토정비결이라는 예언서를 저술한 것은, 저의 학문적 성과와 현실 참여적인 삶으로서의 후대에 큰 영향을 미쳤고, 현실 문제 해결에 적극적인 실학사상을 지녀, 경제, 사회 문제에 대한 깊이 있는 연구를 했습니다.

홍익: 아니라 한들 후손 누가 썼을 건데 토정의 생각은 무엇인가?

이지함: 그야 후손들 이야기니까 그걸 따질 일은 아니겠고, 다 흐릿하여도 우리는 단군의 자손 천손(天孫)이라는 것이 중요하다고 봅니다.

홍익: 그럼 퇴계 이황과 율곡도 나이는 아래라지? 이번에는 연상이신 이지함에 대하여 율곡 이이가 더 말해 보게.

이이: 예이~ 19살 연상의 토정 스승님은 조선 중기의 학자로, 예언과 신통력에 대한 많은 이야기가 전해지는 인물입니다. 그는 단순히 학문적인 능력을 넘어, 미래를 예측하고 사람들의 운명을 점치는 능력으로 유명했습니다. 특히, 저보다도 더 먼저 임진왜란 발발을 예언한 것으로 알려져 있으며, 지역 전설이나 문헌 설화에서 다양한 예언과 신기한 능력을 가진 기인(奇人)으로 묘사됩니다. 또 이지함 스승의 예언과 관련된 이야기들은 다음과 같이 요약될 수 있습니다.

먼저 말씀드린 임진왜란 예언입니다. 이지함은 제자 조헌에게 "15년 후에 피가 1,000리를 흐르게 될 것"이라고 예언하여 임진왜란 발발을 암시했습니다. 또한, 아내의 가문에 화가 미칠 것을 예견하여 미리 떠나 화를 면했다는 이야기도 있습니다. 철로가 생긴다는 예언도 제일 먼저 했대요. 일찍이 자신이 살던 마을 위로 철길이 생길 것을 예측했다고 합니다. 이는 철도라는 개념조차 생소하던 시기에 이루어진 예언이라 더욱 주목받습니다. 끝으로 동서 붕당 싸움 예언입니다. 그는 서울의 낙봉과 안현의 모습을 보고 동서 붕당 싸움이 일어날 것을 예언했습니다. 신통력이 있다는 말입니다. 이지함은 백성의 고통을 예측하고, 집안의 흥망성쇠를 점치거나, 축지법을 사용했다는 이야기까지도 전해집니다.

이지함: 퇴계와 이이가 제 할 말을 다 했군요. 하하

홍익: 하. 그래? 그럼 이쯤 하고 다음은 누구지?

천손: 이번에는 구암 허준 성현님입니다. 말씀하세요.

허준: 홍익 선조부님 전에 소손 허준 예를 올립니다. 올해 나이 486살이고요. 부족한 제 의학서 동의보감 25권이 현재 유네스코 기록 유산에 등재됐습니다.

홍익: 뭐라? 유네스코가 뭔고?

허준: 저도 잘 몰라 오기 전 어려운 꼬부랑글자를 힘들여 봤더니만, 유네스코 세계기록유산은 인류의 소중한 기록 유산을 보존하고 공유하기 위해 유엔 산하 기구 유네스코가 추진하는 국제사업입니다. 인류 전체의 기억으로 보존할 만한 가치가 있는 기록물, 즉 서적, 문서, 편지 등 다양한 유형의 유산을 세계기록유산으로 등재하여 관리하는 것이래요.

홍익: 그럼 거기에는 뭐 뭐가 있다던가?

허준: 너무 길어서 다 아뢰지 못할 정도입니다. 간략히 아뢰오면, 세계기록유산사업은 인류의 귀중한 기록 유산을 보호하고, 세계인들이 그 가치를 공유하며, 미래 세대에게 전달하는 것을 목표로 한다 합니다. 서적, 문서, 편지, 사진, 필름, 음반, 데이터베이스 등 다양한 형

태의 기록물이 해당됩니다. 기록물의 진정성, 독창성, 대체 불가능성, 세계적 중요성 등을 종합적으로 고려하여 등재 여부가 결정된다 합니다. 특히, 인류 역사에 큰 영향을 미치거나 미래세대에 전할 가치가 있는 기록물들이 선정됩니다.

홍익: 오호~~ 아니, 세상이 이렇게 변한 건가, 발전한 건가? 호랑이 담배 피운다더니 진짜 문초(文草 · 쑥)들을 먹나 보네그려. 또 할 말 해봐.

허준: 등재된 기록 유산은 체계적으로 보존되고, 연구, 교육, 전시 등을 통해 널리 활용될 수 있도록 지원합니다. 문화유산하고는 다르대요. 기록 유산은 기록물 자체의 가치와 보존에 중점을 두는 반면, 세계유산(문화유산 · 자연유산)은 유형(형태)의 유적이나 어떤 것은 자연환경을 대상으로도 한다는 점에서 차이가 있습니다.

홍익: 그렇다면 뭐? 아, 동의보감… 그래 그건 어떤 기록인가?

허준: 제가 해남 땅끝마을(?)로 유배를 간 것은 선대 선조 임금이 승하하셨기 때문에 어의(御醫)로서의 마땅함이었습니다. 광해 임금 등극 전까지, 당시 저는 동양인의 체질 분석에 몰두하면서 당시 걸리면 죽는 풍토병이나 피부 내장 두뇌 전신 사지에 생기는 병으로 백성들이 죽어나가는 병과의 전쟁을 치르면서, 내가 이걸 죽는 날까지 고쳐 본들, 또 아무리 배우고 연구해 본들, 나 죽으면 이것(의술)도 죽어 없어진다는 생각에 작심해 쓴 것이 의서(醫書) 집필이었습니다. 의술은 오만 명이 오만 가지로 다릅니다. 길어 설명은 못 드리고요, 작심하게 된 동기는 〈나는 죽더라도 후손들은 알아서 낫게 할 고민 끝에 책을 써 놓고 죽어야 한다〉고 시작한 의서가 동의보감인데요, 끄억끄억~~.

홍익: 아니, 왜 우는가? 말하다 말고 왜 그래?

허준: 흑흑~ 저 가난하고 병든 불쌍한 자들을 어떻게 할지…. 끄어억끄

억… 아주 쉬운 의학상식도 모르고 죽다니 내가 죽는 것보다 더 아픈 겁니다. 끄억끄억… 하여 나는 죽어도 글을 써 알도록 해 놓고 죽자~~ 피가 끓었는데 선조 임금이 붕어하시므로 어의로서의 책임이라 유배를 간 것입니다.

홍익: 거 질질 울고 짤 것 없네. 그래서 썼고 기록 유산이 되었으면 잘되지 않았나. 유배 가기를 잘한 것 같아. 하하

허준: 오면서 봤더니 막내천손이 저처럼 이런 다네요.

홍익: 뭘 이래?

허준: 막내천손이 재주는 있는데 털끝만 한 걸 몰라 글을 안 쓰는 후대들에게 글쓰기를 가르치면서 이러다 방장이 죽으면 어쩌나 하고 울며 글만 쓴대요.

홍익: 여보게 막내천손! 거 그런 걱정 마시게. 쓸 놈은 안 쓰면 팔다리가 찢기는 것 같아 쓰게 돼 있어. 그래서? 허준이 말일세. 동의보감이 뭐야?

허준: 아직 절반도 못 쓴 것을 유배지에 온 환경변화 때문에 마친 건데요, 이 책은 지금 보면 부족하겠지만 그때 중국의서 『황제내경(黄帝内经)』이나(2011년 유네스코세계기록유산 등재됨) 『소문(素問) · 영추(靈樞)』 두 부분으로 나뉘어 각각 9권 81장으로 구성되어 총 800,000자의 한자로 기원전 475~기원전 221 · 전국시대에 편찬되었지만 제가 쓴 동의보감은….

홍익: 그래 물 한잔 들이켜 마시고 천천히 말해봐.

허준: 동의보감은 내경편, 외형편, 잡병편, 탕액편, 침구편 등 5개의 주요 편으로 구성되어 있으며, 각 편은 다시 여러 항목으로 세분화되어 있습니다. 이들 편은 서로 밀접하게 연관되어 인체의 구조, 병리, 치료법 등을 체계적으로 설명하고 있습니다.

홍익: 아니, 그런 걸 어떻게 알아낸 것도 대단하다만 더 기특한 것은 알았단들 누가 이런 책을 써 남기겠느냐고 볼 때 허준이는 참 대견하다.

허준: 흑흑흑… 찔찔~~.

홍익: 아, 이 사람아, 울보처럼 왜 그리 자꾸 울고 그래. 에혀 참. 안 되겠네. 어이 와 이황 나와 보게.

이황: 저는 잘 몰라 말씀을 못 올립니다.

홍익: 거참 난 4,340살이야. 겨우 오백스물세 살 된 자네가 모르긴 뭘 몰라. 모르면 AI한테 물어보지도 못하나? 얼른. 난 인터넷이고 AI 다 몰라.

이황: 이, 네네. 즉시 그리하겠습니다. 신조부님, 이세부터 인용하셨습니다.

※ 내경편(內景篇): 인체의 구조와 기능을 상세히 설명하며, 신장, 심장, 간장, 폐, 췌장 등 주요 장기의 기능과 역할을 자세히 다룹니다. 400여 년 전, 동의보감에는 신형장부도가 수록되어 인체의 내부 장기를 그림으로 보여주기도 했습니다. 건강한 삶을 위한 양생법과 질병 예방에 대한 지침이 담겨 있습니다.

※ 외형편(外形篇): 피부, 근육, 뼈 등 외부적 특징과 관련된 질병을 다룹니다. 피부 질환, 류머티즘, 근육통 등 다양한 외부 질병에 대한 치료법을 제시합니다.

※ 잡병편(雜病篇): 내과 질환, 외과 질환, 유행병, 부인병 등 다양한 질병을 분류하고 각각의 원인, 증상, 치료법을 설명합니다. 유행병, 곽란, 부인병, 소아병 등 각 질병에 대한 상세한 내용이 담겨 있습니다. 각 병마다 처방을 풀이한 체계가 정연하게 정리되어 있습니다.

※ 탕액편(湯液篇): 약재의 성분과 효능, 그리고 다양한 처방을 담고 있습니다. 640여 개의 약재를 수, 토, 곡, 인, 짐 등 16부문으로 분류하여 제시합니다. 약재를 사용하여 질병을 치료하는 방법과 다양한 처방을 소개합니다.

※ 침구편(鍼灸篇): 침구 치료법의 원리, 침구 지점, 침구 도구, 그리고 침구 치료법을 설명합니다. 침구 치료를 통해 질병을 치료하는 방법과 다양한 침구 지점을 소개합니다.

이 외에도 동의보감은 목차 2권, 의학 내용 23권으로 구성되어 있습니다. 각 편은 다시 여러 항목으로 세분화되어 있어, 질병을 보다 상세하고 체계적으로 이해하고 치료할 수 있도록 도와줍니다. 동의보감은 총 25권으로 구성되어 있으며, 목차 2권과 의학 내용 23권으로 이루어져 있습니다. 끝으로 의학 내용은 5편, 즉 내경편, 외형편, 잡병편, 탕액편, 침구편으로 나뉩니다.

천손: 선조부님과 스물두 분의 성현님 여러분, 오늘도 고마운 말씀 올리며 오늘은 여기서 마치겠습니다. 편히 주무십시오.

홍익: 아, 이거 글맛 좀 나려고 하면 자꾸 끊어 버리는구먼…. 하하 그래. 괜찮단 소리야./ 8회 끝.

天孫拜禮 9
2025.8.6.수요일

세종의 학문 깊이

천손: 막내둥이 천손 천광노입니다. 아직 어린아이입니다. 예쁘게 봐 주시고요, 오늘로 아홉 번째 天孫,韓民族聖賢21人記錄精神討論會9回를 맞았습니다. 모든 성현님들도 감사하지만 홍익 선조부님께 각별한 감사의 말씀 올립니다.

홍익: 아주 좋으이… 이거 끝나지 않았으면 좋겠어. 하하

천손: 감사합니다. 부족해도 품어 주세요.

홍익: 아, 나는 이런 날이 길면 길수록 좋겠어.

천손: 참으로 감사드리오며 이번에는 일찍 모시지 못한 세종대왕 충녕군 이도(李裪) 전하를 모시겠습니다. 우리가 부르는 세종(世宗)이란 붕어하신 후 올려드린 대왕의 묘호(廟號)입니다만 세종으로 하겠습니다.

홍익: 아니, 나이는 세종이 앞이라면서 왜 고려 삼은(三隱)이 나올 때 바로 나왔어야지 왜 이제야 나오나?

천손: 선조부님… 구성상 그래야 할 이유가 있어요.

홍익: 그래? 그래. 그럼 넘어가고 인사받자.

세종: 홍익 선조부님! 올해 628살 이도라 하옵니다.

홍익: 이도가 본명인가?

세종: 군호를 받기 전이고요, 군이 되자 충녕군으로, 사후 묘호가 세종입니다.

홍익: 그럼 나도 세종이라 부르면 되나?

세종: 예. 그리하옵소서.

홍익: 뒤에 사람들이 밀려 있으나 신경 쓰지 말고 자기소개 하고 나서 하고 싶은 말 다 하시게. 대왕이라도 내 후손 아닌가?

세종: 지당하시옵니다.

홍익: 오늘은 기록정신 성현들 토론이니 기록과 관계된 것은 한글 창제와 반포지?

세종: 그렇습니다. 579년 전 1446년입니다. 그때까지 연구 완성한 한글을 그해(10월 9일)에 반포했습니다.

홍익: 그때는 한글을 훈민정음이라 했다지? 가르칠 훈(訓), 백성 민(民), 바를 정(正), 소리 음(音), 이런 생각은 언제부터 했나?

세종: 군호 받기 전 이도였을 때부터, 평생 저는 책을 많이 봤습니다. 특히 정독도 했지만 재독을 많이 해 1,000독을 했다는 책 제호(구소수간 · 歐蘇手簡)도 많이들 압니다. 그때 글자가 어렵다는 생각을 했습니다. 제가 어렵다기보다 뭍 백성들은 우리 글자가 없기 때문에 백성들은 거의 문맹자였습니다. 읽어보니 저들도 글을 읽고 쓸 수 있어야만 글을 앎으로써 밝아지는데 한문이 어려운 탓에 고민 고민 무슨 방법이 없나 생각하던 중 설총 성현님이 이두 문자를 만들어 쓰신 생각이 났습니다.

이두란 한자의 음과 뜻을 이용하여 우리말을 표기하는 차자(借字) 표기법의 일종입니다. 신라시대부터 사용되기 시작하여 19세기 말까지 행정문서나 과거 시험 등에도 종종 사용되어 왔습니다. 이두란 한자의 음과 뜻을 빌려 우리말의 어순에 맞게 배열하고, 조사나 어미 등을 덧붙여 표기하는 방식을 말합니다.

홍익: 아, 그런가? 그럼 설총 나와서 그게 무엇이었는지 설명 좀 다시 해봐.

설총: 지금 들어보니 세종이 내가 못 한 일을 했군요. 아, 감동입니다, 맞습니다. 제 평생의 고민도 글자 없는 우리 백성들이었습니다. 글자를 새로 만들고 싶어 고민만 하다 생이 끝나 버렸습니다.

세종: 설총 성현님이 떠나신 후(790년) 650년이 되자 이두 문자보다 앞서리라 싶은 새로운 글자를 만든다고 시작한 것입니다.

홍익: 글자를 새로 만든다? 이건 우리 후손들이 과연 천손이라는 증거라고 보이네. 그런데 설총은 왜 훈민정음이라는 말을 안 쓰고 이두(吏讀) 문자라고 한 거지?

설총: 저는 제 백성이 아니라 훈민(訓民)이라고 하는 것은 옳지 않지만 굳이 백성민(民) 자는 안 썼어도 저 역시 당대 신라인들이 한문으로 쓴 불경만 배워야 한다는 것이 세종 못잖게 무거운 짐이었습니다. 부친은 원효대사이시고 모친은 태종무열왕의 딸 요석공주였으나 진골이라지만 왕이 아니므로 마음에서는 훈민이고 바른말 정음(正音)이지만 침만 삼키다 만 것입니다.

홍익: 그래 맞아. 우리 후손들에게는 타민족과 비교하지 못할 글자와 문명과 문화유전자가 있지. 왜냐하면 경천애인의 천손이니 뭐가 달라도 다른 것 아니겠는가?

설총: 세종이 만든 한글과 제가 하다가 다 못 한 이두는 둘 다 소리글자입니다. 이두는 한자의 음(音)과 훈(訓 · 새기다)을 빌려 우리말을 기록하는 표기법입니다. 한자의 음이나 새김을 차용할 때 한자 원래의 의미를 살려서 하는 방식과, 한자 원래의 의미를 버리고 음과 새김의 발음만을 차용하여 표음문자인 우리말을 소리글자로 기록하는 방식이었어요.

홍익: 그거참 신기하다. 대단한 머리들이야. 정말 뛰어나. 그럼 〈아름다운 하나님의 우리나라~〉 이걸 이두 문자로 쓰면 어떻게 쓰지?

설총: 세종이 만든 한글로는 말씀하신 그대로 쓰면 돼요. 그러나 이두로 쓰면… 이때도 학자마다 다르지만 지금 저에게 써내라 하신다면 〈我凜多韡賀娜任依友里拏羅〉라고 쓸 수도 있습니다.

홍익: 뭐 뭐야? 히야. 我凜多韡賀娜任依友里拏羅~ 한문만 알면 읽는 대로 우리말이 또렷이 들리는군, 여보게 세종! 어떤가?

세종: 예예. 잘 압니다. 그러니까 제가 모시고 탐독한 신라 성현님들은 셀 수도 없습니다. 첫째 설총 성현님을 비롯하여 혜초 스님 말고도 신라 십성(十聖)인데요, 불교와 관련된 인물, 즉 아도(阿道) · 염촉(厭髑, 異次頓) · 혜숙(惠宿) · 안함(安含) · 의상(義湘) · 표훈(表訓) · 사파(蛇巴) · 원효(元曉) · 혜공(惠空) · 자장(慈藏)… 끝도 없습니다.

특히 아도와 염촉(이차돈), 표훈을 제외하면 모두 신라 중기에 활동했던 고승들인데요, 『삼국유사(三國遺事)』「흥법(興法)」편 '동경 흥륜사 금당십성(東京興輪寺金堂十聖)'조를 보면, 이들은 신라 최초의 사원이며 법흥왕의 원찰이었던 흥륜사에 이소(泥塑: 진흙으로 빚어 만든 인형)의 형태로 봉안되어 있었다고 해요. 법당에는 주존인 석가모니불을 중심으로 하여 동쪽 벽에는 아도 · 염촉 · 혜숙 · 안함 · 의상이… 서쪽 벽에는 표훈 · 사파 · 원효 · 혜공 · 자장이 배치되어 있다는 것도 압니다.

홍익: 아, 그래그래. 그 정도면 알 만해, 그럼 고려도 잘 알겠구먼.

세종: 고려 이전 고구려 이문진 성현님은 물론 중국의 당(唐) 십성은 신라에서 불교의 정착과 대중화, 그리고 국가 불교의 성립에 기여한 고승들로 선정되었어요. 이들이 흥륜사에 봉안된 시기는 염촉에 대한 추모사업이 활성화되고 아울러 선종이 보급되기 시작하였던 헌덕왕 대이거나 흥덕왕 대 무렵으로 추정된다 합니다.

홍익: 와, 자네는 대체 모르는 게 뭐야? 안 되겠네. 세종, 짧게 할 게 아니

라 자네가 배우고 아는 보따리 한번 싹 다 풀어내 봐. 늦은들 내가 하라는데 누가 뭐랄까. 막내천손, 그래도 되지?

천손: 아이쿠, 아무렴요. 모든 것은 홍익 선조부님 뜻대로 하시면 되십니다. 세종대왕님 계속하세요.

세종: 예이. 그리하겠습니다…. 이두 문자는 설총 성현님이 창안했다고 하는데, 혼자 했다기보다는 그때까지 발달해 온 차자(借字) 표기법을 설총 성현님이 정리하여 경서를 우리말로 주해하고 새겼다고 보는 것이 타당하다고 봅니다. 하온데 그 후 훈민정음 창제 후에는 그 존재 가치를 거의 상실했으나 일부 서리 계층에서 오래 사용하던 이서지체(조선 향리 하급직)라는 문체로 남아 국한문 혼용제도 대체될 때까지 계속 사용되었습니다.

홍익: 아니, 우리 글자를 만들려면 신라나 고려뿐 아니라 중국 글자도 다 알아봐야 되지 않겠나? 그럼 그때까지 중국은 어떻던가. 길어도 돼.

세종: 글자 이야기는 나중에 올리고 우선 중국사를 좀 볼게요. 고대 중국(약 2000간 BC~200 AD) 하(夏) BC 2070년까지는 전설 속 최초의 국가로, 요순시대 이후인데요, 상나라와 은나라는 고고학적 증거가 남아 있으며, 갑골문자를 사용했어요. 주나라는 봉건제를 시행하며, 춘추전국시대까지 통치했습니다.

그 후의 중국사를 좀 더 말씀 올리면, 춘추전국시대로서 이는 여러 국가들이 서로 경쟁하고 분쟁을 벌인 시대고요, 진나라는 최초로 중국을 통일한 국가로 강력한 중앙집권제를 수립하였으며 한나라가 중국 문화의 기반을 다지고, 번영을 이루었습니다.

홍익: 아니, 그때를 산 것도 아닌데 도대체 책을 얼마나 읽고 공부를 얼마나 했길래 줄줄 다발로 꿰어 내나. 꿰네, 꿰꿰. 하하

세종: 아닙니다. 전부 책이라 오류는 없는지 모르겠어요. 좀 더 말씀 아뢰

면… 위 · 진 · 남북조시대에 이르자 분열과 전란이 지속되면서, 강남지방이 개발되고, 수나라는 중국을 다시 통일하고, 대운하를 건설했어요.

홍익: 그래서 그 모든 것이 글자하고 상관있다 그거지?

세종: 지당한 말씀이십니다. 전부 그네들은 글이 있으니까 한 일입니다. 그 후 당나라가 열리는데요, 당은 문화와 경제가 번성하고, 외세와 교류가 활발하게 이루어지고요, 송나라에 오자 남 · 북송으로 분열되기 전까지 경제와 문화가 번성하고, 많은 과학기술이 발전하였고, 고려와 동시대의 원나라는 몽골 제국에 의해 통치되어 서양과의 교류가 활발해집니다.

그 후 명나라는 중국의 문화와 경제를 재건, 만리장성을 건설하고, 제가 세상 떠난 다음 근대에 이르자 청나라는 만주족에 의해 통치되던 중 1912년 혁명으로 망했는데 1912년부터 현재에 이르기까지는 제가 세상 뜬 한참 후여서 잘 모릅니다.

홍익: 됐어 됐어… 그럼 묻겠네. 그렇게 만든 훈민정음이 그 후 어떠했는가?

천손: 예. 선조부님. 지금은 이름이 '한글'로 바뀌었어요.

홍익: 한글? 왜 한글이지?

천손: 우리는 한민족이고 한민족의 글이니까 한글이 맞아요.

홍익: 그래. 알겠는데 그러면 그렇게 만든 한글은 글발(發)이 바로 먹혀든 건가? 누가 말하겠나?

주시경: 제가 말씀 올릴 차례는 아니지요?

홍익: 자네는 제3군 아닌가? 유길준도 3군이고….

유길준: 그런데 한글 창제 후에 대하여는 저희가 많이 압니다.

천손: 선조부님, 시간이 없어요. 내일 계속하라 하시지요.

홍익: 아, 그래?/ 9회 끝.

天孫拜禮 10
2025.8.7.목요일

한글 박대 · 천시(薄待 · 賤視)

천손: 기록성현 21인 선조부 배례회 10회를 시작하며 잠시 안내 말씀 드리겠습니다. 천손 배례는 기독교의 하나님이시며 이 땅에 대신 오신 예수님과 동격의 차남 홍익인간의 홍익(弘益 · 가상 인물) 선조부님을 뵙고 알현하는 하늘 후손들의 배례입니다. 이제 오늘은 제2군 마지막 성현 사암(思庵) 천만리 성현님 순서입니다.

홍익: 아니, 이거 영 부족하네. 아주 아쉬워…. 제2군도 많은데 어느새 끝다가 그쳐? 그리도 뛰어난 그 한글은 창제 이후 어땠는지가 너무 궁금해…. 천만리 장군 말하기 전에 유길준하고 주시경이 좀 안다 했으니 말이야. 순서는 아니지만 말해 보게. 내 이게 영 궁금해서 간밤 잠도 못 잤어. 정말일세.

천손: 아이쿠 선조부님, 제가 영 까불기만 하지 제대로 못 하는 것 같습니다.

홍익: 그건 아니야. 까분 건 처음 얘기고 참하니 잘하고 있어.

유길준: 제가 누구인지는 다음에 말씀드리기로 하고요.(유길준 · 兪吉濬 · 1856년 11월 21일~1914년 9월 30일) 궁금하시다는 말씀 바로 올리겠습니다.

천손: 아니, 한글은 어떻게 만들었는가 하는 것부터 말씀드려야 하지 않나요? 그러려면 세종대왕이 아뢰어야 할 건데…?

홍익: 이봐 천손, 그건 들어 알 만하니 됐고 창제된 그 후 바로 쓰여졌는지 이게 궁금하단 소리야. 유길준이 말해 봐.

유길준: 결론부터 말씀드리면 그 힘들여 만드신 한글은 사용되지 않았습니다. 박대 · 천시(薄待 · 賤視) 글 대접을 받지 못한 것입니다. 이미 한문글자에 익숙한 궁내와 지방 관리들은 새로 나온 한글을 시시하게 본 것입니다. 좀 배워보았더니 한문보다 열배 백배까지 빠르게 배울 수는 있는데 빨리 배워지는 것에서부터 반감(反感), 거부감이 생긴 듯… 누가 뭐래도 글이라는 것은 어려워야지 쉽게 배워도 되느냐는 생각 등 실용화되지 못한 것입니다.

홍익: 그걸 기득권 고집이라 하나? 아하, 그렇겠군. 자기들은 수십 년 공부하고 어렵게 향시 초시 복시 알성시… 많은 과정을 거쳐 벼슬길에 나왔고 자식들도 수년째 어렵게 한문공부를 시키고 있는데 이렇게 쉬운 글자가 만들어져 이런 글자로 과거를 치고 그들도 들어오면 한문도 모르는 무식한 관리나 신하들이 우리와 같이 권세를 차지해 나라의 근본이 약해진다는 생각도 했을 것이야….

유길준: 예이. 그렇습니다. 하여 내심 얕잡아 보았습니다. 언문(諺文 · 비하어)이니 암글이라 하면서 이건 어깨너머로나 배워 글도 아니다~ 이러는 말이 유학이나 선비 학자들에게 퍼져 한글은 멸시 천대를 받았습니다.

홍익: 어허 그래서? 도통 아무도 안 쓴 건가?

유길준: 그럴 정도였지요. 글자가 터를 잡으려면 백성보다 관리가 앞서야 하는데 관리와 선비들이 글자라고 취급을 하지 않은 겁니다. 그러니 자식(글)을 낳아놓고 젖(가르침)을 먹이지 않는 현상입니다. 당연히 이러다 사라지고 말 위기였습니다. 이러다 보니 한글 기록이 거의 없어요. 창제 후 40여 년 후 1490년에 나신걸(羅臣

傑 · 1461~1524)이 자신의 부인 신창맹씨(新昌孟氏)에게 보낸 친필 한글 편지가 창제 후 첫 한글 문자로 발견되고는 수십 백 년 동안 한글 문서 보이는 것이 없습니다.

홍익: 아하, 글자가 죽어가는 거구나. 사어(死語)가 돼가는 건가?

유길준: 주시경! 자네가 좀 더 말씀 올리게.

주시경: 이전까지 가장 오래된 친필 한글 편지로 여겨지던 청주 출토 순천김씨 의복 및 간찰의 편지 192장은 약 65년 이전에 작성된 것이므로 1550년대에 쓴 그 한글 편지로 발견은 되었습니다. 또 제가 세상 뜨기 2년 전인 2012년 5월에는 대전광역시 유성구 금고동 안정나씨 회덕파 종중 묘역을 이장하다가 발견된 한글 간찰 2통이 있고요, 그러나 1700년대 한글 편지가 주로 왕실과 양반 가문에서 쓰이기도 하면서 서예 자료로 활용될 만큼 이때부터 예술적 가치를 지닌 작품들로도 좀 남아는 있습니다. 정조 임금의 편지나 안동김씨가 아들 송상기에게 보낸 편지 등 다양한 사례가 있기는 좀 있었습니다.

홍익: 그랬던 한글이 지금 어떻게 세계 최고의 인터넷 AI시대를 틀어잡은 최우수 글자로 떴는가… 나는 바로 이게 궁금하단 소리야. 두 사람이 한 말만 들어보면 저게 글이었나? 죽어가는 중태 정자들 글 아니었어?

유길준: 아, 그러함에도 오늘날의 한글을 먹이고 살린 것은 역시나 궁궐(宮)이었습니다. 궁중에서는 전문적으로 한글 편지를 쓰는 상궁이 있어 널리 사용되었습니다.

입궁 전 나인 무수리 잡일꾼 궁녀들은 한문 모르고 들어왔습니다. 층층 대궐 위 전들은 글자를 모르는 나인 궁녀를 부려먹자니 답답한데 한문을 가르치려면 몇 년 가야 하는 데 비해 쉽게 배우는 한글이 있으니까 이 글을 궁녀 무수리나 내시 등, 궁내 하급직들 부려먹는 도구 정도로 쓴 것입니다.

가르쳐 보니 한두 달도 안 걸리고 빠른 궁녀는 보름에도 뚝딱 뗍니다. 또 글쓰기도 한문과 달리 쭉쭉 뽑아냅니다. 옳다구나~ 한글을 가르치자~ 이래서 궁녀들이 쓰던 글자체를 궁서체라 하여 지금도 대단한 글체입니다.

홍익: 아, 궁녀가? 짧은 말인데도 자세히 들리는구먼. 하하 가닥은 잡히는데 말야, 이봐, 주시경 후손~, 그런데 대궐 궁녀들이나 쓰던 그 한글이 지금 어떻게 전 국민이 쓰고 세계로까지 나간 건가?

주시경: 네, 이러기까지에는 많은 과정을 거치게 돼요. 세월도 많이 흐르고요. 하여간 그 당시 조정에서는 한글이 좋다는 반응이 연달아 나오면서 정조대왕의 경우에는 외숙모에게 보낸 편지, 큰외숙모 여흥민씨에게 보낸 편지 등 다양한 편지가 남아 있습니다. 또 좀 전에 말씀드린 대로 안동김씨가 아들 송상기에게 보낸 편지는 1700년대 한글 편지로 현재 데이터베이스 자료로도 활용되고 있습니다.

홍익: 그래서 그 후로는 어떻게 흘러왔는가?

유길준: 1900년대 이전, 정확하게는 1894년부터 한글은 국문시대로 불리며, 한글 맞춤법과 표기법이 정립되고, 국문 연구와 보급 활동이 활발하게 이루어집니다. 특히, 1800년대 말(1986년) 국문연구회가 결성되어 한글의 명칭을 확립하고, 국어문법연구가 시작되었습니다.

또한, 이 시기에는 한글로 표기된 다양한 자료들이 등장하며 한글 사용이 점차 확대되었습니다. 여기에는 26대 고종황제께서 모든 국가공문서는 한글로 하라는 칙령(1894년(고종 31년)을 갑오

개혁의 일환으로 발표된 칙령 제1호와 제86호에 이어 내리신 거예요.

홍익: 아하, 이제야 좀 감이 잡히네. 그러면 유길준과 주시경이 한글 전국민화에 힘써 기초를 잡았다 하던데 어떤가?

유길준: 네네. 그건 제3군 제 순서가 되면 주시경 후배와 제가 소상히 아뢰겠습니다.

홍익: 아, 3군 때? 알았네, 알았어. 그러면 이제 천만리 장군 나와 봐.

주시경: 아, 잠깐만요. 한글 기초는 저희들만이 아니고요. 그때는 일본제국주의가 나라를 삼켜버린 때였는데 저희 두 사람뿐만이 아니라 이 자리에 와 계신 호머 헐버트 선교사와 김두봉 등 많은 한글연구자들의 동참이 있었습니다. 그런 말씀을 올려야 하는데 선조부님, 다음 순서에서 할까요?

홍익: 일단 가닥은 잡았으니 그건 그때 하고 천만리 장군 나오라고.

천손: 네네. 신조부님, 오늘은 여기까지 하고 다음 시간에 배알(拜謁)하시지요….

홍익: 그래? 시간이 벌써? 그래. 그럼 그러자고./ 10회 끝.

天孫拜禮 11
2025.8.8.금요일

조선 증장(拯將) 천만리

천손: 잠시 소개 말씀 드립니다. 오늘 홍익 선조부님께 배례 올리는 사암 천만리 장군은 저 막내천손의 중시조 할아버지십니다. 굳이 따지면 단군의 자손이 아니라 중국 사천성 종북산 천고봉 만인암이 갈라지면서 세상에 태어나셨다는 천씨의 시조 천암(千巖) 할아버지의 9대손이라 단군 성조의 직손은 아닙니다.

그럼에도 모신 것은 1592년 임진왜란과 427년 전 정유재란 후 영구 귀화하여 이 땅에서 같은 핏줄로 살아온 동족의식에 흠결이 없기 때문인데 자세한 말씀은 직접 올려드릴 때 받으시기 바랍니다.

홍익: 오호라, 한 번 들은 말 같은데 천 장군에게 직접 들어보겠네.

사암: 예이. 호는 사암(思庵)이고요, 천가 만리(千萬里) 배례 올립니다.

홍익: 그래. 하늘은 중국이나 미국이나 다 같은 하늘이니 자네도 천손이야. 긴말 안 해도 난 다 아네.

사암: 그리 말씀하시니 과연 홍익정신, 즉 하늘이라는 것도 알겠습니다. 저도 후손이라고 점지해 주셔서 감사합니다.

홍익: "널리 인간을 사랑하고 이롭게 하라"는 우리 단군 성조 홍익인간 정신이 바로 하늘이라네. 알지?

사암: 알다뿐이겠습니까. 인간은 왕이나 민족 국가보다 큰 존재입니다.

홍익: 암만. 나만 알면 금수(禽獸)고, 가족만 알면 소인배(小人輩)고. 나라와

민족까지 알아야 대인(大人)인데 더 나가 인류 전체를 알아야 천손이야. 천손은 착할 것과, 나누는 것과, 약자와 빈자를 보살피되 흑 백 황… 인종 이런 걸 가리면 하늘이 섭섭해하시지. 사암은 나올 만해.

사암: 잠깐 그 말씀 좀 올린다면, 제 부친 천가 휘 종악(千鍾嶽) 아버님은 8대 독자(獨子)시라 늘 대대손손 자손이 귀한 걸 걱정하시다, 아무래도 하늘의 복(天福)을 받으려면 널~리 인간을 이롭게 하고 인간을 도와야 한다 생각하셔서 저를 멀리 땅끝까지 가서 다른 민족들을 도우라 하여 천리만리까지 가라고 제 이름이 千萬里입니다. 갈 수 있는 먼 땅끝까지 가라는 뜻이자 그냥 구경이나 가라는 것이 아니고 〈이로움을 주라〉는 〈돕는 자여야 한다〉고 아주 어려서부터 그래서 "萬里가 네 이름이다~" 하셨습니다.

홍익: 오호라, 단군 아버님께서 내 이름을 홍익(弘益)이라 지어주시듯 종악 후대가 만리로 지은 것이로군. 거참 묘하다. 아비 종악이 거기서도 천손사상을 가졌다니 거참 보통 사람과 다르구나.

사암: 땅끝은 조선입니다. 서쪽 끝도 있지만 동쪽 끝 일본은 섬이고 조선 땅이 끝입니다.

홍익: 그래. 오늘 자네를 만나니 그 어느 누구 못잖게 뭔가 피보다 진한 것이 통하는 느낌이야.

천손: 홍익 할아버지! 그것이 신통(神通) 같아요. 하늘 천(天)의 천통(天通)… 하하

홍익: 아따 참 말도 잘 만든다. 여봐 막내천손~ 이건 내 이제야 말하는데 진실은 영통(靈通)일세. 하늘의 영은 지구 밖까지 실존하니 민족, 언어, 그 이상일세.

천손: 하늘만 바로 알면 사람답게 사는 거지요? 헤헤.

홍익: 그래 맞고, 어여 천만리 왔으니 그럼 어쩌다 이 먼 데까지 왔나 자세히 말해봐.

사암: 좀 길 건데 그래도 될까요?

홍익: 그야 막내천손보다 내 맘대로라 하니까 실컷 해봐.

사암: 9대손이지만 선대들은 모두 머리가 좋아 명나라에서는 대대로 자금성(대궐) 높은 벼슬자리에 있었습니다. 저도 여기 오기 전 북경수비대장(수도방위사령관)과 궁성수비대장(청와대경호실장)을 겸하였습니다.

홍익: 오~ 무관(武官)이로군. 그래서?

사암: 조선에서 이덕형(한음 · 훗날 영의정)이 찾아와 왜놈들이 쳐들어와서 선조 임금이 의주까지 피난을 왔다며 도와달라고 사흘이나 펑펑 울고 굶는(금식) 겁니다. 이에 제가 황제 앞에 도와주소서~ 하였더니 자네가 가겠나 하시기에 예이~ 하고 명나라 군사 20,000명을 이끌고 임진왜란 때 온 겁니다.

홍익: 그래서 이겼나?

사암: 율곡 이이가 예언한 대로 조선에 군사는 없고, 바다의 장군 이순신만이 침략해 올라오는 왜적을 해전에서 막고, 저는 육지전(戰)을 맡아 의주 곽산부터 왜병들을 무찔러 충청 전라 경상도 두루 왜놈들 뿌리를 뽑아 부산 영도(태종대 · 공덕비 있음)에서 깡그리 몰아냈습니다.

홍익: 그때 조선의 육지 군사들은 아예 없었나?

사암: 있으나 없으나 낫과 괭이 외 무기가 없어 없는 것이나 같고요, 금산 영규대사(칠백의총), 경상도 홍의 장군 곽재우, 있기는 했어도 의병과 승병들이라 군사라 할 수도 없이 약했어요. 그들이 우리를 돕기는 했으나 때론 거치적거릴 뿐 칼도 시답잖고요, 그런데도 지금 한국은 그때를 잘 몰라 임진 · 정유재란에서 그저 이순신과 해전사(海戰史)만 알고 꼭 알아야 할 육지전사(陸地戰史)는 쳐 주지도 않고 있어 잘못 압니다. 배에서 뭍으로 올라오지 못하게 바다에서만 막는 임진해전사만 안다는 문제 등 이게 현실입니다.

홍익: 아하, 그런가? 아무튼 그리하여 임진왜란도 정유재란도 다 이겼단

소린데 어째서 명나라로 다시 가지 않았던고?

사암: 나라님(선조)이 천 장군~! 천 장군~! 목을 매며 천 장군이 가면 왜놈들 또 쳐들어올 테니 가지 마라~ 마라~. 한음 이덕형도 울면서 통사정.

홍익: 아하, 그게 그렇게 된 거구먼.

사암: 이여송은 조선 사람의 후손인으로 성주 李가이면서도 되돌아갔으나 총독장(군 총사령관)만 계시면 된다 하며 글쎄나….

홍익: 글쎄나?

사암: 글쎄나 왕의 적손(嫡孫)에게나 내리는 충정공 1등 공신에 더하여, 군호 화산군(花山君)에 봉한다 하시며, 맏아들 상(千祥)과 둘째 희(千禧)에게는 한성부윤(서울시장)과 영월군수 자리를 내리시며 자자손손 조선 땅에서 같이 살자 하시며 사패지(賜牌地 · 왕이 주는 땅) 수백 결까지 하사하신 겁니다.

홍익: 그럼 명나라에 두고 온 일족들도 다 데려왔는가?

사암: 저는 이들만 둘뿐입니다. 임진왜란과 정유재란 때 다 큰 아들 둘도 같이 와 둘 다 군사 부장이었어요. 그러니 중국 성(姓)이지만 중국에 제 핏줄 시조 할아버지의 후손은 단 한 명도 없이 모두 이 땅 끝나라 조선에서만 삽니다.

홍익: 그래서 작호 화산군 봉작은 조선왕조실록에도 써 있겠지?

사암: 예. 있습니다. 다만 선조실록은 광해군 때 쓴 것이라 어지러워 두세 번 나오고는 군호는 먼 후일 숙종 때 가야 또 보입니다. 전후(戰後) 연달아 〈광 · 인 · 효 · 현〉 임금으로 100년도 안 되는 동안 왕이 네 번이나 바뀌고, 그 후 46년간 재위한 학자 임금 숙종이 등극하면서 군호를 내려 그제야 받았지만 보전이 안 됐습니다.(이유는 아랫글) 이에 세월이 한참 지나 융희 4년(27대 순종 · 일제강점기)에 재빌급받아 지금 문중에서 보관하고 있습니다.

홍익: 허허. 타성이고 중국 사람인데 완전 조선 왕족이 됐군. 조선의 유일

한 외국인 왕족이라… 그래서 그 후 천가들은 어찌? 잘들 사나?

사암: 아닙니다. 숙종이 등극하기 전 주원장(朱元璋)이 세운 명나라는 276년 만에 '누르하치'가 세운 금나라에 무너지고 후에 청국(淸國)이라는 나라로 국명을 바꿉니다. 문제는?

홍익: 뭐가 문젠가?

사암: 청나라는 조선과는 사이가 나빴습니다. 초기 명나라 잔당(殘黨)들까지 뿌리를 뽑는다고 조선에 와서 사는 천만리의 후손들을 노리고 다 잡아들이라 황명이랍시고 명을 내려 모두 은거했어요. 살아남으니까 뿔뿔이 흩어져 숨도 제대로 못 쉬며 숨어 살다 일제가 끝나고 대한민국이 건국되자 족보도 찾고 뿌리도 찾아, 우리는 함몰될 위기의 조선을 건져낸 『조선 증장(拯將 · 건질 증)의 후손』이라는 긍지를 가지고 지금 120,000여 후손이 삽니다.

홍익: 아, 『조선 증장의 후손』이라… 과연 1등 공신 맞구먼, 그럼 조선사에서 그전에나 후에도 이런 도움 장군이 있었나?

사암: 제가 아는바 한국사에는 없습니다. 당나라 수나라 원나라 그때도 조 · 중 간 전쟁이 있었지만 6 · 25한국전쟁 때 연합군 빼고는 여태껏 한국사에 이런 일은 없었어요. 제가 오기 전 고려 고종과 원종 때 원나라 침략 때문에 강화도로 천도하고 나중 일제 36년 침략기 등등 아예 없다고 봐야 합니다.

홍익: 천 장군과 명국 황제의 도움이 없었다면 그때 이미 일본 땅이 됐을지도 모르겠군. 아이참 기막힌 일이야.

사암: 이제 와 그때 어쩌고저쩌고 지난 일 가지고 대한민국 국민들이 알아달라 할 일은 아니라고 보고요. 단,

홍익: 단? 단이란 뭔가?

사암: 우리 후손 천가들이 나랏일은 물론 천손정신에 앞섰으면 할 뿐입니다.

홍익: 그러고 보니 막내천손 천광노가 천 장군 후손 노릇 잘하지 않나?

사암: 예예. 오늘 보니 잘하네요, 무인의 직손인데도 문학을 하고, 특히 하늘을 받드는 천손 노릇을 한다고 저러니 저보다도 홍익 선조부 앞에 더 잘하면 좋겠습니다.

홍익: 천 장군! 막내천손 같은 이런 글쟁이를 뭐라 하는지 아나?

사암: 작가라고 하지 않나요? 문학평론가라 하는 것도 같고요.

홍익: 아닐세 아니야. 작가니 평론가 글쟁이? 아니야. 어떤 글이냐가 중요하여 천손사상가(天孫思想家)라 하는 것이야. 글이라고 쓰는 글이 전부 천손정신이 담긴 천손사상가… 안 그런가?

사암: 치하의 말씀 제가 감사합니다. 저는 막내천손이 종악 아버님처럼 약자 돕기를 잘하고 글쓰기를 도우며 널리 사람을 이롭게 하는 홍익정신만을 생각했는데 천손사상가로군요.

천손: 아아. 아직 저는 아닙니다. 발바닥이라 100층 하늘 아래에서 1층입니다. 아니, 멀었어요. 끝이 어디가 있겠습니까? 아무튼 선조부님과 중시주 할아버지 감사하고 고맙습니다.

홍익: 그래. 하늘 높은 것을 모르고 쓰는 글이라면 그건 뼈가 없는 오징어 글이라 글 화장질이나 하고 휘청거려 글도 아니다. 건방져 못써~.

천손: 네네네. 네, 홍익 선조부님… 한데요… 제 중시조 할아버님도 문인(文人)이시기도 했어요. 전쟁 중에도 44수의 시를 지으셨고, 『사암천문집』은 천문학 관련 저술로 이 책은 천문학 지식을 담고 있어, 중시조님의 학문적 업적 중 하나로 여겨집니다. 『사암실기』에 시 44수와 문(文) 2편이 수록되어 있는데, 이 중 일부가 『사암천문집』에 포함되어 있습니다. 천문 현상과 관련된 다양한 내용들을 담고 있어서 천문학에 대한 이해와 연구를 보여주는 자료입니다. 하지만 저는 『주선증장의 글은 천손의 글이다』~~라고 말합니다.

홍익: 하하 천문(天文)집이자 하늘의 글… 하하 그것도 유별하구먼. 막내천손 애썼고 천 장군 수고하셨네./ 11편 終.

天孫拜禮 12
2025.8.9.토요일

정약용 그는 왜 책을 썼나

천손: 네, 12회 차 시작하겠습니다.

홍익: (말 끊고) 여봐 천손~!

천손: 예?

홍익: 오늘 12회로 끝난다 했던가?

천손이: 아, 아닙니다. 앞으로 열두 번이 더 남았습니다.

홍익: 그러면 13회부터는 누군지 말해 봐. 멀어서 그런지 이름도 낯설고 잘 모르겠어.

천손: 아, 네네. 마친 [제1군]은 왕인 · 1,650살. 이문진 · 1,448살. 설총 · 1,370살. 최치원 · 1,168살. 최승우 · 1,135살이었고요.
[제2군]은 이색 · 697살. 정몽주 · 688살. 길재 · 672살. 세종 · 628살. 이황 · 523살. 이지함 · 508살. 이이 · 489살. 허준 · 486살. 천만리 · 460살…(15초 광고) 여기까지 마쳤습니다.

홍익: 그럼 이제부터 제3군이야? 3군은 누구누구야?

천손: 3군은 일곱 분의 글 성현이십니다. 좌장은 정약용 · 263살. 이상재 · 175살. 헐버트 · 162살. 유길준 · 169살. 주시경 · 149살. 김두봉 · 136살. 이어령 · 92살…(15초 광고) 이렇습니다.

홍익: 그러면… 오늘 마치면 가끔 보이던 그 정약용으로 끝? 어허 하다가

말면 쓰겠나?

천손: 중도에 그치는 것이 아니고 24회까지 계속합니다.

홍익: 그래. 뭔 소린지는 알겠는데 글을 읽지 않으니 막내천손 책이라면 잘 내주던 출판사도 책 읽는 국민들이 확 줄어 막내천손까지 힘든 거로군. 내가 대통령도 장관도 아니니 어쩌느냐?

천손: 할아버지, 그런 걱정은 안 하셔도 됩니다. 그래도 다음 주에 출판 계약하러 파주로 가요. 출판비 하라고 한국예술인복지재단지원금도 받았고요. 저는 늘 잘 웃고 활발합니다. 자식들도 말 안 듣고 안 읽는 책인데 그렇다고 속 썩이면 글 쓰는 데 방해받습니다.

홍이: 아, 거 잘됐군. 아무튼 써야 해. 아까 하다가 못 한 한글이 세계인들의 글이 되기까지는 이따 3군에 있는 유길준이나 주시경이 말하면 그때 들어보면 알겠지만 읽는 독자는 쓰는 작가가 있고 난 다음의 문제야. 기죽지 말고 일단 천문(天文)을 써. 중시조 천만리 장군이 썼다는 천분지리 말고 하늘에 올리는 천문(天文) 말이야. 하늘이 기뻐하는 글. 고천문이라 한댔지?

천손: 네네. 그리할 것입니다. 걱정 말고 배례 받으세요.

홍익: 그래. 알았고, 하나 더 묻겠네. 여성 문인들은 누가 와?

천손: 여문걸(女文傑)은 일곱 분입니다. 소서노, 허황옥, 백인당이라고 한석봉 모친, 사임당, 워킹맘, 누리파, 특별 초대 서영입니다.

홍익: 서영? 서영이 무슨 소리냐?

천손: 네, 2,400년 전 맹자의 모친 이름을 맹모라고도 하지만 〈서영(澨詠)〉이라고도 부릅니다. 한국인처럼 한국 어머니상으로 맹모삼천지교(孟母三遷之教)라 할 때의 맹모(孟母)입니다.

홍익: 중국 여인? 뭔 소리냐, 이게? 워킹맘은 또 뉜고?

천손: 현대의 엄마들은 〈요즘 엄마〉라 하지 않고 〈워킹맘〉 요래 부릅니

다.(광고)

홍익: 알았네, 알았어. 자, 그럼 정약용 나와 봐.

정약용: 예이~ 다산(茶山) 정약용입니다. 제3군의 좌장이고요, 올해 이백 예순세 살입니다.

홍익: 그래 그간 몇 번 봤지? 막내천손 말이 단군 이래 가장 책을 많이 썼다는데 맞는가?

정약용: 그런 통계에는 무관심이라 저도 그런 줄 몰랐다 이번에 알았습니다.

홍익: 몇 권이나 썼다고?

정약용: 현재 알려진 책만 493권입니다.

홍익: 아니~@@ 그럼 몇 년이나 살았길래? 연평균 몇 권을 쓴 것이야?

정약용: 일흔다섯까지 살았습니다.

홍익: 그렇게 계산하면 6년에 한 권 턱? 아니, 몇 살부터?

정약용: 그렇게 따지면 맞지 않고요. 493권은 18년에 썼습니다.(?) 그전엔 그저 공부만 했어요.

홍익: 18년 만에 493권이면 뭐야? 1년에 스물일곱(27) 권 아닌가? 이게 말이 되는가?

정약용: 선조부님, 진실 그렇게 썼습니다.

홍익: 그래. 무슨 책이던가?

정약용: 크게 230권을 쓴 경집(학술서)과 263권을 쓴 문집(교양문학)으로 나눕니다. 경집이란 경학(經學)이라고 하여 요샛말로는 실물경제 같은 것이고요, 문집(文集)이란 시(詩) 문장(文章)을 말합니다.

홍익: 18년이 강진으로 유배가 있던 때라는 말은 맞고?

정약용: 예. 처음엔 포항 장기로 갔지만 도중에 강진으로 이배 왔어요. 선조부님.

홍익: 유배는 왜 갔어?

정약용: 신유박해(辛酉迫害)라는 천주교 탄압 사건 때문입니다. 정조의 죽음 이후 순조 현종 시기 순원왕후가 천주교에 대한 탄압이 심해지면서, 저는 천주교를 신앙한다는 이유로 체포되어 유배형을 받았습니다. 처음에는 장기로 유배되었으나, 이후 전라도 강진으로 이배되어 18년 동안 유배 생활을 하게 됩니다.

홍익: 아니, 천주교라면 하늘을 섬기는 천손과 같다는 소리 아냐?

정약용: 예예. 그러믄요. 한데 당시는 그렇지 않았습니다.

홍익: 그래서 어떤 책을 그렇게 썼는가?

정약용: 다 기억하려면 한참 걸립니다. 다들 잘 아는 것은 『목민심서(牧民心書)』, 『흠흠심서(欽欽新書)』, 『경세유표(經世遺表)』, 『이담속찬(耳談續纂)』, 『강역고(疆域考)』, 『마과회통(痲科會通)』 등입니다.

홍익: 오~~~ 그런 책은 어디 가면 볼 수 있나?

천손: 선조부 할아버지, 남양주 다산기념관하고 규장각 국립중앙도서관, 혹은 서소문 역사박물관에도 있어 저도 가 본 적이 있습니다.

홍익: 그래… 그럼 단군 아버님 이후 4358년 역사에서 다산이 가장 많은 책을 쓴 것 진짜 맞나?

천손: 정확한 것은 다산 성현님도 모르시고 막내인 저도 잘은 모릅니다. 썼지만 없어졌거나 또는 아직 발견되지 않은 무엇이 있는지도 모르는 것은 수백 년 후에 나타나는 경우도 있으니까요. 세종 임금 등 누구든 몇 권을 썼는지는 아직도 묻힌 책이 있을 것이므로 모르지만 다산 성현님의 493권은 감히 하늘이 열리고부터 최多作이에요. 대단하심 그 이상입니다.

정약용: 꼭은 아닐지 아리송하나 정약전이라고 제 친형님이신데 『자산어보(玆山魚譜)』는 약전 형님이 도와 요샛말로 하면 공저예요.

홍익: 아니, 그럼 세계에서 가장 책을 많이 쓴 사람이 다산 아닌가? 가히 세계적 같은데 다른 또 누가 있는가?

정약용: 저도 잘 몰라 오면서 검색을 좀 했더니 1,075권을 쓴 사람도 있고 904권을 쓴 사람도 있더라고요.

홍익: 아니, 천손도 아닌데 그런 사람도 있어?

정약용: 네네. AI가 알려주어 인용해 보면 좀 깁니다.

홍익: 왜 자꾸 길고 짧은 것을 말하나 내일까지라도 괜찮아.

정약용: 네, 세계에서 가장 많은 책을 쓴 사람은 남아프리카 공화국 작가 '마리 포크너'로 여성입니다. 그녀는 904권의 작품을 남겼으며, 기네스북에 등재되었습니다. 그녀는 캐서린 린지 등 6개의 필명으로 작품 활동을 했습니다. 또한, 브라질 작가 '이노우에 료키'는 가명으로 1,075권의 책을 출간하여 최다작 작가로 역시 기네스 세계기록을 보유하고 있습니다.

홍익: 다산이나 나나 못 보는 나라 글일 테니 됐고 이걸 물어보겠네, 경집이란 실학이라는데 경집은 뭐고 문집은 무엇을 쓴 것인가?

정약용: 경집(經集)은 230권으로 육경사서(六經四書)에 대한 연구를 깊이 있게 연구했습니다. 이 과정에서 얻은 학문적 성과와 해석을 담은 저술들을 경집이라 합니다. 예를 들어, 경세유표(經世遺表), 목민심서(牧民心書), 흠흠신서(欽欽新書) 등이 대표적인 경집으로 꼽힙니다. 문집(文集)은 다양한 형식의 문학 작품들입니다. 시, 산문, 편지 등 창작 활동을 담은 저술 글입니다. 대표적인 문집으로는 여유당전서(與猶堂全書)가 있어요.

홍익: 바로 묻겠네. 그 모든 책이 모두 다산의 천주사상인가? 아니면 우리 천손사상?

정약용: 저는 이러나저러나 하늘에서 왔고 하늘이 아버지라고 믿다 유배

도 간 것이고요. 우리 단군 성조와 성서의 하나님은 같은 분이라고 믿어 왔어요.

홍익: 하하 자자, 중요한 질문일세. 단도직입이야. 글을 쓴 이유가 무엇이냐는 뭉툭한 질문….

정약용: 제가 글을 쓴 이유는 나라와 백성을 위한 개혁을 실천하고 현실문제를 해결하기 위한 대안을 제시하기 위함입니다. 특히 유배 생활 중에도 학문연구에 매진하여 500여 권의 저술을 남겼는데, 이는 당시 조선사회의 문제점을 진단하고 개선 방안을 모색하여 미래 후세에 도움을 주기 위한 목적이 컸습니다.

홍익: 뭐 도움? 돕다? 아, 천만리 장군이 했넌 말과 같구먼. 하하

정약용: 아, 네네. 그러합니다. 유배 생활을 하면서도 현실문제를 외면하지 않고, 이를 해결하기 위한 학문연구에 몰두했습니다. 대표적인 저서 『목민심서』는 지방 수령이 지켜야 할 도리와 행정 지침을 담았고, 백성을 교화하고 백성을 위한 정치를 강조합니다.
『경세유표』는 사회 개혁의 방향을 제시하며, 국가 운영 전반에 대한 개혁 방안을 담았습니다. 단순히 학문연구에만 그치지 않고, 현실문제 해결에 도움이 되는 학문을 추구했습니다. 이러한 실학 정신은 저의 저술 전반에 걸쳐 나타납니다. 저는 오로지 백성을 위한 세상을 꿈꾸며, 학문이 현실 생활에 실질적인 도움을 줄 수 있어야 한다고 믿고 썼습니다.

홍익: 아, 참 신통하고 기특하이. 정말 자랑스러운 후손이야. 암 천손은 이리 천손다워야 하고말고.

정약용: 과분한 칭찬 모두 더 먼 우리 미래 후손에게 걸진 퇴비가 되도록 기도하겠습니다.

홍익: 하하하 그래그래. 퇴비 거름… 지금 막내천손 천광노의 호가 퇴비

(堆肥)라던데 암만 미래의 거름이지.

정약용: 글은 묶인 결박을 풀고, 어두운 눈을 밝히고, 막힌 두뇌에 기름을 쳐주는 것이라고 알고 주야장천 글을 쓰고 산 보람이 이제 선조부님 말씀으로 큰 상을 받아 만만 감동입니다.

천손: 홍익 할아버지~ 마칠 시간 됐어요.

홍익: 벌써 시간이 그렇게 갔어? 아쉽다. 다음 후손은 누구지?

천손: 아, 네네. 175살 월남 이상재. 162살 헐버트 선교사. 169살 유길준. 149살 주시경. 김두봉 · 136살. 이어령 · 91살… 아직 멀었습니다. 여성 문인들도 곧 올 거고요.

홍익: 그래. 일단은 여기서 쉬고 이 책 제작비를 지원했다니 홍익인간 대표로 고맙다는 말 남기네./ 12회 끝.

天孫拜禮 13
2025.8.11.월요일

이상재와 대한민국 건국

천손: 천손배례 13회 차를 시작하겠습니다. 12회까지 저희들의 알현을 받고 치하해 주신 선조부님 감사드리며, 이번 주 6회는 기록성현 일곱 분과 다음 주 6회는 여성 문인 일곱 분의 알현을 받아주시기 바랍니다.

홍익: 아, 좋지 좋아. 이보다 더 좋을 수는 없어.

천손: 선조부님! 선조부님, 즉 하늘이시오니 지성이면 감천이라 하늘도 아시니까요.

홍익: 암만 내실이 중요한 거야. 그런데 막내천손 말일세, 지금은제3군이랬지? 이번에는 누구누구라고?

천손: 이미 아뢴 대로, 3군은 좌장 정약용 · 263살. 이상재 · 175살. 호모 헐버트 · 162살. 유길준 · 169살. 주시경 · 149살. 김두봉 · 136살. 이어령 · 92살… 이렇습니다.(귓속말/몇 번 말씀드렸어용)

홍익: 그래 두 번이나 한 말인데도 깜빡했다. 자, 그럼 이제부터 진짜 다산 차례지?

정약용: 네, 다산 정약용입니다. 설총 스승님과 세종 임금님 한글 창제에 비할 바 아님에도 시간을 많이 쓴 것 같아 저는 짧게 하고, 곧 월남 이상재 후배를 뵈옵소서.

홍익: 아니야, 괜찮고… 어디서 태어났고 나이는 몇이고 등 많이 빠지지 않았던고?

정약용: 네, 저는 영조 38년 진주목사를 하신 정가 '재' 자 '원' 자 아버님과 어머님 해남 윤가의 5남 3녀 중 셋째로 지금의 남양주시 조안면 능내리에서 태어났습니다. 아버님 임지(任地)를 따라 이거(移居)하던 중 7살에 시를 지어 보여드리자 크게 칭찬하셨는데 9살 때 어머니가 돌아가시므로 그 슬픔을 학문에 의지해 자랐습니다.

홍익: 가만있자, 능내리라면 지금 팔당댐 옆 그 다산 유적지가 출생한 곳이란 말인가?

정약용: 예. 그렇습니다. 한양으로 와서는 두루 학식이 있어야 하는 사간원정언, 사헌부지평, 경기도암행어사, 사간원사간, 홍문관교리, 우부승지, 좌부승지를 하였습니다.

23살 때 이승훈 신부에게 영세를 받고 순조 1년 포항 장기로 유배를 가게 되었다가 유배지가 강진으로 바뀌어 18년이라는 말씀 올렸습니다. 60이 다 돼 유배가 풀려서는 강진 유배처 초당에서 쓴 저술집을 통하여 그 후 세상 뜰 때까지 오로지 다시 18년 제자 양성에만 몰두했습니다. 조정의 부르심을 사양하며 제자, 제자, 그저 제자 양성에만 힘썼습니다.

홍익: 거참 잘하고 또 잘했군. 암 나이가 들었으면 머잖아 떠날 테니 배운 걸 가르치는 게 옳아, 지나간 건 다 필요 없네. 제자가 〈육신의 자녀〉 만치 중요해. 그래서? 누구를 가르쳤어?

정약용: 제가 유배를 마치고 75살까지 한 일은 전부 제자 양성이었지만 누구누구였는지는 다 기억을 못 하겠어요. 하여 AI에게 물었더니 18명만 나오던데 이 숫자는 부정확한 것도 같습니다만, 저의 대표적 제자로는 이유회, 이강회, 정학가, 정학포, 윤종문, 윤종영,

정수칠, 이기록, 윤종기, 윤종벽, 윤자동, 윤아동, 윤종심, 윤종두, 이택규, 이덕운, 윤종삼, 윤종진 등이 있습니다.

홍익: 아, 참 기특하다. 참 잘했어. 어미가 윤가라서인지 윤가 성이 많네. 제자들이 어떤 인물인가는 찾아보면 알겠구먼.

정약용: 네, 그렇습니다. 지금 조안면 능내리 기념관에 오면 좀 더 알 수도 있고요.

홍익: 그래. 그래서 제자들에게는 무엇을 가르치고 왜 그렇게 가르친 거지? 아까 말한 것 같은데 좀 더 해봐.

청약용: 네, 저는 제자들에게 현실 생활에 도움이 되는 실학(實學)을 가르쳤습니다. 특히 경학을 바탕으로 수기지인(修己治人)을 강조하며, 세상을 다스리는 경세학(經世學)을 통해 백성이 편안한 세상을 만드는 것을 목표로 했습니다. 또한, 제자들의 눈높이에 맞춰 독서법(讀書法), 양계법, 술 마시는 법, 제사상 차리는 법 등 실생활에 필요한 지식과 삶의 자세를 가르쳤습니다.

왜 이런 것을 가르쳤느냐 하는 것은 사회개혁을 이끌어갈 인재를 양성하자는 게 목적이었습니다. 예절, 효도, 형제간의 우애, 이런 학문연구 방법인데 무엇보다 중요한 것이 〈책을 읽는 것〉이라 독서 습관이 중요하다는 것을 가르치며 나이가 들거든 모두 그러라고 가르쳤습니다,

천손: 선조부 할아버지, 다산 성현님의 말씀을 듣고 보니 하하 제가 하는 세종퇴비글방이 읽고 쓰고 말하라는 것과 같은데요.

홍익: 아, 글방도 그런 일을 한댔지? 암 그럼 그래야지. 읽지 않고 아는 것은 안다는 말 자체가 말이 안 되는 소리거든. 자, 다산은 이 정도 하고 다음은 누군가?

이상재: 예이. 소손 이상재라 하옵니다.

홍익: 아, 보자, 월남이라 하였나?

이상재: 그렇습니다. 올해 175살이옵고 충청남도 서천군 한산면 종지리에서 부친 '희' 자 '택' 자, 모친 박씨 부인에게서 1850년 조선 25대 강화도령 철종이 등극한 다음 해에 태어났습니다.

홍익: 아, 막내천손! 목은 이색의 후손이라 하지 않았던가?

천손: 그러하옵니다. 목은 이색 성현님의 16대손입니다.

홍익: 그래서 막내천손이 일대기 5권을 썼다는 정신적 사숙(私淑)으로 모신다고 하는 것이 맞아? 바로 그 월남?

이상재: 예이. 그러하옵니다. 저는 중시조 목은 할아버지와 동석하면 안 된다고 생각했는데 막내천손이 아니라 해 알현하옵니다.

이색: 이보게 월남 손자! 잘 왔어. 우리 한산 이가 가문의 영광이야. 나는 은근히 좋기만 하거든.

홍익: 21명이라면 시쳇말로 뽑힌다는 것이 어려운 건데 자, 어쨌거나 어떤 책을 얼마나 써냈어?

이상재: 예이. 바로 이러하여 저는 두 번이나 사양했습니다. 제가 써서 펴낸 책은 이렇다 할 것이 없습니다. 저는 그저 '문화와 무력'이라는 논설, 성서공회 앞으로 보낸 편지, 그리고 시문 몇 편이 있을 뿐이고요, 특히 '대한매일신보'에 '문화와 무력'이 논설을 기고, 국수주의나 사대주의를 넘어 우리 고유문화의 강점을 바탕으로 다른 문명의 우수성을 더하여 새로운 문화를 창조해야 한다고 주장한 것 정도입니다. 아니면, 옥중에서 쓴 글을 통해 인간적인 고뇌와 절박한 심정을 드러내기도 했지만 여기 모인 기록 성현님들, 특히 정약용 선생에 비하면 아무것도 아닙니다.

홍익: 오~ 그렇다면 좀 그렇기는 하네만. 막내천손! 그럼에도 모신 이유가 뭐지?

천손: 저의 정신적 제1의 스승은 세종 임금이시고, 2는 월남 사숙(私淑)님이시고, 3은 정약용 성현님이신데 월남 사숙님을 모신 것은 사숙님께서는 단군 성조께서 하늘을 여신 4358년 이후(2333+1919) 4358년이라고 하는 장구한 한민족의 마지막 국가 대한민국(大韓民國)을 건국하시는 일에 제일 앞자리에서 일생을 바치셨다는 사실을 빠뜨리면 안 되겠다는 생각에서입니다.

홍익: 아니, 이게 무슨 소리냐?

천손: 홍익 선조부 할아버지도 아시는 것처럼 단군 성조 하늘님께서 천손민족을 세우신 후 4358년 동안 우리 민족의 흥망성쇠는 다시 말씀드리지 않아도 아시지요? 조선은 1910년(4243년) 일본한테 통째로 나라를 뺏깁니다.(한일병탄)

그 9년 후 1919년 대한민국임시정부가 세워지고 1948년 임시라는 두 글자를 뺀 정부가 들어서 올해는 임정 106주년이자 건국 77주년입니다. 나라가 사라질 위기였습니다.

홍익: 아하, 그게 그 소리구먼. 그 민족대표 33인을 선정하여 3 · 1독립만세운동을 기획 · 모의 · 주도하여 꺼져버린 대한민국의 불(國)씨를 살렸다는 그 말이 이상재가 몸을 불사른 결과로 태어났다 하더니 이 자손이 바로 그 천손 이상재라 그거지?

이상재: 아, 아닙니다. 모두 제자들이 한 일입니다. 저는 민족대표도 아니었고, 진실은 대한제국 궁중 정승급 중 다 죽고 변절하였을 때 나이 70 된 노인이라 아무것도 못 하고 그냥 평균나이 50살(평균 46.8세)도 안 된 청년 민족대표 33인하고 예비대표 15인을 임명하여 이러면 어떻겠나, 저러면 어떻겠나, 노인이 되어 가기에 모두가 스승님 스승님 하여 나라를 되찾아 세우려면 이래저래야 한다고… 3 · 1운동만 해도 며칠 아뢰어도 다 못 아뢸 엄청난 일이

라 물으면 말해 주고 묻지 않으면 말을 안 해 주었더니 그것이 임시정부 태동의 불씨 겸 씨앗이 된 것입니다.

천손: 선조부님! 일제 앞에서는 불호령을 하시던 월남 스승님께서 선조부님 앞에서 자신이 한 일을 말씀드리려니 조심스러우신가 봅니다. 진실은 이승만, 안창호, 윤치호, 서재필, 천도교 손병희 교령 이하 민족대표 33인의 큰 스승으로서 정신적 지주이셨습니다. 월남 스승님이 아니 계셨더라면 그리 이른 시간에 나라를 찾을 수 없었다는 것이 정사(正史)입니다. 대한민국이라는 국호(國號)도 스승님 45년 연하의 제자 우창 신석우가 발안하는 등등, 대한민국 건국이라면 대한민국의 국조(國祖)시라 모르면 안 되는 분이랍니다.

홍익: 아하, 막내천손이 다섯 권이나 쓴 월남의 일생을 짧게 하자니 숨이 막히는가 보구나. 무슨 말을 하는 건지는 알겠네.

천손: 홍익 선조부님… 그런데 오늘은 여기까지만 하고 내일 다시 또 모셔야 하겠습니다. 스물한 분의 성현님들도 내일 다시 뵙겠습니다./ 13회 끝.

天孫拜禮 14
2025.8.12.화요일

이상재와 호머 헐버트

천손: 월남 이상재 스승님께서 선조부님을 알현하시는 중이십니다. 자, 그러면….

홍익: 아, 막내천손~! 읽는 사람들이 천손배례를 잘 모를지도 모르니 배례가 뭔지 다시 한번 말하면 좋겠는데….

천손: 아, 그렇군요. 잠시 안내 드리겠습니다. 천손배례는 단군 성조를 뵙는 예례입니다. 이때 단군 성조는 위(位)를 격상하여 기독교의 〈하나님과 동격이시고…〉 말씀드렸지요? 홍익 선조부님은 〈기독교에 비하면 예수그리스도 격〉입니다.

기독교의 하나님은 예수님을 통하여 뵙습니다. 기도할 때는 예수님의 이름으로 기도해야지 자기 이름 그대로 하면 불가 불통이고, 꼭 예수님의 이름으로… 이 말을 빼면 하나님을 만나지 못합니다.

불교는 부처님께 절을 합니다. 절은 직접 합니다. 이때 삼존불(三尊佛)이란 본존불을 중심으로 양옆에 협시(挾侍)보살이 함께 모셔진 불상을 말합니다.

일반적으로는 석가모니불을 본존으로 하고, 문수보살(文殊菩薩)과 보현보살을 협시보살로 모시는 형태가 많습니다. 또한, 법신(法身) · 보신(報身) · 화신(化身)의 삼신불(三身佛)을 본존으로 삼아 모시는 경우도 있습니다.

물론 문수보살, 보현보살, 관세음보살 전에도 절을 합니다. 부처님과 관세음보살은 다른 존재입니다. 부처는 깨달음을 얻은 존재를 가리키는 일반적인 용어이며, 관세음보살은 보살 중 한 분으로, 중생을 구제하기 위해 돕는 보살입니다.

기독교와는 잘 비교가 안 되는데 불교는 본존불을 직접 뵙는 동시에 3존불을 같이 뵙습니다. 이건 꽤 어려워 저도 더 배워야 알고 알아도 제대로 더 길게 말하기 어렵습니다. 홍익 선조부님! 이 정도 하면 글방 가족들 알아들었겠지요?

홍익: 그래. 아무튼 삼위일체(三位一體)라지만 단군 성조를 하나님으로 모시는 것은 옳고 잘한다 하겠고, 나 홍익을 예수님 격이라 하니 다들 알아들었을 것 같네. 자, 그럼 월남 나와서 긴 이야기일 줄 알지만 좀 더 말해 보게나.

월남: 제가 대한민국임시정부의 씨앗이 된 것은 맞습니다. 대한민국이라는 국호 역시 저의 제자 우창(신석우)이 발안한 것도 맞습니다. 그러나 고등학교 역사 교과서를 비롯한 한국사에서는 지금 대한민국 태동기 역사의 진실을 가르치지 않아 잘 모릅니다. 천손 후대들이 알아서 잘 하리라 보면서 얼마 전 독립기념관장이 국회방송 TV에 나와 대한민국을 알자는 인터뷰를 하던데 우창이나 제 이름 월남, 그리고 3 · 1운동이 씨앗이 됐다는 말도 제대로 잘 안 한 것 같던데 바르게 알도록 가르쳐 줘야 한다고 봅니다.

홍익: 그럼 대한민국(大韓民國)이라는 국호는 제대로들 알든가?

월남: 그 역시 또렷이는 모릅니다. 이재명 정부가 "진짜 대한민국"이라고 하던데 부족해요. 이건 인터넷에 대한민국의 대(大)라는 글자를 큰 대 자라고만 알아 자학(字學)을 모르고 국호도 몰라 저럽니다.

홍익: 말이 나왔으니 '진짜 대한민국'이 아니라 뭔가?

월남: 네, 『위대하고 뛰어난 국민의 나라 대한민국』이라고 해야 맞습니다. 이건 검색 한 번만 해보면 누구나 아는 거예요.

※ (인용): 한자 '大(대)'는 '큰', '위대한', '훌륭한' 등의 의미를 가지고 있다. 명사, 형용사, 부사 등으로 사용되며, 특히 사람이나 사물의 규모나 가치를 나타낼 때 사용된다. '위대한'은 뛰어난 능력을 가진, 또는 훌륭한 업적을 이룬 상태를 의미하여 '한자 大와 위대한'은 '큰, 위대한, 훌륭한'이라는 의미를 가진 단어들의 조합이다. 또 한자 '大'는 위대한, 훌륭한, 뛰어난 능력이나 업적을 가진 상태를 의미한다, 라고 나옵니다.

홍익: 그래 알겠는데 살아온 일생에서 대한민국임시정부 건국과 직결되는 어떤 일을 했는지도 말해 봐. 그게 빠졌네.

월남: 저는 과거 초시 시험에서 부정심사로 낙방, 요샛말로 하면 졸업장이나 자격증도 없습니다. 다만 13년간 죽천 박정양 대감댁 유학(幼學)으로 부친 박제근 대담이 강화유수로 계신 집이라 세계의 신문물을 제일 먼저 많이 받아 공부했습니다. 그러다 보니 복시 대관시에 장원했다는 이들 급이라 조선 말 승정원 경연연각 참찬의 자리에 올랐는데 여기까지 오기에는 미국과의 첫 외교 물꼬를 틀 때 1등 서기관으로 미국 교육이 전 국민 무료의무교육이라는 데 충격을 받고는 우리는 국민 98%는 나라가 가르치는 교육이 아니라는 데 놀라 의정부에서 학무국장(현 · 교육부장관)을 하면서 전 국민 무상의무교육을 시작하자 하였고… 말하려면 너무 깁니다.

홍익: 아니야. 더 해봐.

월남: 말씀드렸듯 제가 모의(謀議 · 종로 YMCA) 실행시킨 3 · 1운동은 임시

정부가 출범하는 바탕이 되었습니다. 그런 저는 조선 교육의 씨를 뿌리고, 조선 언론의 새 문을 열었고, 말씀드린 대로 건국의 기초가 되는 3 · 1민족독립만세운동을 진두지휘하고, YMCA를 통해 새 정부 조직의 기초가 되는 교육부, 체육부, 기술부, 미싱부, 목공부, 출판부, 구제부 등 조선의 작은 정부의 씨앗도 뿌려 길렀습니다.

그러다 조선일보를 인수한 우창 제자의 권유로 언론의 첫 문도 연다고 하는 등 반드시 이 나라를 찾으면 그때 나랏일을 할 인재 양성에 노년을 바치다 떠났습니다.

홍익: 하하하 이 칭찬은 목은 이색이 받아야겠구먼.

이색: 아, 네네. 제 손 상재는 독실한 기독교 교인으로 장로였어요. 아래 나오게 될 호머 헐버트와 독립운동도 같이했어요. 제 직계 16대손이지만 진실은 제가 받을 치하가 아니고 홍익 선조부님이 받아 하늘에 올려주셨으면 할 따름입니다.

홍익: 아, 하하하 말 참 좋다~ 과연 좋은 가문일세. 고려 말의 큰 스승다워. 그래 월남의 일생은 무지 호강도 했겠지?

천손: 하하 완전 반대셨습니다. 정승 급이 아닌 관리들도 떵떵거렸지만 스승님은 평생 집 한 채 없이 나랏일 하시느라 셋방에서 돌아가셨고 5남 1녀는 다 앞서 세상을 뜨고 막내 경준이 하나만 남았을 때 소천했습니다. 돈이 생기면 청년들 공부하라고 봉투째 그냥 주셔서 그래요. 청렴의 표상… 나랏일을 하는 사람들이 부자라는 것은 자기 잇속만 챙긴 것이라고 보입니다.

홍익: 그래서 지금 이재명 정부는 어떤가?

천손: 이 문제는 달리 아뢸게요. 직전 윤석열 정부에도 장단점이 있지만 딱 하나… 그분들이 천손답지는 않았다고 보입니다. 하늘을 섬기고 무섭게 아는 대신 무속에 의지한 측면이 보였어요. 아, 그 교회는

흉내만 냈지 가까운 사람들이 무속신앙인들이 많았던 것으로 보입니다. 하늘님을 도외시하면 나라 꼴 안 되는 거죠? 이재명 대통령도 천손이므로 하늘을 알아야 해요. 안 그래요, 선조부님~?

홍익: 그래 알았으니 맞아. 됐고. 그럼 이번 순서가 헐버트 선교사인가?

헐버트: 예. 홍익 선조부님, 저는 미국 미 동북부 끝, 한국으로 말하면 함경북도 북쪽 버몬트에서 태어나 장성 후 조선 선교사로 온 162살 호머 헐버트입니다.

홍익: 아니, 천만리는 중국이고 헐버트는 미국인데 헐버트도 천손을 자처한단 말인가?

헐버트: 지당만당 천당 온당입니다. 저는 하나님(하늘)을 알린다고 지구 반대쪽에서 왔습니다. 와서 척 봤더니 조선 사람들 말끝마다 아이쿠 하나님, 하나님… 노상 하나님을 입에 달고 하늘 무서운 줄 알라 소리치면서 늘 하늘이 무섭지 않느냐는 등 말끝마다 하나님을 입에 달고 사는 것을 볼 때 저는 오 마이 갓~ 오 마이 갓! 하는 미국 청교도와 조선인은 똑같은 하늘의 자손이라는 것에 뿅~가버렸습니다.

홍익: 뭐 뿅? 뿅이 뭐냐?

헐버트: 아, 예. 방정맞은 말씀 잘못 올렸습니다. 마음이 온전히 그리로 모였다라는 뜻입니다.

홍익: 아, 하하 그게 뿅이냐? 하하 그게 진짜 뿅이야? 그럼 잘 갔네. 아주 잘 갔어. 더더 뿅뿅 가도 되겠네. 하하 재밌다. 암만 하늘 앞에 정신을 잃을 정도로 마음이 쏠렸다면 아주 좋은 거야. 그래 조선에 잘 왔는데 여보게 막내천손~ 그런데 천가도 아니고 헐가인가 호머라니 호가도 같은데 이 호가 성씨 헐버트가 여기 초대된 이유가 뭔가?

천손: 예. 저는 게일 선교사라고 연못골교회(현 · 연동교회) 제임스 게일 목사님을 모시려 했습니다. 게일 목사님은 월남 이상재 스승님 교회

담임목사시고 역시나 낯선 땅에 오셔서 놀라운 행적으로 한글을 통한 국민교육에 앞장선 분이시기는 한데 겹쳐서…요.

홍익: 그렇기로 말하면 아펜젤러나 언더우드 선교사도 있고 모실 분이 얼마나 많나? 그런데 하필 왜 헐버트야?

천손: 더 올라가면 단군 성조와 홍익 선조부님께 예 올리라 하실 성현님들은 1,000명도 넘습니다. 앞서 정약용 성현님께서 이승훈 신부에게 영세를 받았다 하셨는데 그때는 정조대왕 전부터 시작이라 정조 등극 초부터 따지면 225년쯤 전입니다.

홍익: 누구던고?

천손: 예. 조선 첫 천주교 신부는 중국인 신부인 주문모(周文謨)입니다. 1795년(정조 등극 · 1776년)에 조선에 입국하여 선교 활동을 하다가 1801년(정조 승하 · 1년 후) 신유박해 때 순교하셨습니다. 그런 분들은 셀 수가 없습니다. 천주교는 헌종 시기 순조의 비 순원왕후 때 오가작통법(伍家作統法)에도 불구하고 하느님을 알게 한다고 와서 순교하신 분이 현재까지 확인된 이름 있는 순교자만 1,800여 명이며, 무명의 순교자까지 포함하면 총 1만 명 정도로 추정됩니다. 이 중에는 103위 성인과 124위 복자를 비롯하여 병인박해 등 다양한 박해 시기에 순교한 분들이 포함되어 있습니다. 하오나 이번에 모신 성현님들은 오로지 기록, 기록, 기록 성현입니다. 문서를 남기고 학문을 아끼고 배우면 배운 대로 가르치는 선비들입니다. 선조부님, 잘 아시지 않습니까? 하하

홍익: 그래 알았어. 알았으니까 미스터 헐~ 헐 선교사도 천손인가부터 확인하고. 그래 조선에 와서 대한민국이 열리기까지 독립운동도 좋고 다 좋은데 이제 말한 글에는 무슨 일을 했는가?

천손: 할아버지, 잠깐만요. 어, 하다 보니 시간이 너무 늦었습니다. 오늘 여기까지 하고 내일 받으시지요.

홍익: 아쉽지만 허허. 뭐 그러자면 그래야지 뭐. 여보게 헐버트! 내일 말 하시게./ 14회 끝.

天孫拜禮 15
2025.8.13.수요일

한글 이면(裏面)의 이야기

천손: 모두 스물네 차례에 걸쳐 모실 천손배례 열다섯 번째 시간이 되었습니다. 지금은 헐버트 선교사님께서 홍익 선조부님을 배알하는 시간입니다.

홍익: 그래. 헐버트 계속해 봐.

헐버트: 저는 미국서 낳았지만 한국에서 세상을 뜨고 양화진 선교사 묘지에 묻혀 한국 사람과 같습니다. 23살에 한국에 와 한국어를 연구하고 한글의 우수성을 알리는 데 힘썼고요, 독립신문 발행을 돕고 고종의 밀사로 헤이그 이준, 이위종과 같이 가는 등 한국 독립운동도 지원했습니다만 기록 성현으로 왔으니 한글에 대한 말씀만 올리겠습니다.

홍익: 오, 세종이 만든 그 한글. 그래 어떤 일?

헐버트: 1886년 7월 4일 미국 감리교 선교사로 육영공원 영어교사로 조선에 왔습니다. 와 보니 천성이 참 천성(天性)이라는 데 놀랐습니다. 그런데 글을 읽지 못합니다. 세종 임금이 창제한 한글은 있어도 모릅니다. 문제는 저도 한국말이 서툽니다.

말 배우기도 어려운데 말을 배우다 보니 말에 비해 한글은 참 쉬웠어요. 하여 한글은 나흘 만에 뚝 떼었으나 말은 가마득하게 멉니다. 안 되겠다 싶어 말과 글을 하나로 엮는 한글 체계가 보다 정리되어야겠다는 생각에 연구해 보기 시작했습니다.

홍익: 아니, 말도 잘 못하면서 글자와 말을 새로 꾸며 본다고? 그게 될 일이던가?

헐버트: 예. 한글을 언어학적으로 연구해, 〈띄어쓰기와 문장부호를 새로 찾아 한글 체계화 연구〉를 시작했습니다. '사민필지'라는 책을 쓰고 한글 보급에 앞장서, 국문연구소도 세웠습니다. 그 책 사민필지는 1891년 최초의 한글 전용 지리(地理) 교과서입니다. 이로써 한글 교재 보급에 힘썼고 국문연구소 설립을 위해서는 고종에게 건의하는 등 한글 연구와 발전을 위한 노력을 기울이는 동시에 미국 신문과 학술지 발표 등을 통해 한글의 우수성을 세계에 알리는 데 힘썼습니다. 당시 배재학당에서 만난 주시경과 함께 한글을 연구하며 한자처럼 뭉쳐 있는 글자 덩어리를 풀어 띄어쓰기, 문장부호 도입 등에 앞섰습니다.

홍익: 아니, 이게 무슨 말인가? 한국 사람도 아니면서 어째서 한글… 한글 연구 연구… 호모 헐버트는 왜 그렇게까지 한 거야?

천손: 아하~ ㅋㅋ 선조부님~ 호'모'가 아니고 호'머'예요.

홍익: 뭐? 호모? 내가 언제 호모라 했다고? 아니다, 아니야~ 시방 웬 시비냐?

천손: (푸풋 큭 큭ㅋㅋ~)

헐버트: 답은 한마디입니다. 성경을 읽을 수 있어야 하나님을 알도록 하겠는데 저는 말은 서툴어도 글은 알겠는데 띄어쓰기도 모르고 맞춤법도 아직 모르고… 그러니 하나님을 소개할 방법이 한글 확장 아니고는 딱히 어떻게 할 묘수를 모르겠더란 말입니다. 한문을 가르치거나 영어를 가르쳐 성경을 읽게 하려면 수삼 년이 걸리니까요.

홍익: 그래그래. 자네가 천손이야. 과연 천손이야. 하늘에서 단군 성조께서 미국인 헐을 천손으로 부르신 거라.

천손: (ㅋㅋㅋㅋ 헐~~@)

헐버트: 예예. 그런데 그 사민필지(士民必知)는 '지식'이라는 의미예요. 특히 당시 백성들이 알아야 할 세계지리에 대한 내용을 담았습니다. 3년 만에 이 책을 출간하면서 점 찍기와 띄어쓰기를 시도해 보기로 했습니다. 다음은, 1896년 한글판 독립신문을 만든다 하기에 서재필 등과 함께 시작한 이 신문을 한국 최초의 민간신문으로 만들며 저는 이 신문의 영문판 편집을 맡았습니다. 독립신문은 한글과 영문으로 동시에 발간되었으며, 한글 사랑과 언론 활동을 보여주는 사례입니다. 또 한국어를 로마자로 표기하는 방안을 연구하고 고안했습니다.

홍익: 조금 전 주시경이 말하던데, 여봐, 주시경! 헐버트는 어떤 사람이던가?

주시경: 네, 헐버트 선교사님 하면 세 가지가 남다르십니다. 첫째는 뜨거운 한국 사랑으로 한국문화와 한글의 우수성을 널리 알리고, 한국인의 독립의지를 굳건히 하는 데 매진하셨다는 것하고, 다음은 매우 헌신적이셨습니다. 고종 황제의 밀사로 활동하며 국제사회에 한국의 상황을 알리고 독립을 위해 노력하셨고, 세 번째는 뛰어난 교육자이십니다.

들으신 대로 육영공원 영어 교사와 배재학당에서 학생들을 가르친 것입니다. 하나 더 말씀드리면 뛰어난 조력자로 대한제국 말기 국권 회복을 위해 고종 황제를 도와 한국 독립운동을 지원한 유일한 외국인이셨습니다.

홍익: 아, 그랬는가? 허참 고마운 일이야. 그럼 하나 더 물어보겠네. 한국이 뭐가 어째서 그리 좋았던 건가?

헐버트: 아마도 세계 최고라고 할 정도로 종교성이 뛰어납니다. 말씀드렸듯이 "아이고 하나님~!"을 이처럼 입에 달고 사는 이런 민족 없습니다. 이상합니다. 전도하지 않아도 하늘의 복을 다 알아요. 와아~ 여기가 하나님께서 택한 나라, 백성이라는 데 놀라 여기서 살다 죽기로 한 것

입니다. 단, 성경만 볼 줄 알면 누구죠? 하나님이 그 누구보다 더 기뻐하실 것 알겠는데 이에 제 어찌 게으를 수가 있었겠습니까?

천손: 선조부님~ 그래서 저는 이런 말도 하고 글로도 썼습니다. 한글은 세종 임금이 만들었지만 만들어 놓고 보니 세종 임금은 만들기만(낳아 놓기만) 했지 먹이고 기른 분은 천천 아버지 하늘이시라~ 결론은 하나님이 먹이고 동참해 기른 〈'하나님의 글자'다〉라고요.

홍익: 아, 하하하 거참 그게 그러네. 어찌 미국의 파란 눈 노랑머리가 지구 반대편 선교사가 되어 이 먼 데까지 와서 왜 죽을 둥 살 둥 한글을 연구하여 하늘의 아들딸이 쓸 글자를 거들었는지 나는 충분히 알아듣겠네. 사실 천손들은 하늘이 돕는 것이야. 이걸 알아야 해.(선도 목적+사랑 실천+천손정신)

주시경: 한글은 지구상 가장 뛰어난 글자래요. 말로 할 수 있고 쓸 수 있는 글자와 말이 중국말과 글자는 400가지고, 일본말이나 글자는 300가지라는데, 한글로 말하고 쓸 수 있는 숫자는 20배가 넘는 8,800가지나 된대요. 이게 다 누구 한둘 열 사람이 한 일이 아니라 천손민족이므로 다 알아서 내려주신 복이라는 것 맞지요?

홍익: 하하 주시경~ 역시나 말을 참 예쁘게도 한다. 그런데 이런 걸 손에 쥐여줘도 모르고 알고도 모르고들 사니 이 문제는 어쩌면 좋겠느냐?

주시경: 그건 막내천손 같은 후손들이 잘 알아 맡아서 해야 한다고 보여요.

천손: 아, 네네. 그래야 하기는 해요. 이에 저는 저라도 해 본다고 어린 초등생 아이들을 모아 12년을 가르쳐 봤고, 그전에도 하나님을 찬양하는 성경의 시(詩)도 가르쳐봤지요. 못된 유행가 가르친 것까지 치면 가르치기만 벌써 58년째입니다. 지금은 글방에서 나이 든 어른 여섯 명을 죽어라 가르치는데 힘은 열 짐 들고 곡식은 한 말도 안 나와요.

홍익: 이봐 천손~@ (눈 부릅뜨고) 모처럼 혼 좀 날 생각인가? 지난번에 글

쓰기 공부방에서 출판한다고 손들고 나온 사람이 몇인가? 그리 많은데 왜 또 더 왜 욕심부터 부렸싸?

천손: 아, 네네… 자 잘…잘못했습니다. 이제 보니 글방 가족 120명 중 최고 다섯 명이나 글 쓸 결심을 굳혔군요. 욕심이 많았습니다. 선조부님….

홍익: 하하 막내천손 괜찮다. 그냥 해본 소리야, 그러나 이건 꼭 알아야 해. 내 힘으로는 부족하다~ 내가 다 하는 것은 아니다~~ 하늘이 돕고 밤과 낮이 도와야 된다~. 단, 손 놓고 있으란 말은 아니고 녀석이 하는 싹수를 봐서 도우시는 분이 하늘이시다~. 알아들어?

천손: 잘 들립니다. 진짜 천 번 옳은 말씀이십니다.

홍익: 글방 가족들도 같아. 글 배우러 오고는 싶은데 못 오고, 쓰고는 싶은데 그게 안 돼. 왜냐… 바쁘니까. 아니, 더 바빠야 할 선후(先後)를 중간치 못하면 100년을 살아도 장 그 턱이라 내 마음에는 안 들거든, 바쁠 때가 있는 거지만 추수동장(秋收冬藏)이라 하지? 그건 그렇고 그러면 이번에는 주시경 차렌가?

천손: 아닙니다. 선조부님! 주시경보다 20년 연상 유길준 성현이 눈알 굴리고 겨누듯 기다리고 있습니다.

홍익: 아하, 유길준… 웬 열정이 그리 펄펄 끓나? 하하 1군들 끝에서부터 나온 이름이지? 맞아 정약용, 유길준, 주시경. 그때 나왔던 후손이로군. 자, 어디 사람이고 부모는 뉘신고?

유길준: 네이~ 소손은…

천손: (말 끊고) 유길준 성현님, 오늘 시간이 다 됐습니다, 신문이고 방송이고, 글도 그래요, 좀 쉬어가며 정한 시간은 쉬었다 해야 하니까 다음 시간에 하시지요, 선조부님도요.

홍익: 아, 또 뭐야… 에혀~ 그 뭐 그러자고. 이젠 나도 익숙해졌어. 하하/ 15회 끝.

天孫拜禮 16
2025.8.14.목요일

유길준의 서유견문과 한글

천손: 16회 차 천손배례가 시작되었습니다. 시작은 유길준 성현님부터십니다.

홍익: 그래, 유길준! 내가 어디 사람이고 부모는 누구냐고 물었지?

유길준: 예이~ 소손은 월남 이상재보다 6년 연하이며 한성부 북촌에서 부친 진사 유경수, 모친 정부인 이경식의 장녀 한산이씨 사이에서 1856년 태어났습니다.

홍익: 아니, 부친이 진사? 벼슬 없어?

유길준: 아버지는 종9품 참봉에 그쳤어요. 부자가 아니라서 외조부의 도움으로 컸습니다. 출생 당시 아버지는 진사였으나 훗날 참봉이었기 때문입니다.

홍익: 북촌 마을이라~ 그러면 양반 집성촌 마을에서 컸단 말인가?

유길준: 앞서 헐버트 선교사보다는 4년 연상이지만 그건 됐고요, 월남 성현님과는 동역한 일이 많습니다.

홍익: 아, 우리 한글. 글 일로?

유길준: 아닙니다. 월남과는 1881년(미일수교 1년 전) 신시 유람단원으로 일본의 신문물을 보고 오라는 고종의 특명으로 12명이 같이 가 79일간 동거 동숙 동식 하였다는 말씀이고, 그때는 대원군 섭정기

여서 쇄국(鎖國) 중이라 국가 관계가 아닌 개인 방문처럼 놀러나 간다는 식으로 신사유람단(紳士遊覽團)이라 했어요.

홍익: 겉 다르고 속 다르게? 그 후 조선과 미국이 수교하던 1888년에 워싱턴도 월남과 같이 간 건가?

유길준: 아닙니다. 그때도 단장(주미공사)은 죽천 박정양, 서기관은 이상재, 알렌 선교사 이채연 등 11명이 갔고 저는 빠졌습니다.

홍익: 아니, 왜 빠졌어?

유길준: 저는 그때 한국 최초 국한문 혼용 역사 기록물 556쪽짜리 『서유견문』을 집필하던 중이었습니다.

홍익: 오호라, 그 책이 한국 최초의 국한문을 같이 쓴(혼용) 책이다, 그 말이지?

유길준: 예. 그 책은 1895년 우리는 고려금속활자 국가이면서도 아직 조선은 출판사가 없을 때(YMCA출판사 창문사가 생기기 전) 일본 '교순사'라는 출판사에서 펴냈고 주시경 등 한글학자들의 참고서가 됐어요.

홍익: 그래서… 서유견문이란 뭔가?

유길준: 서유견문(西遊見聞)이란 신사유람단 마치고 1883년 미국과는 아직 수교(1888년) 전이라 공사 파견하기 전인 까닭에 보빙사라 했고, 미국은 저도 보빙사 일원으로 간 것입니다. 거기서 보고 배울 것을 찾아 골라내 쓴 책입니다. 국내는 이듬해(1884년) 갑신정변으로 나라가 불안해 1885년 6월, 2년 만에 귀국했어요.

홍익: 그래서? 서유견문이 556쪽이나 된다니까 거기에 쓴 이야기란 뭔가?

유길준: 한마디로 말하면 조선은 개화(改化)되어야 한다는 개화사상(開化思想)입니다. 그때는 타민족을 배척했어요. 천손이라면서 나만 잘났다 우겼어요. 이를테면 한자만 글이라며 한글은 배척한 것처럼 나만 천손(天孫 · 양반)이라는 건데 그건 잘못하는 거라는 것이 서유견문입니다.

홍익: 맞네 맞아. 내가 2군 때던가 이런 말했지? 나만 알고 내 가족만 알면 소인배(小人輩)고, 이웃과 나라까지 알고 살면 대인이고, 인류 전체를 보듬고 감싸야만 그것이 천손이라고, 기억나나?

유길준: 예예. 똑똑히 기억하고 있습니다. 하늘을 모르면 민족이고 부족일 뿐이지 천손이 아닐뿐더러, 널리 사람을 이롭게 하는 것이 홍익인간의 홍익 선조부님이시라는 것 깊이 새겨 놓았습니다.

홍익: 이런 것이 여기 모인 21명 천손과 모이게 될 일 여성 문인, 그리고 세종퇴비글방이 펼칠 구호야.

유길준: 하늘의 복은 어느 한 개인 어떤 부족이나 민족이 다 가져가면 바닥나고 없어지는 것이 아닙니다.

홍익: 맞네. 샘이 퍼 간다고 줄어드나? 퍼 갈수록 더 잘 솟아. 하늘의 복도 똑같아. 소인배들은 퍼내기만 하면 썩고 줄줄 알지만. 반대로 퍼 나눌수록 점점 더 솟아나. 주는 것이 아니고 나눌수록 늘지.

이상재: 듣다 보니 아, 그건 성경 출애굽기 16장과 민수기 11장에 있는 만나와 메추라기 얘기 같은데요.

헐버트: 예. 홍익 선조부님! 만나는 바로 먹지 않고 모아 쌓으면 그냥 썩는댔어요. 욕심부리면 만나가 썩듯 복이 썩지요.

이상재: 만나는 이슬이 내려주고 메추라기는 바람이 가져온대요. 천손은 나보다 남을, 가정보다 이웃을 챙기면 인류 천억 명이라도 먹고도 남는다고 믿는 겁니다.

홍익: 나눌수록 늘어나는 이치는 우리 천손들의 법칙인데 이걸 잊을까가 늘 걱정이라. 자, 그래서 유길준은 평생 무슨 일에 일생을 걸고 산 것인가?

유길준: 개화사상입니다. 글입니다. 하던 대로 하지 마라~~ 하늘이 명(命)하는 것이라면 다 버리고 나와라~~ 이것이 천손민족이다~.

하하 너무 과대한 만용이었을까요? 하.

홍익: 아닐세. 날 넘는 말은 아니야. 그런데 요점이 뭔지를 잘 모르겠어. 좀 공허하게도 들리고… 다시 말해 봐.

유길준: 교육(教育) 개화사상입니다. 월남 이상재 선생이 의정부 학무아문(學務衙門)을 학무국으로 바꾸고 국장을 하면서 동시에 세운 학교가 외국어학교였고, 교장도 겸한 것이 과거 한성외국어학교였습니다.

각국 말을 가르치고 배우자는 건데 천손정신도 가르쳤지요. 지금 우리는 천손의 나라 천손민국이라 천손대학도 만들 때 같습니다.

홍익: 참 기특한 후손들이 천지에 널렸구먼. 자, 다음은 누구지?

천손: 아, 다음은 주시경인데요. 내일 뵈시는 걸로 해 주세요.

홍익: 아, 또? 알았네.(삐쭉~) 그럼 주시경 내일 봐./ 16회 끝.

찬란한 우리 한글 새 이름표를 달다

천손: 선조부님! 2025년 8월 15일 오늘이 8·15해방 80주년이고 천손배례는 열일곱 번째 시간입니다.

홍익: 아, 그런가? 야~ 나도 참 기쁘다. 내 춤이라도 한 판 출까?

천손: 아, 그래 보세요. 선조부님~ 히히.

홍익: 됐다 됐어. 웃자고 한 소리다. 자, 그건 그렇고, 3군 다섯 사람도 낼까지 6일간 할 거라 했던가?

천손: 하하 예. 그렇습니다. 스물한 분은 오늘과 내일 두 번 남았습니다.

홍익: 그래. 광복절이니까 천손사상 꼭 새로들 새겨 기리고. 자, 오늘은 주시경이랬나?

주시경: 예예. 소손은 1876년 12월 22일 황해도 봉산군 돈뫼방(錢山·전산방) 무릉동(現 황해북도 은파군 광명로 동자구)에서 태어나 1914년도 일제가 기승을 부리던 39살 때 세상을 떴습니다.

홍익: 아, 그래? 이제야 주시경 자네가 누군지 좀 알겠네.

주시경: 저는 배재학당, 흥화학교, 정리사(수물과)를 졸업하였고 아명(兒名)은 주상호(周相鎬), 자(字)는 경재(經宰), 호(號)는 한힌샘, 한흰메, 백천(白泉), 일백천(一白泉), 태백산(太白山), 학신(學愼) 등 여섯이나 됩니다.

홍익: 야, 호가 멋지다. 막내천손! 막내 호는 자칫하면 추하게 들리는 퇴

비(堆肥)라니 썩은 거름이라~~~ 좀 이상하기는 한데 스스로 학문에 썩어 후학들의 퇴비가 되겠노라 하니 이상한 게 아니라는 것 알고 멋진데, 지금 주시경의 호를 나보고 하나 새로 내려보라면 나는 하얀 한글이라는 〈흰샘〉이 좋겠네.

주시경: 예예. 그런데 저는 얄궂은 별명이 하나 있습니다. 그 별명은 〈주보따리〉입니다. 성이 글가였다면 글보따리가 됐을 건데 하다가 주가가 성이니까 주보따리도 제자들이 지어준 거라 괜찮아요.

홍익: 하하 난 흰샘이라 하겠네. 자, 그럼 가족은?

주시경: 아버지는 주면석, 어머니는 연안이씨, 배우자 김순봉. 슬하(膝下) 3남 2녀고요, 저는 국어 교사였어요. 종교는 처음 유교(성리학)에서 개신교(감리회), 대종교로 갔다 다시 개신교인이 되었습니다.

홍익: 아니, 일찍이 세상을 떴던데 종교는 어찌 그리? 대종교는 단군성교라고 부르던 그 종교 말인가?

주시경: 예. 대종교는 민속종교더라고요. 어젯밤에 말씀하신 민족종교 말입니다. 당시 개신교는 대종교보다 크다고 보고, 단군 할아버지도 하늘이시고 야훼나 여호와도 같은 하나님이라 생각하여 기독교인이 되었고요. 그런데 그곳 대종교에는 예수가 없듯 홍익 선조부님이 안 보이셨습니다. 지엄한 아버지는 계셔도 자애로운 어머니 같은 홍익 선조부님은 이번에 와 처음 뵙고 이렇게 좋을 수가 없습니다.

홍익: 하하 개네들도 그래서 탈이야… 일단은 알았고 여기는 종교가 아니라 글 이야기니까… 그래서 흰샘 자네는 글꾼으로서 글 짓는 글 농사꾼이지? 그래서? 우리나라 글 일에 어떤 일을 한 것인가?

주시경: 제가 한평생 힘쓴 것은 한글표준화와 철자법, 그리고 어휘연구입니다.

홍익: 아하, 헐버트 선교사가 띄어쓰기와 부호를 만들었다면 아직 맞춤법이 안착되지 않은 철자법, 즉 맞춤법과 말로 표현되는 어휘(語彙)? 좀 더 설명을 해봐.

주시경: 예. 이건 나무위키(지식백과사전)가 말하는 건데 대신 올릴게요.

※ (인용): 주시경이 국어를 연구하게 된 계기는 어릴 때 서당에서 한문을 배우다가 한문 강독법에 의문을 품은 데서 비롯된다. 당시 한문강독법은 한문 원문에 구결로 조사나 어미를 붙여 그대로 음독하여 달달 외우게 한 뒤에야 우리나라 말로 무슨 뜻인지 풀어 주는 방식이었다.

이를테면 '學而時習之, 不亦說乎'→'학이시습지면 불역열호아'→ 즉 "배우고 때때로 익히면 또한 즐겁지 아니한가"와 같은 식이었다. 이에 주시경은 마지막 우리나라 말 3단계에서야 애들이 말귀를 알아듣는 것을 보고 한문과 우리말이 서로 다르다는 것을 인식하고 우리말의 중요성을 깨달아 국어를 연구하게 되었다고 한다. 이후 서울로 상경하여 1894년 배재학당에 입학하면서 신학문을 접하고 이때부터 국어연구에 매진하게 된다. 이때 본인이 근대화에 열린 사고를 가져 가족과 의절하며 친구들이 보는 앞에 나서서 머리를 깎았다는 이야기가 있다.

홍익: 아하, 먼저 한문을 배운다… 다음은 읽는다… 다음은 우리말로 풀어낸다… 즉, 읽는 즉시 알지를 못한다…? 무슨 말인지 알려면 알기 위한 공부부터 따로 해야 한다?

천손: 아, 선조부님~! 가령… "이 말인 것 같아요"를 그냥 "이 말인 것 같아요" 하면 우리는 즉시 알아듣지 않습니까? 그런데 그렇지 않고 二末仁去갈亞要라고 썼다는 거지요. 그러니 우선 二末, 仁去. 이런 식으로 하면 배우기부터 계단 오르듯 올라 높은 산 정상에 올라가고 나서야 비로소 "아하, 높은 산이로구나" 알듯, 계속 읽고 올라가도 이게 뭔지도 모르고 죽자고 올라가지 않으면 강독법으로 아무리 힘써도 간단

한 말뜻은 3층 끝까지 가봐야 알게 되더라고 하는 뜻으로 들립니다.

홍익: 맞아. 막내천손~! 하하 나도 그리 알아들었네. 그래도 막내천손이 설명을 잘해 주니 더 잘 알겠어. 자~ 그러면 막내천손의 저 말이 맞는가?

주시경: 선조부님이 알아들으셨고 글방 가족들이 알아들었다면 저는 상관없습니다. 중요한 것은 한문만 배우고 읽고 쓰던 우리 조선 사람들이 헛심을 쓰는 데 수십 년이나 허송세월을 보냅니다. 하지만 저인들 무슨 수가 있겠습니까? 핵심은 소리가 나는 즉시 알아듣고 쓸 수 있는 원칙을 만들어야 하고, 만든다 한들 이걸 또 어떻게 전파시키겠습니까? 평생 머리를 깎든 길렀든 간에 저는 참 힘들게 살았습니다.

홍익: 누구 도와줄 사람도 없었지? 같이 고민하고 연구하느라 애쓴다고 밥상 차려준 사람은 애들 엄마였나?

주시경: 먹는 따위, 그런 건 중요하지도 않았고 글이 중요했습니다. 누구 하나 글이라는 말을 쓰는 사람도 없었지마는 글이라고 하는 것에는 총 칼 창과 같은 엄청난 초대형 메가톤급의 위력이 있었어요. 이건 전부 기존 양반네들만이 가진 권세였습니다. 하여 저는 당시 '언문(諺文)' 또는 여인들이나 쓰는 '암클(암글)'이라며, 남자라면, 글을 쓰는 사람이라면, 이런 암클 따위나 배우면 되느냐면서 낮잡아 불리던 우리글 이름을 『한글』이라 명명하고, 새 이름을 널리 알려 사용하자고 목이 터져라 외치고 부르짖기 시작했습니다.

홍익: 뭐 뭐? 뭣이라고~@? 한글? 와, '한글'이라는 이렇게나 예쁜 글자 이름을 주시경 자네가 지어냈나?

주시경: 아니, 별것도 아닌데 뭐 그리 놀라십니까? 언문은 어깨너머로 배워 천민이나 궁궐 상궁 나인 무수리 하녀들이나 배우는 거라는 인식을 바꿔 글 이름부터 고치지 않으면 될 일도 안 된다고 글자의 명찰과도 같은 신분증을 만들겠다 겁 없이 대든 것뿐입니다.

홍익: 여보게, 막내천손~ 그러네. 우리글 이름이 훈민정음이 아니라 진실

한글이었어, 그렇지? 천손이 글글글 한다 하던데 원래는 이게 文文文이라고 쓰고 문문문이라는 한문부터 배운 다음에야 읽고는 읽은 다음에서야 문(文)이 글이로구나… 이렇게 해야 글글글이 될 건데. 야~~ 단 한 방에 글… 이러면서 한민족의 글이라 하여 순우리말로 '한'을 붙여 한글이다~~. @@ 와, 이게 정말 눈알이 다 번쩍 뜨이네. 세종! 이 이름 바뀐 거 좋다고 보이는가?

세종: 괜찮은 정도를 넘어 너무너무 좋습니다. 오늘 듣고 보니 저는 한글을 만들고 글 이름을 너무 어렵게 지어준 것 같아요. 주시경~ 자네가 우리 글을 펼치고 지켜낸 영웅일세나~!

주시경: 흑흑흑~~ 엉엉~ 선조부님과 글 대왕님께서 힘을 주시니 감사해 와라락 눈물이 나네요.(주시경 운다)

홍익: 허허. 이 사람은 또 왜 이래? 거참 허준이는 병자들 아프다고 징징짜고, 막내천손은 글벗들 글 안 읽는다고 찔찔거리고 아, 이 사람들아~ 나 정신없어. 시바앙ㅇㅇ~~.

주시경: 흑흑흑 징징ㅠㅠ~~ 꿈보다 해석이라던데 해석도 홍익 선조부님의 해석을 받으니 가문의 영광은 둘째치고 벅찬 가슴을 누릴 길이 없습니다.

천손: (작은 소리) 주시경 선생님! 그리 말씀하시면 혼나십니다.

주시경: (작게) 찔찔. 무슨 소린감?

천손: (귓속말) 가문이 아니고 한민족이고요, 더 나아가 인류의 영광이라 하시면서 천손 된 것이 감사하다 이러셔야 합니다.

주시경: (속닥거리는 말) 아, 귀띔 고마우이.

홍익: (버럭~@) 이봐들. 나도 다 들었어. 하하 혼날 일 없으니 눈물도 닦고 자, 물어나 보세. 그래서 누가 흰샘의 뜻을 알고 다 잘들 따르던가?

주시경: 네네. 여러모로… 마치 세종퇴비늘방처럼 빈약한데도 저를 따르는 제자들은 꽤 많았습니다. 그중 여기 온 김두봉, 이규영, 최현배, 장지영, 이병기 등이 대표적인 제자입니다. 이들은 저의 국어

연구 및 한글 보급활동을 이어받아 일찍 떠난 제 사후에도 한글 학자로서 활발한 활동을 펼쳤습니다.

홍익: 아하, 여기는 오늘 김두봉만 왔나?

김두봉: 예예. 저만 왔습니다. 저도 감히 글보따리 주시경 스승님이 가신다는 자리여서 절대 안 가겠다 버티다 스승님이 호통을 치셔서 왔습니다. 스승님, 죄송합니다.

홍익: 주시경이 스승인 것은 좋은데. 하하 여기는 세종 임금부터 설총 성현까지 줄줄이 글의 스승님들만 계신 곳인데 왔으니 편하게 듣고 잘 배우게.

김두봉: 예이. 그리하겠습니다.

홍익: 그럼 자기소개도 해야 되잖아?

김두봉: 저는 글보따리 스승님의 13년 연하로 1889년 2월 16일에 태어나 1960년 4월 4일에 사망한 부산광역시 기장군 기장읍 출신입니다. 한데 이보다 진실 중요한 것은 글보따리 스승님의 제자 사랑입니다. 여기 오지 못한 최현배 이하 우리도 글에 미쳐 살았고 우선 한글이라는 글 이름 보급에 전력했습니다. 사실 언문이 한글로 글자만 바뀌는 것은 너무 쉽습니다. 그러나 개념이 바뀌어 한글이 한문보다 우수하다는 것을 알게 한다는 것이 어려웠습니다. 하이고 참, 잘 말도 안 나옵니다. 더구나 제 나이 26살에 글보따리 스승님이 세상을 뜨시므로 앞이 캄캄하면서 어깨가 얼마나 무거운지….

홍익: 아하, 훈민정음이 언문으로 오백여 년 숨도 못 쉬다 성경에서 거듭난다는 말처럼 한글이라는 이름으로 새로 태어나자니까 얼마나 어깨가 무거웠을지 알 만하네. 그럼 간단히 이쯤 하고 흰샘 사후 한글 연구와 보급… 이에 대하여는 할 말 많지?

김두봉: 그건 다음에 나오는 '이어령'이 저보다 낫지 싶어요.

홍익: 뭐, 이어령(李御寧)? 뭘 편안하게 다스린다는 거야, 뭐야?

천손: 선조부님, 학교 종이 땡 하고 또 땡 합니다. 모이자는 땡땡땡 세 번 치고요, 쉬어라는 땡 하고 잠시 후 땡 하고 또 한참 후에 땡 하거든

요. 〈붙여 땡〉이 아니고 〈띄어 땡〉입니다. 하하

홍익: 허허. 또 까분다. 그래 알았네, 알았따구우. 허 참~!/ 17회 끝.

天孫拜禮 18
2025.8.16.토요일

독서그릇 쪽박 찬 한글

천손: 한민족기록성현 스물한 분을 모시고 홍익 선조부님을 배알하는 천손배례 18회가 시작되었습니다. 다음 주부터는 제4군 여성 문인 일곱 분을 모신 배례가 계속됩니다. 그럼 3군의 막내 이어령 교수님 예를 올리십시오.

이어령: 제가 이 자리에 앉기에는 나이도 나이지만 무엇으로 보나 부족합니다. 그럼에도 막내천손이 간곡히 요청하여 홍익 선조부님 전에 알현 예를 올리게 되어 참으로 감사합니다.

천손: 홍익 선조부님~! 우리 글방에서 이어령 교수님을 모시는 데에는 저의 생각이 컸습니다. 이어령 교수님은 제가 바라보며 늘 부러워했던 분이십니다. 저는 이어령 교수님의 길을 따르고 싶어 했지만 문학평론가, 언론인, 저술가, 대학교수를 지낸 국어국문학자 중 대학교수를 하지 못하였고, 국문학자라 하기에도 부족하고, 언론인이라 하기에도 주필로 누적 20년이지만 지역신문사였기에 같은 언론이라 할 수도 없고요, 문학평론가지만 급수가 낮아 늘 부러웠던 인격과 지식에 직접 뵙지는 못했어도 마음속으로는 저 정도는 되고 싶었기 때문에 제 고집으로 모셨습니다.

천손: 그 왜 자칭 〈천손사상가〉라면서 뭘 그리 찌그러뜨리는가? 이래서야 어디 이게 광복 80주년 맛이 나나? 어쨌든 초대한 것이 막내천

손이라니 잘했을 것이네.

이어령: 아, 제가 죄송합니다. 아무튼 동석한 성현님들을 뵈오니 너무 존경하던 성현님들이라 개인적으로는 너무나 큰 영광입니다.

홍익: 아, 이어령 후손! 그 정도면 됐네. 초청 스승으로 모실 만하여 모셨을 터이니 그쯤 하고 자기소개나 잘해 봐.

이어령: 저는 1933년 12월 29일 태어나 2022년 2월 26일 세상을 떠나 92살입니다. 호는 능소(凌宵)지만 스치는 말씀이고요.

충청남도 아산에서 대농의 아들로 태어났습니다. 경기고등학교 교사, 단국대학교 전임강사를 지냈으며, 1960년부터 서울신문, 한국일보, 경향신문, 중앙일보 등에서 논설위원으로도 활동하였습니다. 1967년 8월부터 1999년 2월까지 이화여자대학교 문리대학 국어국문학과 교수를 역임하였고 1999년 2월부터 2022년에 세상 뜰 때까지 동교 석좌교수를 지냈습니다. 또 2001년 8월부터 2012년 8월까지 배재대학교 국어국문학과 석좌교수를 지냈으며 2012년 8월부터 2022년까지 배재대학교 한류문화산업대학원 석학교수를 지냈습니다.

홍익: 아하, 진짜 찐~한 먹물이로군. 이건 지성인이고 지식인이라는 말이구먼. 그런데 여기는 경력이나 학력을 중시하지 않아. 오직 글 이야기를 하는 곳일세. 한글에 대하여 말할 게 있겠지?

이어령: 소손은 한글학자는 아니라 사실은 잘 모른다기보다 많이 부족합니다.

천손: 교수님, 그러시므로 주시경, 김두봉 선생님 이후 우리의 한글이 세계화가 되기까지에 대하여는 교수님이 동시대를 살며 보셨으니까 한글의 오늘이 오기까지에 대하여 아뢰시면 좋겠습니다.

이어령: 아하, 약간은 생소하지 않을까 싶은데 그러면 아는 데까지만 아뢰겠습니다.

홍익: 그래그래. 막내천손도 그러라고 초청한 것 같아.

이어령: 주시경 선생 이후의 한글은 당시에도 실존했던 '조선어학회'부터 입니다. 글보따리 선생님의 제자들을 중심으로 결성된 조선어학회는 한글 연구와 교육활동을 이어받아 한글 맞춤법 통일안을 제정했습니다.

이는 현재 남북한이 사용하는 언어규범의 근간이 되었습니다. 조선어학회는 또 표준어 사정, 외래어 표기법 통일안 제정 등 다양한 활동을 통해 한글의 발전에 기여했습니다.

1926년에는 주시경 선생님 제자들이 중심이 되어 1926년 음력 9월 29일을 『가갸날』이라는 이름으로 한글날을 처음 제정했습니다. 이후 『한글날』로 명칭이 변경되어 현재까지 한글의 우수성을 기리는 날로 기념되고 있습니다.

홍익: 오~~ 가갸의 날? 거 참 재미있구먼. 그래서?

이어령: 한글날은 10월 9일로, 세종대왕이 훈민정음을 반포한 것을 기념하는 날입니다. 2년 후 '가갸날'은 1928년 '한글날'로 명칭을 변경한 것입니다. 1949년에는 대한민국 관공서의 공휴일로 지정되었습니다.

홍익: 오, 그래서 ?

이어령: 일제강점기에도 우리말과 글을 지키기 위한 사전편찬 운동은 외세가 지랄발광들을 해도 활발하게 진행되었습니다. 조선어학회는 『말모이』라는 이름으로 우리말사전을 편찬하려 했으나, 그건 일제의 탄압으로 좌절되었습니다. 해방 후에는 한글학회에서 『조선말큰사전』을 완성했습니다. 일제강점 2년 전인 1908년 8월 31일 창립된 우리나라 최초의 학술단체로 한글학회가 결성되고, 일제강점기였음에도 우리는 '한글날'을 제정(1926년)하고 조선어강습회를 개최하는 등 글 선생님들께서는 어쨌거나 우리말과 글 수호에 앞장섰습니다. 말과 글을 잃으면 혼을 잃는 것이고 정신도 쓰러지는 것이기 때문이었지요.

홍익: 아, 이 교수가 오늘 모인 21명의 기록 성현, 추앙받는 후손들 모두에게 참 기쁜 소식을 전해 주는군. 이 교수 잘 왔어.(박수)

이어령: 네, 감사합니다. 준비도 없이 와 두서가 걱정입니다만 아는 데까지 좀 더 아뢴다면, 1949년에는 조선어학회가 한글학회로 이름을 바꾸고, 한글 연구와 보급 활동을 지속했습니다. 현재까지도 한글의 발전과 보급을 위한 노력이 계속되고 있습니다.

이는 주시경 선생님의 한글 연구가 국어학의 체계화와 한글 사용의 활성화에 크게 기여했기 때문입니다. 그의 제자들과 후학들은 그의 뜻을 이어받아 한글 맞춤법 통일… 사전편찬, 한글날 제정 등 다양한 활동을 통해 한글의 위상을 높이고, 한글문화 발전에 이바지했습니다. 이러한 노력들로 한글이 현대사회에서 널리 사용되고, 세계적으로 인정받는 문자로 자리 잡는 데 중요한 역할을 했습니다.

홍익: 휴~ 참 시원시원하기도 하다. 나라란 땅을 뺏기더라도 말과 글만 뺏기지 않으면 반드시 살아나게 돼 있는 거야. 〈말 지킴과 글 지킴〉은 정부 지키기보다 더 큰 것을 지킴이라는 사실 이걸 모두들 알게나. 자, 그런데 이 교수는 종교가 무엇이었나?

천손: (말과 글 지킴. 하하~~)

이어령: 저는 늦게야 기독교인이 되었습니다. 철학자를 원하였고 학자가 되기를 원하여 목사나 신학자에게는 별 관심이 없었습니다. 그러다가 세상을 앞서 떠난 딸이 기독교 목사가 되어 성경을 다시금 진지하게 읽게 되면서 기독교인이 되었습니다.

홍익: 그래서 어떤 책도 썼는가?

이어령: 제가 가장 많이 쓴 것은 신문사 논설입니다. 한국일보, 경향신문, 중앙일보, 조선일보 등 여러 곳에서 사설과 칼럼을 쓰고 특강을 많이 했지만 그러다 보니 펴낸 책은 많지 않지만 후대들이 〈이어령 저서〉라고 하여 22권으로 묶은 책은 있습니다.

단독 출판된 책으로 검색하면 〈생각〉이란 제호가 제일 먼저 뜹니다. 이 책은 '생각나무'라는 출판사에서 2009년에 펴낸 책인데 아마도 막내천손이 쓴 책 중 '생각학콘체르토'보다 3년 전이라….

천손: 아, 교수님. 저는 그때 교수님이 쓰신 '생각'이라는 책을 몰랐어요. 그러고 보니 제가 존경해 마지않을 '생각'이라는 공통점이 있었나 봅니다.

홍익: 아, 그랬는가? 그렇고 다른 책도 많지?

이어령: 많지 않습니다. 많은 것은 논설인데 논설은 언론사가 하는 말이므로 신문사 말이라 저자를 밝히지 않습니다. 22권 전집에도 있을 것인데 『흙 속에 저 바람 속에』, 『축소지향의 일본인』, 『디지로그』, 『젊음의 탄생』, 『생각』, 『지성에서 영성으로』 등이 있습니다.

홍익: 알았고 됐어, 됐어. 자, 그러면 이제 묻겠네. 현실 우리 천손들 한글의 과제는 무엇이라고 보는가?

이어령: 짧은 제 소견을 아뢴다면, 첫째가 독서환경 회복이고, 다음은 글을 쓴다는 사람들이 글 정신을 바로 세워 알아야 한다는 두 가지 같습니다.

홍익: 책을 읽지를 않는다는 거지? 이거 왜들 그러나?

이어령: 신문사 발행 부수도 점점 줄어들어 반에 반토막이 나 있고 서점이 폐업합니다. 자연히 출판사가 규모를 확 줄이거나 출판업종이 사라져가는 중입니다.

홍익: 아하, 이거 설총이나 세종, 이문진, 이색, 정조도 걱정하겠구먼. 아, 대체 왜들 이래?

이어령: 물질만능 사고가 굳고 내일보다 오늘을 귀하게 여겨 역사성(歷史性)도 까라지고 이제는 쇼트 영상이라든가 유튜브 같은 3분 영상이 사람들을 지배해서 그렇습니다.

홍익: 아니, 유네스코 세계기록유산 모범 국가가 왜 이렇게까지 무너진단 말인가?

천손: 부모 노릇을 제대로 않고 애들 좋다는 대로만 오냐오냐하다 보니

나라에 어른이 없어 그렇습니다. 어른다운 어른이 책 읽는 본을 보여주며 읽어야 미래가 있다는 말 대신 "너 좋은 대로 살라" 이러는 거예요. 그게 자식을 사랑하는 부모다운 것이라는 글 마귀가 세상을 삼켜서 그렇습니다. 그러다 보니 글을 쓰는 사람은 100명이 1명으로 와장창 줄어버렸습니다.

홍익: 막내천손~! 아니, 후대 5천만 천손들아~! 이 일을 어쩌면 좋겠나? 어른다운 성현들이 죄다 세상을 떠났으니 이제 와 어째야 하겠는가? 휴~~.

천손: 저는 남달리 이런 걱정으로 밤을 새웁니다. 지경을 넓혀본다고 글방을 열고 글 가족을 찾으려 용을 씁니다. 그러나 와서는 못 견디고 글방을 나가버립니다. 그러면 글방 가족들에게 또 부르지 말라 합니다. 가슴에 못이 박혀 삭이지를 못하다가 그냥 싫다는 사람들 읽어라 써라 하면 결례라는 주장도 합니다만 이건 제 속이 찢어져 속이 아니라 자다가도 따끔거려요.

홍익: 천하에 고약한 놈들… 이렇게나 귀한 한글을 읽지도 않고 무슨 폰이니 태블릿피시니 해가며 독서 그릇 한글 쪽박을 깨는 그런 놈들에게 미래를 맡기면 동물의 왕국 되고 말 것 아닌가?

이어령: 누굴 탓할 수가 없습니다. 저도 살아서 걱정하다 세상 떴어요. 막내천손 이후 아래 세대가 걱정됩니다. 그러니 이것은 홍익 선조부님을 비롯한 하느님이 어떻든 해 주셔야 할 것 같습니다.

홍익: 아니, 내가? 그게 내가 할 일이라는 뚱딴지같은 말을 하다니 참… 여보게들, 하나님께 겨우 마당이나 쓸어 달란 말 아닌가? 아빠한테 젓 달라는 말 아냐? 허허. 왜 내가 할 이유가 뭔가?

이어령: 아, 큰 잘못, 용서해 주세요.

홍익: 나는 주고 싶어 병나는데 어레미(얼게미)에다 물을 부어달라는 것인데 주면 뭘 하나? 그릇이 있어야 퍼 담아 주지? 비를 내린들 바싹 마른 땅인데 나무를 심지 않으면 비가 온들 홍수만 나지 않는가?

이어령: 아무튼 더 살지 못하고 죽은 것은 억울합니다. 같이 살아 있어야 모여 기도도 하고 힘도 보탤 건데 참으로 가슴이 아픕니다.

홍익: 억울할 것 없네. 여하튼 후손들이 있지 않은가? 그러지 말고 그 후 한글은 어떻게 된 건지나 말해 봐.

이어령: 네네. 국내 첫 국정교과서는 주시경 선생님이 한글이라 정하기 전, 최초의 국정교과서는 고종황제께서 1895년에 발간한 『국민소학독본』이었습니다. 그러나 일제강점으로 유야무야 사라졌어요. 해방이 되자 첫 국어 교과서는 대한민국 정부 수립 후 1948년에 발행된 『초등국어교본』이었습니다. 초기에는 한자와 우리말이 혼용된 형태에서 점차 우리말로만 쓰인 책들이 등장했고, 이후 국어 교과서가 체계적으로 편찬되기 시작했습니다. 현재 사용되는 국어 교과서는 초등학교 국어로 1학년부터 6학년까지 각 학년별로 다른 교과서가 사용되고 있고, 중학교 국어도 1학년부터 3학년까지 각 학년별로 다른 교과서가 사용됩니다. 단, 고등학교 국어는 1학년 공통국어와 2, 3학년 선택 과목별 국어 교과서가 있고요, 『작문』이라는 이름의 교과서도 있습니다.

홍익: 나름은 잘하고는 있구먼. 그런데 글방 가족들, 날 좀 보시게. 잘 이끌고 견디어 내야지? 내일 지구가 멸망하더라도 글을 써. 그리고 권해. 누구 눈치 보지 말고….

천손: 흑흑흑….

홍익: 이봐, 막내천손은 또 갑자기 왜 그래?

천손: 듣다 보니 진짜 미래가 걱정돼서 그래요. ㅠㅠ

홍익: 아하… 울지 말고 힘내. 다음 주부터 한국의 어머니 문인들 모신다면서 그리 울면 어쩌는가? 일동 박수로 응원들 해~!

일동: 박수.

천손: ㅠㅠ~ 마치겠습니다. 가시지 말고 여성 문인들 만나 끝까지 도와주세요~~./ 18회 끝.

天孫拜禮 19
2025.8.18.월요일

한국의 장한 어머니들 상견례

천손: 자, 새로운 한 주가 열렸습니다. 홍익 선조부님과 한민족기록정신을 지켜 오신 스물한 분의 성현님, 주말 잘 쉬셨습니까. 대한민국 광복 80주년 특집 천손배례가 오늘로 열아홉 번째를 맞습니다.

오늘부터는 특별히 초대한 한민족사에 나타나는 훌륭한(장한) 어머니 일곱 분을 모시게 되었습니다. 먼저 어머니들 일어서 제 구령에 맞춰 홍익 선조부님께 인사 올려주세요.

"일동 배례~!" "바로~." 네, 감사합니다. 앉아주십시오.

홍익: 우아 반가우이. 안 그래도 왜 어머니들은 안 보이느냐 했더니 늦었구먼.

소서노: 네, 저희들은 지난 토요일 낮 도착했습니다. 저희들끼리 인사도 나누었고 제1군부터 제3군까지 그간 선조부님을 알현한 이야기도 다 들었습니다. 마치 오라버니 같은 성현도 계셨지만 소여손보다는 모두 연하시더라고요. 연하의 여성 중에는 친정 동생 같다는 성현도 있었습니다. 일찍 도착하지 못하여 송구하옵니다. 선조부님!

홍익: 아니야. 괜찮고 나는 이제야 보네마는 모두 만났다니 나도 좋구먼. 그래. 우선 자기소개부터 해봐. 지금 말한 여손은 누구라?

소서노: 예. 저는 북부여에서 태어나 왕자 고주몽의 아내로 산 소서노라

하옵니다. 하지만 남편 우태(禹太 · 한자 · 작명)가 세상을 떠나 재혼으로 만났어요. 주몽 왕자가 고구려를 건국하여 왕이 되자 사망한 전 남편 우태와 낳은 형제를 데리고 남쪽으로 내려와 새 나라를 세워 저를 백제의 어머니라고들 합니다. 올해 2,399살입니다.

홍익: 아하, 됐어. 그런데 왕인이나 고구려의 이문진보다도 연장이네. 차츰 듣기로 하고 그 옆에는 누군고?

허황옥: 네, 소여손은 '허(許)황옥'이라 하옵니다. 면구스럽사오나 저는 인도 아유타국의 공주로 올해 2,057살입니다. 인도에까지 퍼진 가락국의 김수로왕을 연모하여 인도서 낭군님을 찾아와 가야국의 왕비가 되어 세칭 허황후(許皇后)라고도 하옵니다.

홍익: 뭐 인도? 그래? 그런데 인도 여성 아니게 보이네. 딱 우리 고조선의 천녀(天女) 같아. 천녀나 천제관(天祭官)은 하늘에 올리는 제사(天祭)를 맡은 여인으로 교양과 지식이 있었거든. 허황옥은 왠지 낯설지가 않아. 복식도 고조선 여인 복식이로군. 그래. 이쯤, 다음에 물으면 말하고, 자, 그다음 자리에는 누군고?

사임당: 예. 저는 율곡 이이의 모(母) 신가입니다. 저는 당호(堂號) '사임당'을 본명같이 썼습니다. 중국 주나라 문왕의 어머니인 〈태임〉을 스승으로 삼는다는 뜻으로, 본명을 대신하여 사용했고 올해 521살입니다.

홍익: 아니, 십만양병설을 주창한 율곡의 어미란 말인가? 그런데…? 가만가만… 일어서 봐. 저쪽에 율곡도 있지? 그런데 내가 어디서 봤더라? 얼굴이나 머리채나… 맞아. 틀림없이 내가 봤어.

천손: 선조부님 아마 50,000원권 지폐에서 보셨을 거예요.

홍익: 맞네 맞아, 앞에는 초상이 있고 뒤에는 월매도가 있었지 아마?

천손: 그렇습니다. 이건 어몽룡(魚夢龍 · 1566~1617년)이 그린 것입니다.

홍익: 그래그래 앉아. 앉고 내 물어볼 게 많으니 이쯤 하고 다음 또 그 옆에는 누군고?

백인당: 저는 백인당이라 불러주소서.

홍익: 백인당이라니? 그건 당호냐 아호냐?

백인당: 예. 제 남편 한언공(韓彦恭 · 1524~1546년)이 후일 제 성을 따 백인당이라는 당호를 지어 주어 백씨부인보다 백인당이라 불렀습니다.

홍익: 그래. 올해 몇 살인고?

백인당: 사임당과 비슷한 올해 520살이옵니다.

홍익: 대체 어머니들 자리라던데 우선 누구 어미인고?

백인당: 소여손의 아들은 한호라 하오며 한석봉으로 더 많이 알려져 있습니다.

홍익: 아, 한석봉~ 조선 명필의 어미로구먼. 반가우이. 이쯤… 또 이야기하기로 하고 자, 그 옆에는 누구냐?

워킹맘: 할부지요~ 저는요 기냥 워킹맘 요래 부르시면 되십니당.

홍익: 아니, 어미냐 아가냐?

워킹맘: ㅋㅋㅋ 저는 양글이 엄마예용ㅇㅇㅇ~~.

홍익: 양글이? 여보게 막내천손 저 여손은 왜 말이 저런가? 아니, 여기 초대한 것 맞아?

천손: 초대한 것은 맞아요.

홍익: 저래서야 어디 천손배례가 가벼워져 쓰겠어?

천손: 그게 초대할 만한 이유가 있습니다. 일단 그런 줄 아시고 차츰 받으시지요.

홍익: 워딩인지 워킹맘인지 일단 앉거라. 그리고 옆에는 또 누구냐?

누리파: 저는 누, 리, 파입니다.

홍익: 누 리 뭐?

무리파: 넹넹~ 누누누 누 하고요, 리리리 리 자로 끝나는 누리고요, 아빠라 않고 파… 이러면 되심니담요.

홍익: 와, 이게 왜 이러냐. 막내천손, 이건 또 어떻게 된 거야. 누리는 뭐고 워킹은 또 뭐야. 웨딩이라 했던가? 아, 헷갈린다.

천손: 일단 왔으니 마지막 어머니 인사까지 받고 말씀 내려주시지요.

홍익: 알았네. 그다음은 누군고?

서영: 예~~ 소여손은 중국에서 온 서영이라 하옵니다. 올해 2,405살이라 이 중에서는 가장 연장자이고 저는 한국에 중국만치나 잘 알려진 맹자의 어미 서영이라 하옵니다.(성은 장씨지만 '서영'이라고도 함)

홍익: 뭐. 2,400살? 공자 석가 나이대란 말인가? 그래 그런지 어딘지 근엄한 게 어디 편하게 대하기나 하겠는가? 더구나 그대는 고조선의 우리 천손도 아니지 않은가?

서영: 그제 밤 명나라 조선 증장 천만리 장군하고 마주 앉아 차담을 할 때 자세히 들었습니다. 천(千)가여서 천손(天孫)이 된 것이 아니고 나누고 돕는 정신으로 인하여 천손이 되었다고도 들었습니다. 국적보다 중요한 것이 동질성(同質性)이며 동질성의 본질이 바로 하늘을 경외하는 경천애인(敬天愛人)이라고 들었어요. 저는 중국 사람이지만 중국보다 한국이 더 좋습니다. 특히 한국은 교육열이 대단한 나라라서요.

홍익: 자, 그만해도 알아들었네. 그러면 제1군부터 3군 오늘 4군까지 총 28명인가? 글방이 꽉 찬 기분이라 참 좋고. 자, 그럼 이제부터 우리 단군 성조 앞에서 우리의 장한 어머니들 이야기 좀 해 보자고.

천손: 선조부님, 땡! 소리 날 시간입니다. 오늘 여기까지 하시지요./ 19회 끝.

天孫拜禮 20
2025.8.20.수요일

워킹맘 · 누리파 깽판 치다

천손: 한민족기록성현 여성 문인까지 스물여덟 분이 홍익 선조부님을 뵙는 스무 번째 알현 예 시작합니다. 어제부터는 조선의 여천손 일곱 분이 스물한 분의 성현님과 동석하여 단군 성조(하늘)를 대리하시는 홍익(중보역) 선조부님께 배례를 올리는 두 번째 시간입니다. 어제까지 여천손 일곱 분의 1차 하례는 올렸고 오늘부터는 개별 답문으로 하늘의 뜻을 보다 깊이 새기고 내려주시는 말씀을 받는 순서입니다. 자, 누구부터 하실까요?

홍익: 이보시게 막내천손! 그럴게 아니고 어젯밤 내가 잠을 못 잤어. 누리파인가 워킹맘이 영 너무 이상해서 걱정에 눌려서야. 급할 것 없으니 우선 워킹맘 나와 봐.

워킹맘: 호호. 할부지지요? ㅋㅋㅋ

홍익: 그래. 그리 까불어대지 말고… 하늘 아래 산다면 하늘을 경외하는 경천애인은 알지?

워킹맘: 그게 뭔데요?

홍익: 허허. 그러면 홍익인간(弘益人間)은 아느냐?

워키암: 홍익인간이요? 그거 홍익 할부지 아닌가요?

홍익: 아니, 초대장에 왜 오라는 것과 와서 무엇을 하라는 자기 역할도 안

보고 왔어?

워킹맘: 보려고 하는데 양글이가 놀자 해 싸서….

홍익: 이런, 이런, 여기 왜 온 건지도 모르고 왔단 말이냐?

워킹맘: 와 보면 알 건데 뭘 왜 미리 보고 그럴 필요가 있나요. 안 그래요? 막내천손 어른!~ 나 왜 오라 하셨어요?

홍익: 딴전 치지 말고 날 봐봐. 다시 묻네. 자네 이름이 뭐고 천손이라는 것은 아는가?

워킹맘: 저요? 양글이 엄마라니까요. 성주 이가라던데 그건 지금 안 쓰고 본이름도 쓸 일이 없어 안 써요.

누리파: 맞습니다. 할부지… 저도 제 이름 안 써요. 그냥 누리파 하거나 일누리 이누리 삼누리… 요새 한 마리 더 들여와 오누리까지 강아지하고 살거든요.

홍익: 아니, 그런데 자네는 그 머리는 왜 노랗고 귀고리는 또 왜 달고 다니는가?

누리파: 예쁘지 않…나…요?

홍익: 귀고리는 왕비나 왕대비 공주 여성들이 하는 거지. 그런 걸 남자가 왜 하고… 아니, 화장도 한 건가?

누리파: 예~예예!! 요즘 이거 하는 남자들 많아요. 까만 머리로 나가면 창피합니다. 귀고리 이게 얼마짜린지 아세요? 이게 인기가 장난이 아닙니다.

천손: 맘씨, 파씨~ 여자는 여자답게 남자는 남자답게 말을 하셔야 합니다. 초대장 안내문을 안 보셨다니까 그런데 이 자리는 하늘님을 뵙는 자리입니다.

누리파: 하늘요? 대류권 성층권 열권 뭐 그런 하늘이요?

홍익: 자자, 막내천손! 내 후손들이니 이러거나 저러거나 내가 잘 끌어안을 테니 그냥 보기만 하시게.

워킹맘: 해해. 울 할부지 최고. 따봉~~ 따따따 쓰리 따봉~~ 호호.

홍익: 뭐 따봉? 이건 또 무슨 소리냐? 어이 세종~! 저게 우리말인가?

세종: 아니고 요즘 말이옵니다. 요샌 우리말이 많이 바뀌고 있사옵니다.

홍익: 여보게 이어령! 아니, 주시경~ 한글이라는 이름을 지었다 했지? 지었으면 뭘 하나. 지금 애들이 저러는데 어찌 보는가?

주시경: 소손이 제자들을 잘못 가르쳐 후손들도 한글 자부심이 이상해진 측면 있어 저러하옵니다.

이어령: 제가 살았을 때 이미 저런 외국어 바람이 불어 지금 생각하니 저도 그쪽을 나무라지 않고 오히려 치우치지 않았나 후회하는 중입니다.

홍익: 그래. 누리 뭐? 아아 파… 자네는 성이 뭐고 이름은 무엇이며 어디 살고 몇 살인가? 사람이 누구를 만나 지금 하듯 이러면 나보다 단군 성조께서 앓으시네. 하늘의 자손들이 이러면 안 되는 거거든.

워팅맘: 할부지 할부지~ 죄송한데요, 하늘은 공기뿐이고 공기에는 정신(精神) 따위는 없습니다. 어디 가서 그런 소리 하면 촌놈에 무식하고 시대에 뒤떨어진다고 얕봅니다.

홍익: 뭐 얕봐? 그럼 어떡해야 얕보지 않는단 말이냐?

누리파: 맞아요, 할부지. 요새 애들이나 젊은 엄마들은 애도 안 낳아요.

워킹맘: 저는 그래도 양글이를 낳았거든요.

누리파: 그리고 또 할부지도 아셔야 합니다. 요즘은 천손이니 김해김씨 경주최씨 몇 대 손 무슨 파 무슨 자손 이러면 듣지도 않습니다. 성은 안 쓰고 그냥 이름만 써요. 수민, 신지, 영서. 이러지 꼬박꼬박 박수민 정신지 이러면 유치하다고 성(姓) 안 쓰는 연예인들이 더 잘나가요.

워킹맘: 그리고 에이리 Ls 릴리, Yu 2k2 요런 식으로 해야 세련되고 머리에도 쏙쏙 박힙니다. 성이 무슨 필요가 있느냐고….

홍익: 내 너희들을 만나고 보니 정신이 하나도 없다. 자, 그렇다면 내가

물어나 보자. 왜 출산율이 떨어진다고 생각하느냐?

누리파: 그거 말고 다른 거 물어보시면 안 되실까요?

홍익: 아니, 왜 그러느냐?

워킹맘: 요즘 남자애들 여자를 너무~~ 너무 좋아합니다. 그래서 노랑물도 들이고 옷도 여성 프라자 숙녀 코너에서 사 입습니다.

누리파: 예. 남자보다 여자가 더 예뻐서 그럽니다. 남자는 뽄때(본태)도 없고 키빼기만 크고 힘도 못 써요. 여자는 야리야리하고 보드랍고 피부도 보드랍고 가슴도 봉긋하고 말소리도 꾀꼬리보다 더 아름답거든요. 여자들도 이러는 남자들을 좋아합니다.

홍익: 얘들아, 그러면 우리 민족이나 천손정신은 어떻게 생각하느냐….

워킹맘: 아… 그… 그건….

홍익: 왜 그래? 말을 해 봐.

누리파: 박물관이나 기록관에는 몰라도 알아주지도 않고 듣지도 않습니다. 그러면 불편합니다. 괜히 까일 일도 아니니까요.

홍익: 뭐 까여? 이건 또 뭔 소리냐. 와, 나는 감당이 안 되네. 이 봐 막내천손! 일단 그만하라 하고. 자, 안 되겠네. 그만 하고 누구지? 아, 소서노! 소서노 나와봐. 나를 만났으니 자기소개부터 물어볼 것 물어보고 어떻게 살았는지 여기 배알실 공기를 바꾸시게.

소서노: 네, 홍익 선부님, 그리하겠습니다.

홍익: 초대장 안내문 보고 나를 만나면 이 말 좀 해야겠다고 생각한 것 있는가?

소서노: 네, 많습니다. 저는 북부여 졸본에서 낳고 컸기 때문에 고조선을 멸망시킨 나라라면 치를 떨고 컸습니다. 그러다 보니 여자지만 남자를 이겨야 한다는 생각이 신념으로 굳었습니다. 부친은 무기 판매상을 하셨습니다. 당시 고조선 국토에는 부여, 옥저, 동예가

있었지만 한나라는 계속 쳐들어왔습니다. 부친은 칼 창 방패 화살 같은 무기를 이용하여 당시 5부족을 상대로 다니시면서 저를 낳자 딸이지만 남자보다 강하게 기르신다 하시며 각 부족의 족장과 군사들에게 무기장사를 가르치셨습니다.

홍익: 오, 그 여손이 소서노였구나. 들은 것 같다.

소서노: 당시 같은 천손들이면서도 한나라 쪽에, 아니면 각 부족 간 어느 쪽에 등등, 대립과 대립은 전쟁이 되었습니다. 특히 5부족이라 불리는 계루부, 소노부, 절노부, 순노부, 관노부… 이 부족들 간의 갈등은 곧잘 전쟁이 되고 편을 먹고 갈라지고 아주 복잡했습니다.

홍익: 그래도 시집은 간 거지?

소서노: 그때 고주몽은 부여의 왕자지만 왕실에서 천덕꾸러기였습니다. 얼간이 비스름한데 알수록 마음에 드는 사내였지만 저는 그를 연모만 했지 우리 졸본 호위무사 우태(禹太)와의 사이에서 비류와 온조 두 아들을 낳았습니다.

홍익: 아니, 마음에 둔 주몽이하고는 결혼도 못 했단 말인가?

소서노: 그렇습니다. 우태가 죽어 재혼한 남편이라 사연이 책 한 권으로도 부족할 정도로 깁니다.

홍익: 그럴 것까지는 없으니 이 정도만 하고 그래서? 오늘 천손배례에 장한 어머니로 나오게 된 그 초대받은 이유가 뭔지는 아는가?

소서노: 예. 잘 알고 왔습니다.

홍익: 그럼 그 얘기를 해 봐. 저런 워킹맘이니 강아지 아빠라는 아기 자손들이 들어야 알지 않겠나?

소서노: 네네. 그리하겠습니다.

천손: 선조부님, 학교 종이 울립니다.

홍익: 아, 내일 하자고? 그래. 그러면 소서노 여손 내일 말하시게.

소서노: 예. 편히 쉬소서~!/ 20회 끝.

天孫拜禮 21
2025.8.20.수요일

소서노와 허황후

천손: 여성 기록 성현 일곱 분이 홍익 선조부님을 알현하는 네 번째 시간 어제에 이어 백제의 어머니 소서노 성현님, 계속해 주세요.

워킹맘: (톡 튀어나와) ㅋㅋ~ 저부터 말하면 안 될까염?

홍익: 뭐라? 뭐 할 말이 있어?

워킹맘: 우리 양글이 얘기 좀 하고 싶어서용ㅇㅇㅇ.

천손: 아, 맘씨. 다음에… 소서노 성현님, 말씀하세요.

홍익: 그래. 워킹은 잠깐~! 소서노 말이야, 뒤에 기다리는 천손들이 있으니 어째서 백제로 왔는가 그 이야기부터 해 보시게.

소서노: 앞에 드리던 말씀 조금 더 드리고 올리겠습니다. 고주몽이 한나라보다 더 복잡한 5부족을 통합했습니다. 통합하자 아버지는 전 재산을 다 쏟아 새 나라를 세웠어요. 그러자 주몽은 세운 새 나라 고구려 초대 왕이 되었습니다. 그사이 제 아들 형제는 컸고, 주몽왕의 아들 유리 왕자가 왔고, 유리 왕자의 모친 예소야 아씨도 왔어요. 저는 왕비가 됐는데 유리는 주몽의 친자 왕자고, 비류와 온조도 왕자지만 우태(禹太)의 아들입니다. 크고 보니 곧 다음 고구려 왕위 문제가 나올 것이고 또 왕비 자리도 편하지를 않은 겁니다. 먼 장래는 안 보려 해도 징조도 있어 자꾸 보입니다. 왕자 셋

이 왕의 자리 문제로 부딪치고 예소야 아씨의 신분은 또 제 아랫사람이라는 것이 아주 불편했습니다. 왕비 자리를 내어줄까? 비류보다 한두 살 아래인 유리가 차기 왕이 되게 둘까? 유리는 주몽의 생 핏줄, 비류와 온조는 우태의 피입니다.

홍익: 아하, 이게 보통 문제가 아니구나. 이미 나라를 세우는 데 목숨을 같이 걸었고 전 재산을 몽땅 새 나라에 바쳤는데 왕비 자리마저 불편하다? 그래그래. 이런 생각을 하는 것이 천여손이지 암만, 생각이 없으면 불시에 큰 싸움 나고 싸우면 예소야를 제거하든 유리 왕자를 처단하든… 아, 이거 복잡하네.

천손: 소서노 어머니는 전사입니다. 아니, 천손중의 천손어입니다. 나만 알면 소인(小人)이요 나라와 이웃을 알아야 대인이고 인류를 알아야 천손답다 하셨지요?

홍익: 음 그랬지… 그래 그래서?

소서노: 저는 무기를 녹여 호미를 만들고 쟁기와 삽을 만들어야 한다는 생각을 하게 됩니다.

정약용: 아, 제가 이 말씀 드리겠습니다. 저건 성경 이사야 2장 4절에 나오는 내용입니다.

"그들이 칼을 쳐서 보습을 만들고 창을 쳐서 낫을 만들 것이며, 이 나라와 저 나라가 다시는 칼을 들고 서로 치지 아니하며 다시는 전쟁을 연습하지 아니하리라"라고 번역됩니다.

소서노: 제가 했던 생각이 딱 그 생각입니다. 다 버리고 비우고 아들 둘을 데리고 남쪽 끝으로 가, 아들마다 나라 하나씩 두 개의 나라를 만들어 호미와 낫 쟁기를 만드는 나라를 꿈꿨습니다. 아들들이 더 크면 이것도 못 합니다. 특히 소여손은 피 튀기는 선생이라면 지긋지긋 징글 몸서리가 쳐지는 걸 참아왔습니다. 아, 이제는 됐다~ 떠나자~ 하던 중 결심을 굳히고 이역만리 먼 땅 미추홀(현재의 인

천)과 위례(현재의 서울)로 내려온 것입니다.

천손: 선조부님, 그렇게 세운 나라 백제가 기원전 18년부터 660년까지 약 678년간 존속했습니다. 시작이 천손다운 민족국가로 고구려 신라와 다른 천손의 나라를 여셨습니다.

소서노: 막내천손 치하는 안 받아도 돼요. 이건 제 성품입니다. 하여 둘째 온조가 세운 백제는 한강 유역의 작은 세력에서 시작하여 한반도 서남부를 통합하는 중앙집권 국가로 발전했습니다. 건국 시기는 온조(왕)가 위례성에 도읍을 정하면서 시작되었고, 이후 웅진(공주)과 사비(부여)로 도읍을 옮기며 변화를 겪었지만, 660년 나·당(羅·唐)연합군에 의해 멸망했습니다.

홍익: 고얀~~@ 전쟁은 막기만 해서 되는 것도 아닐세. 악하고 독하면서 막으면 또 다른 전쟁이 나버려. 소서노처럼 참는 것이 많아야 천복이 내려오는 거라는 걸 꼭 알았으면 하네.

천손: 자, 그럼 시간 날 때 또 올리시고 이번에는 허황옥 성현님 알현하십시오.

허황옥: 앞서 인사 올렸던 인도 아유타국 공주이자 김수로왕의 처 2,057살 허황옥입니다. 한데….

홍익: 한데라니?

허황옥: 가야국은 전투에서 져 신라와 합쳐졌어요. 망한 건데 다행히 같은 민족으로 받아주어 김유신(金庾信)은 제 직손으로 삼국통일의 영웅이고요, 이 김유신을 기른 만경(부인)은 저보다 어리지만 제가 존경하는데도 여기 와보니 꼭 올 만한 만경이 안 보이네요.

홍익: 아하, 만경… 그래 알겠고 아무튼 앞서 천손이다 아니다 이랬던 가야국 허황후란 말이지~? 반가우이 반가워. 정말 반가워.

허황옥: 선조부님이 얼마나 크신지 이번에 더 잘 알았습니다.

홍익: 무슨 말인고?

허황옥: 영토나 핏줄 이런 것보다 정신이다~ 흑인 백인 가리는 것보다 더 중요한 것이 그가 하늘을 아느냐고 하는 천손사상이라는 것을 확실하게 알게 하시니, 아~~ 세상의 국경은 소꿉장난같이 철부지들이나 따지는 거라는 것도 알았습니다.

홍익: 그게 하늘이야. 하늘은 이 땅끝에서 저 땅끝까지 모두 하나야.

천손: 아, 시간이 너무 빨리 가네요. 자, 이쯤 줄여주시고, 이번에는 신사임당 여천손 순서입니다.

사임당: 저는 강릉에서 낳고 컸습니다. 부군 이원수를 만난 후에도 강릉 오죽헌에서 살며 여기서 율곡을 낳아 여섯 살까지 키웠습니다.

홍익: 저기 앉은 저 율곡이 그 자식이지? 그래 어떤 아들이 되었으면 하고 길렀나?

사임당: 예. 소여손은 먼저 자녀 교육에 있어 모범적인 현모양처로서 본이 되는 삶을 보여주어야 한다고 생각했습니다. 자식이 어미 말을 듣느냐 않느냐는 어미가 하는 말이나 품행을 보고 어미를 믿어야만 말을 따른다는 것을 알았습니다.

허투루 말하고 마구 쓰고 마구 행동하면 나보다 아이들이 말을 듣지 않습니다. 공부하래도 않고, 딴짓하지 말래도 하고, 옳은 건 하래도 안 합니다. 하여 인격과 학문을 겸비한 인재를 길러내려면 먼저 나 자신을 살펴야 한다는 데 중점을 두었습니다. 특히 위인의 행적을 들려주고 본받도록 가르치고, 남편의 부족한 점을 채워주며 기(氣)를 돋아주면서 학업에 전념하도록 도왔습니다. 또한, 예술적 재능을 키우고 유교 경전을 읽히며 학문을 쌓도록 지도했습니다.

홍익: 아하, 말을 듣네 않네 할 게 아니라 말을 듣도록 본을 보이는 것이 중요하다는 거지? 그래서 그렇게 키워 임진왜란을 직감하는 예지(叡智)까지 자란 거로군.

사임당: 말로만이 아니라 뭘까를 고민하다 제가 자식을 위해 보일 본보기로 택한 것이 그림과 시입니다. 특히 고민한 것이 아이들 성장기 지대한 영향을 받을 것이 무엇인가 하다 시와 그림을 그리는 어미를 보여주며 예술을 알아야 멀리도 본다고 믿었습니다. 자연에 대한 사랑을 가르친다고 '유대관령망친정(踰大關嶺望親庭)'과 '사친(思親)' 등의 작품을 썼습니다.

홍익: 그래그래. 잘했어. 솔선수범이로군. 과연 천여손다우네. 그러니까 5만 원 화폐에 얼굴도 나오고 조선만이 아니라 민족사에 이만한 어머니상 쉽지 않은 것 같네. 자, 그럼 다음 여천손은 뉘인고?

백인당: 소녀손 백인당입니다. 선조부님~.

홍익: 옳지, 옳지. 한석봉 어미랬구나. 자, 백인당은 조선 3대 명필을 길러냈다 했던가?

백인당: 아닙니다. 조선 3대 명필은 추사 · 김정희, 눌인 · 조광진, 창암 · 이삼만이고요 한호는 5대 명필이라 하더라고요.

홍익: 5대 명필? 누가 3대다 5대다 정했나 모르지만 그럼 5대 명필은 누구라던가?

백인당: 조선 5대 명필은 안평대군, 양사언, 김구, 한석봉, 그리고 추사 · 김정희를 일컫습니다.

홍익: 김구? 김구는 일정시대 독립운동가 아닌가?

백인당: 네, 그렇습니다만 조선시대 명필 김구는 따로 있습니다. 하나는 조선 전기 문신이자 서예가 자암 김구(金絿 · 1488~1534)이고, 다른 한 명은 말씀하신 일제강점기 독립운동가 백범 김구(金九 · 1876~1949)입니다. 이 두 사람은 이름은 같지만 다릅니다.

홍익: 오, 알겠고 자, 그러면 물어보세… 음….

천손: 아, 선조부님, 이쯤에서 쉬시고 내일 하시지요.

홍익: 벌써 또 땡이냐, 하하 이것참~~./ 21회 끝.

天孫拜禮 22
2025.8.21.목요일

맹모와 가야모 · 허황후

천손: 스물두 번째 시간입니다. 선조부님, 시작하실까요?

홍익: 아, 백인당이었지? 바로 물어보세. 어릴 때 떡을 썰고 글씨 쓰기 내기를 했다는 게 무슨 말인가?

백인당: 네, 저희는 선비 가문이지만 집은 가난했습니다. 가난을 물려주지 않을 여러 방법이 있으나 한호는 학문에 재주가 있고 글씨 쓰기를 잘했습니다. 어떻게 하면 한호의 재능을 키워줄지 생각하다 가르칠 스승을 찾아 멀리 유학을 보냈어요. 보내며 말했어요, 10년 공부라는 말이 있다~ 뭐든지 꾸준해야 한다~ 10년을 해보지 않고 잘하는 것은 없다~ 그러니 그전에 집에 오거나 이만하면 됐다 하고 중도에 그만두면 파다가 마는 우물과 같다~ 하며, 제 나름 힘든 유학을 보냈어요.

홍익: 아, 뭐든 10년은 기본이다 그거지?

백인당: 네네. 자만하지 말고… 이만하면 됐다는 생각도 하지 말고… 전심을 다하거라… 하고 보냈는데 3년 만에 왔어요. 와서는 글쎄, 10년까지 안 가도 글씨는 자신 있게 잘 쓴다는 거예요. 하여 등잔불을 끄고 내기를 하자 한 거지요.

홍익: 그 말이 떡 썰기와 글쓰기 내기라 그 소리구먼.

백인당: 그렇습니다. 저는 떡 장사 10년 넘어 맛 좋다 소문도 났지만 눈감고도 떡을 잘 썰었어요. 순간 아들을 믿고 한호도 정말 얼마나 잘 쓰는가 하고 등잔불을 껐어요. 어두운 데서 여손은 떡을 썰고 한호는 글을 쓰라 했어요.

홍익: 아, 들었어. 그 말이 백인당과 한호였군. 자세히 말해 봐.

백인당: 아시오니 더 하지 않아도 될 것 같고요, 어미 마음은 단 하나입니다. 잘한다고 자만하지 마라~ 몰라 그렇지 더 잘하는 사람 많다~ 불 끄고도 내가 썬 떡처럼 낮이나 밤이나… 핑계 대면 안 된다~. 중요한 것은 꾸준함이고. 더 중요한 것이 쉽게 안다고 배우기에 게으르면 누가 너를 앞설지 모른다며. 캄캄해도 어미가 썬 떡같이 반듯한 글씨를 써내야 한다 하였더니 그날 밤 바로 떠나 7년이 지나 돌아왔어요. 하여 다시 불을 끄고 쓴 글을 보니 내가 썬 떡보다 더 반듯한 글씨를 써내 조선 명필이 된 겁니다.

홍익: 아, 그래. 맞다 맞아. 자만(自慢) 버리고 꾸준하여 샘처럼 파다가 그치지 마라… 히야 어디서 그런 생각이 났으며 그런데 또 그런 명필가가 나와 한호체라 한다지? 과연 조선의 어머니일세.

천손: 선조부님, 다음 성현님 하시라 할까요?

위킹맘: 히잉잉. 막내천손 어른, 저도 좀 시켜주세요.

누리파: 저도요옹오오.

천손: 어허. 선조부님이 부르시거든 그때 하세요.

누리파: 아, 우리 오누리 할 얘기 참 많은데.

워킹맘: 아냐. 우리 양글이 얘기가 더 많아 야.

홍익: 어이 어린 천손들 이따 묻거든 그때 하고, 거 아까부터 그 손에 들고 있던데 그 스마트폰만 볼 게 아니라 그거 잠시 끄고 들어. 그리고 물어. 딴말 말고…. 자~ 중국서 온 우리 교육 천손 서영 나오시게….

서영: 예이~ 서영입니다. 앞서 제가 누군가는 아뢰었사오니 물어 주옵소서.

홍익: 나이가 2,400살이라면 어른 중 어른이고 어미 중에 어미고 조모 위에 조조모인데 소서노가 좌장이라니 막내천손! 이건 아닌 듯하이.

천손: 이제 보니 그러하옵니다. 서영 성현님, 죄송합니다.

서영: 막내천손, 아니 아니야. 선조부님, 아니십니다. 허황옥만 해도 천손의 나라에 와 지금 국내 최대 성씨를 가진 김해김씨의 대조모이지만 제 후손 맹(孟)가는 겨우 22,000명으로 천(千)씨네 120,000명보다 10만 명이나 적습니다. 허황옥도 좋지만 그냥 소서노가 좌장 하는 게 맞아요.

홍익: 그래. 그럼 허황후 나와 봐. 국내 김해 김(金)가는 몇 명이라 하던기?

허황옥: 네, 저희는 2015년 통계에서 4,456,700명입니다.

홍익: 그래? 아니, 전주 이가가 제일 많지 않은가?

허황옥: 아니옵니다. 다음은 밀양박씨가 3,103,942명이고 전주이씨는 2,631,643명으로 3위입니다. 1위 김해김가, 밀양박씨, 전주이씨, 경주김씨, 경주이씨, 진주강씨, 경주최씨, 광산김씨, 파평윤씨, 청주한씨가 10위입니다.

홍익: 가만있자, 지금 이 이야기를 할 일은 아닌데 듣다 보니 묻겠네. 김해 김(金)가하고 김해 허(許)가는 같은 뿌리라 혼인도 하지 않는다는 말이 무슨 소린가?

허황옥: 네, 저는 수로왕께 올 때 그의 인품에 끌려 연모만 하다 인도서 왔다 했습니다. 불교를 전하러 왔다는 설도 있지만 진실은 아닙니다. 어쩌다 오시는 고승으로부터 수로라는 청년 왕의 천손다운 녀그러움 소문을 듣고 일껏 찾아왔습니다. 친정아버지가 왕이시라 망설이다 한껏 많은 혼수를 실어주셔서 큰 배에 싣고 와 그렇게 짝이 되었습니다. 아들 열 명을 낳았습니다. 이 중 첫째는 거등

왕이 되었고, 둘째와 셋째 아들이 김해 허씨의 시조가 되었습니다. 김해 김가 족보(족보는 고려 때 시작?)에는 김해 허가의 시조가 허염(許琰)입니다. 그는 여손 허황옥(許黃玉)의 35세손으로, 둘째 왕자의 후손입니다. 김해 허가는 14만 9천여 명이라 합니다.

홍익: 어어 알았네. 알았으니 이제 하던 이야기로 돌아가 서영에게 물어야 하는데 서영 잠깐만, 허황옥에게 이거 하나 더 물어보고 할 테니 잠깐 기다리게.

서영: 예예. 선조부님. 저는 천천히 물으셔도 됩니다.

홍익: 아니야, 긴 질문도 아니거든. 허황옥~! 좀 전에 말하기를 김수로가 천손답다는 소문을 듣고 일부러 찾아왔다 했거든. 그래서 그 멀리와 아유타국 공주의 눈으로 보니 과연 김수로는 다른 무엇이 있더란 말인가?

허황옥: 가야국은 1가야 2가야가 있었어요. 금관가야는 532년 신라 법흥왕 때 패하여 망하였고 대가야는 562년 신라 진흥왕 때 각각 망했습니다.

홍익: 아니 아니, 그 말은 안 해도 되고 김수로(왕)가 늘 하던 말이 천손다웠다면 그게 뭔지 듣고 싶다는 말이야.

허황옥: 네, 늘 하시던 말이 있었습니다. "싸우지 말라"였지요. 소서노가 싸움하는 아들이 되는 것을 피해 미추홀과 위례로 내려온 것처럼, 수로왕 역시도 신라와 백제 사이에서 늘 두 형제를 앉혀놓고 하던 말이 대화로 해야지 싸우지 말 것이며, 대화 요령이 이기는 것이라는 말 자주도 하셨습니다. 진짜 중요한 것이 영토로 알지만, 영토보다 더 중요한 것은 하늘에 합당한 사람이 되는 것이라 하였습니다. 김유신의 어미 만경도 가야국 사람입니다. 아들을 그렇게 키워 신라가 삼국을 통일하고도 왕이 될 사욕을 버린 것

은 양보하고 감싼 천손사상이었다고 보는데 그 증거가 있지요.

홍익: 그래? 아니, 증거가 있어? 허허. 그 증거라는 게 뭔가?

허황옥: 소여손의 후손들을 보면 그리 대단한 신라왕들의 후손들을 다 제치고 국내 인구 숫자 1위라니 이로써 증거가 확실합니다. 『하늘을 경외하고 천손의 도를 지키면 자손들이 잘되는 법이다』~! 늘 이 말씀을 하셨습니다.

홍익: 아하, 자손이 잘되면 그게 나라가 잘되는 것보다 낫다~~? 우하하하 옳거니 옳거니 옳지 옳다. 자손 잘되는 것 그 이상은 없거든. 다른 성씨들 이 말 듣고 삐칠까 싶은데 아닐세. 자손이 많고 잘되면 더 잘하고, 아니면 이제부터라도… 더디면 더딘 대로 『후손이 잘되고 많아지는 것』이 가장 큰 하늘의 복이라는 것 정말 맞는 말이야.

천손: 선조부님! 이건 성경보다 더 성경적입니다. 하늘이 하라는 것과 말라는 것에도 몸과 마음과 정신이 있지요? 천손다움. 천손스러움… 하하….

홍익: 그래그래. 자, 서영~ 이제 서영의 삶과 어미로서 자식이 잘되기를 바라고 한 서영의 천손다운 정신을 말해 보게.

서영: 저는 아들 맹자를 가르칠 만한 지식에는 모자랐습니다. 하지만 남다르게 잘 가르치고 싶었습니다. 이제 와 보니 그것이 천손다움이었군요.

홍익: 그렇지, 암. 그것이 하늘의 뜻이니까. 어미라면 나 자신보다 자손 아니겠는가? 자자, 그래서…?

서영: 그래서 생각한 것이 교육은 지식(知識)인 것만 같아도 환경(環境)이라는 생각을 하였습니다.

홍익: 환경? 요즘 말하는 환경운동 그런 것은 아닐 테고 환경이 교육이라는 말이 무슨 말인가?

서영: 보는 것과 듣는 것이 배우는 것이 되어 공부라는 뜻입니다. 무엇

을 보았고 들었느냐고 하는 것이 공부의 근원(根源)이라고 본 것입니다.

홍익: 뭐라고? 보고 듣는 것이 공부다~ 아하, 직접 가르치지 못할 거면 보고 저절로 알아가게 하는 환경 조건을 맞춰주란 소리구먼.

서영: 예예. 그렇습니다.

허황옥: (괴로운 다급한 목소리로) 아아! 막내천손~온~~.

천손: 아니, 허황후님 왜 그러세요?

허황옥: 언제 끝나나요오~? 끙끙….

천손: 아니, 왜요? 곧 끝날 건데 왜 어디 아프세요?

허황옥: 그게 아니라… 소피가 마려워서… 어….

천손: 그럼 얼른 다녀오시면 되지 왜 그러세요?

허황옥: 막내도 참~.@

천손: 예~?

허황옥: 들락날락 배우다 말다 들어왔다 나갔다 그러면 중간이 끊기니까 그러죠오, 그럼 여기 와 앉아 있으나 마나 아닌가요? 아아아~ㄲㄲ~

천손: 아, 하하하 네, 지금 끝납니다. 얼른 가세요 하하하 선조부님, 오늘 여기까지 하시지요.

허황옥: (종종종…종종)/ 22회 끝.

天孫拜禮 23
2025.8.22.금요일

홍익 선조부의 눈물

천손: 어제 중단한 서영 성현님 계속해 주세요.

서영: 선조부님! 후대들이 맹모삼천지교(孟母三遷之教)라고 하는 이야기가 바로 제 이야기입니다.

홍익: 이사를 세 번 다닌 곳이 어디 어디였지?

서영: 처음 살던 곳은 공동묘지가 있는 곳이었어요. 살아보니 아이가 크면서 보는 것이 상여운구행렬이라, 늘 한다는 말이 "아이고, 아이고오~~" "북망산천이 멀다더니 어허어 어허~" "대문 밖이 북망일세~" "어허 딸랑~ 딸랑~" 이러며 상여꾼들이 하는 말만 따라 하는 겁니다. 이 동네는 아이들이 보는 것이 다 상여꾼들이고 듣는 것이 아이고 아이고~~고~ 어허 딸랑딸랑… 기가 막혔습니다. 저런 것만 보고 저 소리만 따라 하니 이를 어쩌나 하다 공동묘지를 떠나 이사를 갔습니다.

홍익: 어디로?

서영: 이번에 간 곳은 장터 마을이었습니다.

홍익: 거기 가니 맹자가 무엇을 보고 따라 하던가?

서영: 자, 자자, 싸구려 싸요, 싸… 떨이요, 떨이 떨이 30원! 50원! 100원에 다섯 개 어쩌고… 이번에는 보고 듣고 한다는 소리가 전부 장사꾼들 말이었습니다. 장사도 좋은 거지만 더 좋은 곳이 없나 찾다 찾

다 이번에는 글방이 있는 서당골로 이사를 왔습니다.

홍익: 아, 글방… 그래 왔더니 뭐라 하며 크던가?

서영: 우선 하늘 천(天) 따지(地) 검을 현 누루 황 이러다가는… 상유천하고 하위지하니 천지지간에 유인언하고 유만물언 하니… 아, 글쎄 이러는 것입니다. 서당골로 오니까 보고 듣는 것이 다 말이 되고 행동이 되면서부터 책과 글과 공부만… 본 대로 들은 대로 생각하고 행동하더라는 말씀입니다.

홍익: 히야. 그 참 자식을 키운다는 것이 돈이 아니고 지식도 아니고 공부할 조건을 맞춰주는 것이로구먼.

서영: 저는 이미 교육은 환경이다~~~. 듣고 보지 않는 공부는 하더라도 안 되는 것이다~, 한데 별것도 아닌 것을 맹모, 맹모 하니 아들 맹자 녀석 덕인 것 같습니다.

홍익: 아닐세, 그건 아니야. 자식이 알든 모르든 진실 중요한 것이 근본 뿌리야. 부모마저 술이나 퍼마시고 춤추고 놀기만 하면 그 자식이 보고 배울 게 뭐겠어?

서영: 오늘 천손들이 글 소중함을 모르고 어쩌다가 왜 별것도 아닌 생각들을 하는지 모르겠어요.

누리파: (톡~) 아닙니다. 우리도 다 생각하는 것이 있습니다. 강아지도 그냥 크는 것 아닙니다. 걔네들도 환경이라는 것이 있습니다. 목욕시키는 것은 기본이고 나름 공부도 많이 해야 키웁니다.

천손: 아, 누누 누리파 잠깐 조용해 주겠나?

누리파: 네에~(혼잣말) '개라고 그냥 크나 뭐.'

천손: 선조부님, 이게 국민 전부는 아니지만 국내 반려동물 양육 가구 비율은 2024년 기준 28.6%고, 반려견은 약 499만 마리, 반려묘는 277만 마리로 추정된답니다. 드디어 반려동물 양육 인구가 1,262

만 명에 달한다는 것을 의미합니다.

홍익: 아니, 그렇게나 많아? 세 집당 한 집이 반려견을 키운다?

천손: 반려견도 한 마리가 아니라 두세 마리를 기르는 집도 많답니다.

누리파: 저는 다섯 마리 키워요. 엄청 이쁩니당ㅇㅇ.

천손: 누리파! 알았으니 잠깐만요, 또 다른 통계를 보면 반려가구 수가 552만이라 하고 어떤 통계는 반려동물 숫자가 1,500만 마리를 넘는다고도 합니다.

홍익: 아니, 막내천손, 이것 계산 좀 해봐. 남한 개 1마리가 한 달에 돈을 얼마나 먹는가 하고, 그 돈이면 북한 어린이 몇 명의 양식 비용인가 하는 그런 것….

천손: 이미 알아봤거든요. 그런 자료는 없다 합니다. 단 반려견 한 마리는 월 20만 원에서 30만 원이 있어야 기른다 합니다. 물론 병원 가는 것은 빼고요. 하여 단순 비교로 남북 간 경제규모는 우리가 50배쯤 앞선다 합니다.(100배라는 통계도 있음) 50배라면 북한에서 우리 돈 20만 원이 10,000,000원이나 됩니다.

홍익: 아, 북한도 같은 천손이기는 한데 그 녀석들은 천손이라는 말 대신 백두(白頭)혈통 백두혈통… 하는 짓이 백두산이 하늘보다 높다는 건지 뭔지 저렇게 무식을 떨어대니 참.

사임당: 그네들은 김일성 우상화로 3대 세습인데 그 핵심이 신라의 진골 반골이나 조선의 반상 그 정도를 넘습니다.

홍익: 사임당은 국내 워킹맘이나 누리파와 같은 젊은 엄마 아빠에 대하여 무슨 생각을 하는가?

사임당: 소여손이 무엇을 알까마는 현실 저렇게 된 것은 저렇게 기른 저들의 부모 책임이 제일 크다고 봅니다.

소서노: 저도 자식은 어미 아비가 어떻게 기르느냐에 따라 완전 딴사람으

로 큰다고 생각합니다.

홍익: 이보게 막내천손! 우리가 여기서 100날을 이야기하고 천손정신을 알려준다 해도 받아야 할 후손들이 눈과 귀를 막으면 아무 소용이 없다는 생각이 드는데 어쩌면 좋을까?

천손: 선조부님! 이런 말씀은 여기 계신 성현님들께 물어보심이 좋을 것 같아요.

홍익: 그래? 그럼 어디 누가 말해 볼 텐가?(무응답… 조용…)

워킹맘: 할부지, 분위기가 왜 이래요 요요오?

천손: 워킹마암~ 잠깐 조용히 해주세요.

홍익: 다들 할 말이 없나 본데 그럼 내가 말해 보겠네. 흑흑흑… 그런데 나는 눈물이 나네, 기가 막혀. 이 일을 어쩌면 좋은가?

천손: 선조부님, 어여 여기 누우시지요. 이 의자는 누우셔도 다 보이십니다.

홍익: 흑흑흑….(우신다)

누리파: 아니? 저희가 지금 개를 키워서 이게 문제라는 건가요?

워킹맘: 그리고 이런 데서 우시면 어쩝니까?

홍익: (울다 말고 버럭) 뭣이~~? 이 녀석들아, 우리 천손민족은 눈물이 많아. 웃기도 잘 하지만 울기도 잘 울어. 눈물 많아. 눈물이 없으면 그게 돌덩이지 천손민족이라더냐? 흐흐흐흑흑~.

천손: 누리파아! 가만가만 좀 조용히 있어요. 조용….

홍익: (흐느끼시며) 이제 천손배례도 끝나나 본데 이렇게 모여 그 많은 이야기를 하고 들었으면 뭘 하겠는가. 흑흑. 이 모든 것이 우리 천손들이 더 번성하고 그로써 하늘에 영광이 꽉 차야 하는데 요즘 젊은 엄마 아빠가 어른들 말을 듣고 따르지 않으면 이런 것도 다 헛된 짓이야. 이건 누리파가 강아지를 기르기 때문이 아니야. 반려견 아닌 아이들 잘 키우는 천손들이 많다는 것도 알아. 그런데 한 달이나

같이 있어 봤는데 끝나가며 여성 문인들도 만나고 보니 갑자기 걱정이 생기더니 이제는 눈물이 나…네….

세종: 홍익 선조부님! 소손 한말씀 올려도 되겠습니까?

홍익: 그래. 암 되다마다.

세종: 우리 역사를 길게 멀리 보면 망할 듯하다 흥하기를 반복해 왔습니다. 고조선이 멸망하여 사라질지도 모를 때도 우리 천손들은 만주와 동쪽을 중심으로 다시 터를 잡았고 남으로 내려와 삼국을 거쳐 고려 발해 조선, 마침내 세계 10대 경제 강국으로 발전해 오늘에 이르렀습니다. 지금 젊은 엄마 젊은 아빠들이 저렇지만 또 바뀌고 변하고 누군가가 일어나 5,000만에게 새로운 꿈과 희망을 던져 줄 것입니다. 선조부님, 그리 낙심하지 마시옵소서!

홍익: 그래. 그게 말은 맞는데 맞아. 그럼 세종은 과연 걱정되지 않는가? 희망의 무지개가 보여?

세종: 제가 만든 한글이 언문이라는 천대를 받으며 500여 년이 지나는 동안 누구보다 슬픈 사람 중에는 세상을 떠났지만 소손이 누구 못지않았을 것입니다. 한데 주시경이 새로운 이름 한글을 지어주면서 지금 글 꽃이 만발했습니다. 우리 민족 혈관에는 단군 성조의 경천애인과 홍익 선조부님의 홍익인간 정신이 흘러 절망 끝자락에서도 새 희망을 다잡을 것으로 보옵니다.

홍익: 허허. 이제야 좀 맘이 풀리네. 역시 세종은 세종이로구먼. 이 봐 막내천손! 세종퇴비글방이 대왕 세종의 정신을 따른다지? 지금 들으니 세종의 말이 어떤가?

천손: 네네. 선조부님~~ 일단 저도 날이 갠 듯합니다. 그러신데 내일 다시 모셔야 하겠습니다. 그래도 되시지요?

홍익: 아, 그러게나. 아이구 아이구구. 내일 하세나./ 23회 끝.

天孫拜禮 24
2025.8.23.토요일

홍익의 통곡, 오호통재라

천손: 선조부님, 이제 오늘이 마지막 날입니다. 오늘 마치면 내일은 보내드려야 하는 날입니다. 어제 일은 다 잊으시고 새로운 마음으로 오늘 마지막 시간 우리 후손들에게 많은 사랑 내려주시옵소서!

홍익: 암 그럼, 그럼. 어제까지는 다 흘러갔으니 됐고, 그런데 밤에 내가 잠을 못 자 어떨지 모르겠어.

천손: 아니라도 걱정이 되어 인삼차를 달여 왔습니다. 곤하시면 누우신 채 차를 드시면서, 힘드시면 일찍 마치겠습니다.

홍익: 뭐라? 아냐, 아냐 아니야. 하는 데까지 할 수 있어. 그래서 부탁인데 지금까지 제1군부터 제4군까지 여기 28명의 천손들이 모였지? 그러면 각 군별 좌장이 나와서 워킹맘하고 누리파에게라든지, 일단 여기 오지 않은 글방 가족은 물론, 대한민국 5,000만과 북쪽 2,500만 우리 후손들에게 해주고 싶은 좋은 말을 듣는 시간으로 마쳤으면 좋겠어.

워킹맘: (또 톡) 할부지~ 할부지이~! 우리는 말도 못 했는데 이러고 마치면 안 되지요, 네엥~ㅇ~징징~!

누리파: 예 맞아요. 우리도 이왕 왔으니 우리라고 생각이 없는 것도 아니니 들어라도 주세요, 네에~~.

홍익: 자, 막내천손! 그래 들어는 주자고. 어른이 져야지 어쩌겠나. 그래

뭐야? 하고 싶은 말 다 해봐. 다 들어줄게. 각 군 좌장이나 선대들도 다 들어들 주자고. 말하거라. 모두 조용히 들어줄 테니까 맘 놓고 할 말 못 할 말 다 해봐.

워킹맘: 하하 얏호오호 신난다. 내가 먼저 할 거니까 누리파는 나 다음에 해~. 아라찡ㅇㅇ. 자~~ 홍익 할부지와 선대 성현님, 요로본!

저는 오늘 이 말을 꼭 하고 싶었쇼용. 제 소원은 하나뿐입니당. 우리 양글이가 행복하게 사는 것입니다. 양글이 아빠가 단단히 부탁했어요. 양글이는 못 데려온다 하니 내가 잘 볼 거니까는, 가서 할 말 다 하되 우리 양글이의 미래는 우리 부부가 알아서 할 거라고 확실하게 말하고 오라 했습니다.

그 말은 간단합니다. 양글이 같은 애들이 좋다는 대로 다 해주자~~ 이것이 우리의 주장입니다. 애들한테 이래라저래라, 공부해라, 자라 마라, 나가 놀아라. 아, 왕 짜증~ 일찍 일어나라, 숙제했니…? 이러지 말아 달라는 말입니다.

이게 국민주권이고 인권 아닙니까? 아이들에게는 아동권이 있습니다. 저희 부부는 확실합니다. 애들 뜻 다 존중합니다. 뭐든 알아서 잘하라 하고 그냥 맡깁니다. 과외공부, 피아노, 운동… 특히 공부…??? 하기 싫다면 안 시켜도 된다고 생각해요. 공부가 다는 아니잖아요. 그럼 니가 좋아하는 게 뭐니? 그래? 그럼 그거 해~. 오늘 선대 할부지들에게 꼭 이 말을 하려고 합니다.

홍익: (혼잣말) 녀석아, 그러면 그게 어미도 없고 아비도 없는 고아가 아니고 뭐니? 후레자식을 만들겠다는 거 아니니? 허참….

워킹맘: (힘차게) 우리의 미래는 이제 우리가 정합니다. 부모님을 무시하자는 것이 아니고요, 단군의 자손 천손도 무시하자는 말이 아닙니다. 자유가 아니면 죽음을 달라! 패트릭 헨리가 외친 일사각오와 같습

니다. 아이들은 아이들의 부모 된 우리가 알아서 할 거니까 시아버지 시어머니는 간섭 좀 하지 말아 달라는 말입니다. 막내천손 어른도 거 좀 읽기 싫고 글쓰기 싫다는데 거 좀 조르지도 좀 마시고요.

홍익: 흐흑흑. 그래그래 흑흑. 자~~ 할 말 다 했느냐? 그럼 누리파도 하고 싶은 말 해봐. 으흐흐 흑흑~.

누리파: 지는요, 어른들은 이제 연세도 드셨고 하니 제발 이게 옳니 그르니 이러지 좀 않으면 좋겠어요. 자고로 옳고 그른 기준이라고 하는 것이… 사람이란… 어쩌구… 부모를 알고 뭐 하늘 무서운 것도 알고… 이딴 말 진짜 왕 짱 납니다. 특히 너 여자니 남자니? 한 수 더 떠 남자가 그게 뭐니? 남자는 남자답고 여자는 여자다워야 하는 거야~~. 이딴 거 진짜 너무 싫거든요.

홍익: (숨죽여) 으 흐흐흐흑….

누리파: 우리라고 미래를 생각하지 않겠습니까? 나랏빚도 걱정하고 기후위기도 걱정합니다. 그거 묻지 않으셔도 우리도 이제 어른입니다. 그럼에도 알아서 잘할 거라고 믿어주지를 않습니다. 이번에도 여기 토요일에 와서 역사에서만 듣던 성현님들 말씀 다 들어봤고 여성 문인들의 말씀도 들어봤거든요. 다 좋은 말씀이시던데 하나가 빠졌습니다. 간섭(干涉)입니다. 이래야 된다 저래야 쓴다느니… 안 그래도 신경 쓰는 것 많은데 옆에서 자꾸 맹자 왈, 공자 가라사대 이러시면 오히려 반항심만 더 커집니다. 진짜 하고 싶은 말 많은데 한마디만 더 할게요.

천손, 천손 하시는데 천손이 밥 먹여 주나요? 저는요 강아지가 제일 좋습니다. 장가가봤자 와이프 잔소리 듣느니 꼬랑지만 흔드는 강아지가 와이프보다 낫습니다. 저도 외칠게요. 자유가 아니면 죽음을 달라~~.

천손: 휴~~~ 자자, 그 그만 두 분 여기까지만 하시지요. 아무튼 선조부님과 성현님들, 잘 들어주셔서 감사합니다. 한데 홍익 선조부님 괜찮으세요?

홍익: 오호통재(嗚呼痛哉)라~~ 내 어쩌다 이런 소리를 다 듣다니 여보게 막내천손! 내가 또 눈물이 나니 이걸 어쩌지…. 으으 으으으 흐흐 흐흑흑….

천손: 홍익 선조부님! 아, 어쩌지요? 실은 저도 그래요. 그러나 선조부님… 단 저 말이 우리 5,000만 천손들의 말 전부는 아닙니다. 극소수 아주 드뭅니다. 진정하세요….

홍익: 그런데 왜… 그 많은 천손 가운데 왜… 쟤네들 둘만 불렀는가?

천손: 진실 완전 다른 말도 들어야 한다 생각하고 초청한 건데 실은 저 두 사람을 뽑자고 200명에게 참가신청서류를 보내 살펴보다 '정 · 반 · 합' 생각이 나서 역발상도 좋겠다는 생각에 그만… 휴~ 그러나 젊은 엄마 아빠라고 다 저렇지는 않습니다.

홍익: 그래. 내가 참아야지 뭐. 내가 내 맘을 다스리겠네. 단 부탁이 있어. 각 군별 좌장들에게 저 두 사람의 말을 들은 다음 어떤 생각을 하는지, 또 여기 안 보이는 5,000만과 글벗 후대 천손들에게 한마디씩 하라 하고 마치면 어떻겠는가? 아이구….

천손: 아, 네. 선조부님, 아주 좋은 명이십니다. 그럼 이문진 제1군 좌장 성현님 말씀하시지요.

이문진: 별생각 없이 와 잘 듣고 많이 배웠는데 이럴 줄이야, 갑자기 이상해지고 보니 어떤 말을 할지 모르겠습니다. 한마디만 하겠습니다. 〈내일은 실존하고 미래는 온다〉. 오는 내일과 미래보다 중요한 것이 우리에게 내려주신 선물 하늘의 뜻이 사라지면 천지는 저주의 불꽃이 타오른다…. 홍익 선조부님 저는 이 말씀만 올리겠습니다.

이색: 제2군 좌장 목은 이색입니다. 사람이 할 바가 있고 어른이 할 바가 있고 부모가 할 바가 있고 남자 여자가 할 일이 있다~~. 〈그만 건 아니다 하면 동식물 금수(禽獸)다〉~~. 선조부님~! 사람답게 살기 싫은 사람은 아무도 없습니다. 그러나 그렇게 사는 것이 어렵습니다. 어려우니까 우리 천손의 나라 대한민국에도 어른이 계셨고 어른의 어른이신 홍익 선조부님이 계시고 위로 단군 성조가 계신 것은 아무리 아니라 해도 실제로 살아계십니다. 선조부님께서 하늘에 오르시어 긍휼을 베푸시옵소서!

정약용: 예이~ 제3군 좌장 정약용입니다. 이럴 때도 있고 저럴 때도 있다는 성경은 제가 믿음으로 유배를 가게 되면서 열 번 백 번 외우고 새긴 것이 전도서입니다.

아비가 역적이라도 역신의 아들이 충신이 된 경우도 많습니다. 친일파였다가 나중에는 애국지사가 된 후대들도 있었습니다. 전도서 3장 1~4절을 받들어(봉독) 읽겠습니다.

"천하에 범사가 기한이 있고 모든 목적이 이룰 때가 있나니 날 때가 있고 죽을 때가 있으며 심을 때가 있고 심은 것을 뽑을 때가 있으며 죽일 때가 있고 치료 시킬 때가 있으며 헐 때가 있고 세울 때가 있으며 〈울 때가 있고 웃을 때가 있으며 슬퍼할 때가 있고 춤출 때가 있으며〉…" 모든 일에는 때가 있다~~.

소서노: 제4군 여성 문인 좌장 소서노 아뢰옵니다. 조용히 듣고 있는 워킹맘하고 누리파를 보니 저는 참 예쁘고 멋집니다. 하지만 홍익 선조부님 전에 아뢰옵니다.

어떡하든 대한민국 정부가 글방처럼 〈부모교육 · 부부학교〉 이런 걸 만들어 어른 공부를 시키면 좋겠어요. 말을 들어야 되지만 시간이 없다니까 책을 읽으라 하고 싶습니다. 보고 듣고 읽지 않으면 그건 짐승이 되는 줄 알아야 합니다. 축생도라고 하는 불교의 윤회도 배우지 않으면 가는 줄도 모르고 금수가 되어 그리로 간다 하였습니다.

우리 후손들 천손다운 하늘의 아들딸답게 살게 하려면 붙들어 꿇어앉히고 말을 해주면 좋지만, 오지 않고 듣지 않으니 책을 읽으라고 보내주고 다 읽고 독후감을 써 보내면 한 권당 한 100만 원씩 준다고 해보면 어떨까… 소여손의 생각입니다.

워킹맘: 어~!!~@ 큭큭큭~ 아니, 책 1권 읽으면 100만 원 준다고? 해해호호호~.

누리파: 앗싸라비아~! 진짜 책 보내주면 좋겠다. 10권 보내주면 안 되나? 하하

홍익: 그래그래… 그래도 웃으니 어이가 없어 나도 웃는다. 하하 그럼에도 예쁘다~~. 진짜 책 볼 테냐?

두사람: 예예. 1권당 돈 100만 원씩만 주면 100권이라도 읽을게요.

홍익: 아 아아아…(흐느끼시다 말고) 아니지, 내 이제 웃을 것이다. 우하하하

천손: 홍익 선조부님! 아무튼 추스르시고 괜찮아지셔야 하십니다. 진정하시고요, 그럼 이제 마지막 마치는 말씀해 주십시오.

홍익: 뭐 마지막이라니? 벌써 마쳐? 아니야, 아닐세. 다 치우고 이제 새로 묻자. 내가 꼭 듣고 가고 싶은 말이 있어.

천손: 예에~?@

홍익: 그 후 현재 한글의 세계적 위상은 어떠한가? 각 나라마다 글방 말고 『세종학당』이라는 게 있다던데 그게 궁금해. 이어령이 여기 공기 확 바꿔 그거 말해 봐.

이어령: (주춤주춤) 예이. 세종학당은 전 세계 외국인들에게 한국어와 한국문화를 알리고 교육하는 기관으로 한글교육과 우리 민족문화

보급으로, 현재 88개국 256개소로 확대되었습니다. 2027년까지 350개소로 늘리고, 수강생 50만 명을 목표로 하고 있습니다.

홍익: 아, 좋다~. 암 그래야지… 한글이 잘되고 한국어를 쓰는 문학인들이 잘되기를 바라며… 자, 이제 그러면 자랑스러운 내 후손들에게 말하네.

천손: 네네. 말씀 주세요.

홍익: 내 걱정은 말고 다들 들으시게.

일동: 잘 듣겠습니다~.(힘찬 박수)

홍익: 잊어도 되는 것이 있지만 잊으면 안 되는 것이 있어. 마지막이라니 하는 말인데 쓸데없는 데 헛되이 시간 버리고 돈 버리지 말고 천손다운 삶이 무엇인가를 잊지 말아야 해. 천손은 하늘을 섬기는 것이야. 세상 것들 별로 쓸 것 없네. 책도 그래. 책 책 하는데 어떤 책에 깊이 빠지지도 마. 책이라는 책이 다 감동할 것 아니야. 김해 김가들 얘기 들었지? 자손이 잘되는 것이라면 다 버리고 그 길을 가. 천손다운 생각과 말을 하고… 꼭 하늘의 음성인가를 분별하고 살아. 늘 하늘이 바라고 원하는 것인가부터 먼저 꼭 이걸 살펴보고 아니면 손 떼버려. 생각 잘해봐. 누가 말했다고 그 말에 빠지지도 말아야 해. 하늘의 음성 아니잖아? 지금 보면 다들 쓸 말보다 별것도 아닌 헛된 말에 더 집중하던데 그러면 안 돼. 어떠한 글이나 책에도 마음 뺏기고 생각을 뺏기면 안 돼.

자~ 그간 한 달에 걸쳐 막내천손 애썼으니 내가 단군 성조 앞에 자세히 고해 올릴 걸세…. 그럼 이만… 그저 늘 감사하며 잘 살기 바라네….

일동: (박수)

천손: (훌쩍이며) 일동 기립~~~ 선조부님께 일동~….

홍익: (다급히) 아, 잠 잠까아안만~~.

천손: 선조부님, 왜 그러세요?

홍익: 내 물어볼게 있네.

천손: 예~@ 무수은…?

홍익: 안 되겠네. 하여 부탁인데 꼭 들어주게. 우리 스물여덟 천손과 천여손들과의 이 천손배례 끝나지 않으면 좋겠어. 아, 가기 싫어. 비네. 끝나지 말고 좀 더 하면 안 될까?

천손: 네에에~?@

홍익: 생각해 봐. 우리야 가도 그만 안 가도 그만인데 진짜 세종 떠나기가 싫어서 하는 말이니 배례든 뭐든 뭔가 더 하자고. 부탁이네.(간곡하심)

천손: 아하, 성현님…들은…? 어떠…세요? 갑자기 말씀하시니까.

일동: 예~~예. 예예예~. 더 합시다~.

천손: 아… 그래요? 으음~~ 그러시다면…? 우선 글방운영위원들과 재협의해… 보든지… 아니 아니, 일단 내일 아침 말씀 올리겠습니다. 아~ 그럼 성현님들, 모두 그리 아시고 하루만 기다려 주세요. 아하, 뜻밖에 아, 그러시군요….

홍익: 아니야. 뭐 그럴 것 없고 일단 일주일 정도 세종시 구경도 좀 하면서… 이왕 왔으니 한 주간쯤 쉬었다, 뭔가 뽕~가는 주제 하나 새로 뽑아 더 하자. 우리… 뽕뽕~ 하하

천손: 세종대왕님! 아니, 설총 성현님~ 아니 아니, 모든 성현님들 동의하신다는 거지요?

일동: (우렁차게) 막내천손~~!! 무조건 더 합시다~~~!!!

천손: 아, 예이이~~ 복종하고 그럼 뭘 어떻게 할지 제안도 해주시고요, 일주일 잡고 결정되는 대로 미리 알려드리겠습니다. 일단 다녀보실 세종시 문화관광코스부터 짜볼게요./ [天孫拜禮] 총 24회 終.

마치는 말

천손(天孫)… 직역하면 "하늘의 손자". 풀면 "하나님(하늘)의 아들딸"이다. 한민족(韓民族)은 유대인의 하나님에 버금가, 어쩌면 그들을 앞서는 천손의식이 기독교국가 보다 강하다. 촌로 유생 유학자 남녀노소…,

"하늘이 안다", "하늘이 보고 있다", "하늘이 무섭지도 않느냐~"

"천벌 받는다~", "하느님이 보우하사 우리나라 만세" 애국가로도 부른다. 천손국 우리 민족은 누구나 하늘을 알고 하늘의 자손이라는 천손자칭(天孫自稱) 민족성이 있다.

누가 혹 아니라고 가르쳐도 우리의 심장과 핏줄에는 천손혈(血)이 흘러 모유에도 천손정기(精氣)가 있어 우리는 천손이다 .

천하일미(天下一味)를 마치며

한국예술인복지재단에 감사한다.

〈천하일미 글 차림〉이라 하였으니

이 책 말고는 무엇을 써 왔는지 아래 요약 정리해 본다.

▶일기(감사일기·꿈일기·기도일기·음식일기·업무일기), ▶반성문, ▶자술서, ▶해명서, ▶기행문, ▶산문, ▶수필, ▶평서형단상, ▶서술형단상, ▶중수필(重隨筆)형논설, ▶경수필(輕隨筆)형논설, ▶논술교재, ▶연구서·분야졀, ▶역사서·근대사·현대사, ▶장편소설, ▶중편소설, ▶단편소설, ▶꽁트, ▶자유시, ▶정형시, ▶시평론, ▶축사, ▶추도사, ▶위로문·격려문·응원문.탐방기, ▶인터뷰원고, ▶오프닝원고, ▶클로징원고, ▶홍보영상원고, ▶공지·공고·홍보문, ▶교육자료. ▶교재, ▶자기소개서, ▶글쓰기교재, ▶격려문, ▶웅변원고, ▶기사문, ▶보고서, ▶해설서, ▶창업·정관·회칙·사훈, ▶회사소개서, ▶슬로건작성, ▶CEO소개문, ▶CEO인사말, ▶언론기획, ▶사설, ▶칼럼, ▶논평, ▶호소문, ▶탄원서, ▶진정서, ▶고소고발장·작성, ▶질의서, ▶답변서, ▶투고문, ▶기고문, ▶건의문, ▶의견서, 판결문·분석, ▶학술논증, ▶학술평론, ▶시사평론, ▶정치평론, ▶세계탐사·미국·일본·외, ▶지역탐방소개, ▶인물연구 ▶자서전, ▶영상기획·제작·편집, ▶기자·아나운서·리포터·기초지도, ▶종교별·기도문·설교문, ▶손자녀·미래, ▶청·장·중·노년대상·권언문. ▶환경개선연구서, ▶환경칼럼, ▶환경운동연구서, ▶통일연구서, ▶통일방안칼럼, ▶저출산대안, ▶저출산운동칼럼, ▶태교와출산조언문, ▶유아성장연구서, ▶초중고학업지도연구서, ▶손자손너인성연구서, ▶인성칼런, ▶가정문제연구서, ▶부부칼럼, ▶이혼연구서, ▶이혼가족연구서, ▶이혼부부연구서, ▶재혼문제상담서, ▶노인학연구서, ▶노인공경효정신연구서, ▶노인질병대안문, ▶영혼구원의글. ▶사랑학연구. ▶희곡형식 자연대화 환경대담, ▶희곡형식동식물학교은유우화 ▶상인류4대성인초청 상상토론. ▶천손문학, ▶고천문(집필중)▶출산절벽대안 720쪽(탈고) ▶유네스코세계기록유산 '천손들의기록'(집필중)

2025년 8월 15일. 세종퇴비글방에서

堆肥 천광노 : 010-5401-3639

(글방초대요청은 직접전화 요망)

천하일미 글 차림 맛있는 글

초판인쇄 2025년 10월 24일
초판발행 2025년 10월 24일

지 은 이 천광노
펴 낸 이 채종준
펴 낸 곳 한국학술정보(주)
주 소 경기도 파주시 회동길 230(문발동)
전 화 031-908-3181(대표)
팩 스 031-908-3189
투고문의 ksibook1@kstudy.com
등 록 제일산-115호(2000. 6. 19)

ISBN 979-11-7457-258-5 03810

책에 대한 더 나은 생각, 끊임없는 고민, 독자를 생각하는 마음으로 보다 좋은 책을 만들어갑니다.